소외된 인간

H. 포피츠 지음/황태연 옮김

청년 맑스의 휴머니즘

초판 1쇄 인쇄 2009년 11월 15일
재판 2쇄 발행 2023년 5월 25일

지은이 : H. 포피츠
옮긴이 : 황 태 연
교 열 및 교정 : 김 영 권
발행처 : 도서출판 **중원문화**
발행인 : 황 세 연
주 소 : 서울시 마포구 서강로 11길24
전 화 : 02-325-5534 FAX : 02-324-6799

ISBN : 978-89-7728-843-0(93910)

소외된 인간

— 청년 맑스의 시대적 비판과 역사 철학 —

H. 포피츠 지음/황태연 옮김

2023

도서출판 중원문화

DER ENTFREMDETE MENSCH

ZEITKRITIK UND

GESCHICHTSPHILOSOPHIE

DES JUNGEN MARX

von

Heinrich Popitz

1953

VERLAG FÜR RECHT UND GESELLSCHAFT

AG. BASEL

청년기 저작의 구분

청년 맑스의 사상적 발전은 『공산당선언』의 집필을 분수령으로 명백히 인식될 수 있는 완결 점에 도달한다. 1838년에서 1848년에 이르는 기간의 저작과 원고들에서 조탁(彫琢) 된 역사학적, 사회학적, 경제학적 분석의 성과는 연구 방침으로서 다음과 같이 총괄된다. 즉 프롤레타리아의 보편사적 의의와 과업을 확정하고 실천활동으로서의 정치적 행동의 원칙에 관한 혁명이론을 천명하는 자본주의적 사회·경제 체제의 비판의 기초가 마련되었다는 것이다.

남은 과제는 이제 분파 간의 논쟁과 최근 역사의 혁명적 움직임에 대한 분석을 차치해 놓은 대대적인 경제학 연구에 집중된다. 그런데 『1848~1850년 프랑스에서의 계급투쟁』(*Die Klassenkämpfe in Frankreich* 1848~1850, 1851), 『루이 보나파르트의 브뤼메르 18일』(*Der 18. Brumaire des Louis Bonaparte,* 1852), 『프랑스내전』(*Der Bürgerkrieg in Frankreich,* 1871) 및 『공산당선언』에 붙여진 여러 개의 머리말도 물론 맑스의 전체적 사상의 이해를 위해 빼놓을 수 없는 것들이다. 청년기 저작에서 일반적으로 시사되었던 문제 제기는 이런 글들에서 구체적으로 이루어지고 있다. 경제학에 대한 후기의 전념이 문제 범위의 근본적인 축소로 간주될 수 없다는 것은 특히 이러한 일련의 역사학적 연구에서 명백히 밝혀진다.

『공산당선언』 집필(1848)에 이르기까지의 청년기 발전은 다음과 같이 3기(期)로 구분된다.

1. 1838년 말~1844년 초

주요 저작 : 박사학위 논문 「데모크리투스와 에피쿠로스의 자연철학의 차이」(*Differenz der demokritischen und epikureischen Naturphilosophie* —부록의 예비 연구와 단편 포함), 『헤겔 국가철학 비판』의 원고(*das Manuskript der Kritik der Hegelschen Staatsphilosophie*), 논문 「유태인 문제에 관하여」(*Zur Judenfrage*)와 「헤겔 법철학 비판 서론」(*Kritik der Hegelschen Rechtsphilosophie. Einleitung*).

2. 파리시대 : 1844년 초~1845년 초

「파리초고」(*Pariser Manuskripte*)라고 총칭되는, 파리 시대에 씌어진 경제학·철학초고, 발췌·메모 노트. 그 밖에 맑스는 엥겔스와 공저로 브루노 바우어(Bruno Bauer) 서클에 대한 반론 『신성가족 또는 비판적 비판의 비판. 브루노 바우어와 동조자들에 대한 반론』(*Die heilige Familie oder Kritik der kritischen Kritik. Gegen Bruno Bauer & Konsorten*)을 썼다. 이 속에도 중요한 언급들이 산재(散在)해 있다.

3. 1845~1848 : 브뤼셀 망명기

『독일 이데올로기. 포이에르바흐, B. 바우어, 슈티르너를 대표자로 한 최근 독일철학 및 다양한 예언자들의 독일 사회주의에 대한 비판』(*Die Deutsche Ideologie. Kritik der neuesten Deutschen Philosophie, in ihren Repräsentanten, Feuerbach, B. Bauer und Stirner, und des Deutschen Sozialismus in seinen verschiedenen Propheten*), 『철학의 빈곤. M. 프루동의 빈곤의 철학에 대한 답변』(*Misère de la philosophie. Réponse à la philosophie de la misère de M. Proudhon*), 『임금 노동과 자본』(*Lohnarbeit und Kapital*), 『공산당선언』(*Kommunistische Manifest*). 짧은, 특히 잡지에 기고된 논문들은 주저(主著)의 해석을 위해 인용되고 있다.

제1기는 헤겔 국가철학에 관한 논의로 특징지어진다. 부르주아 국가에 대한 분석은 해방 이론(Emanzipations-Theorie)에 관한 최초의 초안 수립을 가능케 한 사회학적 통찰로 이끌어지고 있다. 파리 초고들 안에서 맑스가 초안으로 잡은 근대적 인간의 모습은 맹아의 형태로나마 이미 스케치되고 있다.

파리 체류 동안에 맑스는 그의 청년기 발전의 결정적인 전환점을 맞는다. 루게가 포이에르바흐에게 보낸 편지에서 알 수 있듯이, 이때 맑스는 엄청난 집중력으로써 '무한한 책의 바다'(endloses Büchermeer) 속으로 빠져들어 갔다. 이 기간에 프랑스와 영국의 경제학 문헌과 프랑스혁명사에 관한 수많은 자료집들이 발췌되었다. 상당한 기간 동안 맑스는 모든 신문, 잡지에 대한 원고 발표를 중단했다. 그러나 그는 1844년 파리에서 집필한 몇 개의 원고에서 고전 국민경제학뿐만 아니라 헤겔로부터 근본적으로 탈피할 수 있도록 해준 사회 비판의 포괄적인 초안 수립에 처음으로 성공하게 된다.

파리시대의 원고들은 원래 목적에 합당한 간략한 윤곽 묘사적 성격에도 불구하고 맑스가 집필한 논문들 가운데 가장 중요한 것들이다. 나중의 어떤 저작에서도 경제학 및 사회학적 분석의 철학적 기초가 그렇게 명확하게 제시되어 있는 곳은 없다. 또한 후기의 어떤 저작에서도, 특히 그의 비판의 인간주의적 토대가 여기에서보다 더 강력하게 전면에 드러나고 있는 곳도 없다. 다름아닌 자본주의 사회에서의 인간 상황에 대한 이러한 강조된 관심 집중을 통해 『자본론』에서의 분석을 밑받침해 주고 있기는 하지만, 이 저작 안에서는 풍부한 경제학적 상론(詳論)과 발전론적 명제들에 묻혀 전면에 드러나지 않은 여러 현상이 파리시대의 원고에서 규명될 수 있다. 따라서 '기원의 문제를 둘러싸고 나돌고 있는, 후기의 비판적 고구(考究)에 대한 통속적인 해석을 수정해야 하는'1] 과제를 지적한 것은 올바른 것이다.

제3기는 유물론적 역사 이론에 관한 연구로 특징지어진다. 이 연구는 프리드리히 엥겔스와의 공동 연구에 의해 풍부해지고 촉진된다. 보다 작은 연구와 논문들에 대한 경제학적 통찰이 심화되는 때도 바로 이때이다. 슈트라우스(Strauß), 바우어 형제(Bruno und Eduard Bauer), 슈티르너, 포이에르바흐 등에 관한 공격은 물론 그들의 중요성에 결코 상응하지 않는 공간을 차지하고 있다. 여기에서

1] 파리초고들에 관한 최초의 논급인 「사적 유물론의 기초에 관한 새로운 자료」 *Neue Quellen zur Grundlegung des historischen Materialismus,* in : *Die Gesellschaft, Internationale Revue Für Sozialismus und Politik, hrsg. v. R. Hilferding, IX. Jg.* 1932 Ⅱ에서 마르쿠제(Herbert Marcuse)의 지적.

는 이제 더 이상 '자기 해명'만을 문제 삼고 있지 않다.— 이 논박은 명백한 독자적 관심을 지니고 있다.

적극적인 정치적 활동의 인상과 체험들은 당연히 맑스의 이론적 발전과 각별히 긴밀한 관계를 맺고 있다. 이런 까닭에 사상적 발전 과정 안에서 인지될 수 있는 중지 기간은 전기적(傳記的) 사실에 의해 설명된다. 1841년 4월의 박사학위 취득 및 트리에르, 본, 쾰른 등지에서의 짤막한 체류 기간(주로 저널리즘 쪽에서 활동하던) 이후 맑스는 1842년 10월 쾰른에서 급진적 자유주의 계열의 「라인신문」(*Rheinische Zeitung*)의 편집을 맡게 된다. 그리고 1843년 3월 그 편집 일을 그만둔 이후에야 비로소 그는 헤겔 국가 철학 비판에 착수할 기회를 얻게 된다. 동년 10월 맑스는 파리로 이주하는데, 거기에서 검열 규정의 제한으로부터 해방되어 루게와 공동으로 『독불연보』(*Deutsch-Französische Jahrbücher*)를 발간한다. 여기에서 1843년 말경 공산주의로의 방향 전환이 이루어지는데, 헤겔 법철학에 관한 결정적인 논문이 나타난다.

파리에서 맑스는 처음으로 노동운동과의 좀 더 구체적인 접촉을 갖게 되지만 적극적인 참여와는 아직 거리를 취하고 있었다. 그러다가 1846년부터 정치적 소요가 시작된다. 이때 맑스와 엥겔스가 조우하게 되고 국제 공산주의 단체의 결성을 준비하기로 결정하기로 합의하게 된다. 그 후 1846년 2월, 브뤼셀에서 공산주의 연락위원회(kommunistisches Korrespondenzkomitee)가 창설된다. 이 기간에, 즉 1847년 말 런던에서 개최된 공산주의자동맹 제2차 총회가 위촉한 「선언」의 집필에 착수함으로써 사상적 발전의 정점 또는 완결점에 도달한다. 1849년부터 맑스는 런던 망명 생활을 시작한다.

우리는 파리초고의 해석에 가장 중점을 둘 것이다. 그 이유는 첫째, 이 기간의 연구 논문들을 청년 맑스의 가장 중요한 연구 저작으로 여기기 때문이다. 둘째, 이 연구 논문들은 청년기 발전의 동인들이 총괄되어 정점에 달하는 수렴점을 밝혀 주기 때문이다. 그러므로 파리초고에서 그의 철학적 영향이 가장 잘 인식될 수 있고 그의 사유의 독특한 성격도 가장 극명하게 드러나고 있다. 파리초고의 상세한 해석을 토대로 『공산당선언』에까지 이르는 그 이후의 발전은 몇몇 근본 특징에 관한 명시만으로써도 이해될 수 있을 것이다.

소외된 인간 ● 차례

제I장

시대 의식의 문제들

1.청년 헤겔주의자들의 신기원적 의식
2.시대 의식과 역사철학 : 헤르더, 실러, 노발리스, 피히테
3.시대 비판과 해방 : 실러
4.시대 비판과 시대 의식 : 헤겔
5.청년 맑스의 신시대적 의식
6.독일 관념론의 에필로그

제I장 시대 의식의 문제들

사상사적 연구가 한 시대의 정신적 상황에 대한 보다 깊은 통찰을 마련하게 되면 우리는 종종 다음과 같은 경험을 얻게 된다. 즉 그 정신적 상황의 독특한 성격이 입체적으로 부각되면 부각될수록 그 상황이 내포하고 있는 제반 문제를 더 친근하고 '더 현실적으로' 대하게 된다는 것이다.

그런데 이러한 경험은 결코 신뢰할 만한 것이 못 된다. 이러한 경험은 여러 시대의 정신을 탐구하고자 했던 학도가 얻게 되는 대답을 연상케 한다. 왜냐하면 인간의 모든 역사적 상황은 '인류'의 단일 역사, 즉 무한한 다양성을 포함하는 통일성의 인상(印象)을 우리에게 마련해 주는, 그러한 근원적 공통성(jene Urgemeinsamkeit)과 아울러 역사학적 연구를 위해서뿐만 아니라 기억을 위해서, 자신의 일회성, 즉 비반복성의 비밀을 인간적 가능성의 명시, 또는 표지로서 보존하고 있기 때문이다. 그러나 개체적 고유 특성은 선택적 친화성의 전제이다. 따라서 이 개체적 고유 특성은 일련의 특성 나열로써 완전히 다 논구되지는 않는다 하더라도 비교 및 새로운 차원에서의 반복의 가능성을 제공한다.

1843년에 칼 맑스의 「헤겔 법철학 비판 서론」이 나오게 되는데, 이 글 안에서 프롤레타리아는 역사적 결단의 집행자로 선언되고 시대는 이 결단, 즉 인류의 해방을 수행할 만큼 성숙되어 있는 것으로 파악되고 있다. 같은 해 키에르케고르는 자신의 '이것이냐 저것이냐'(Entweder-Oder)의 선택을 요구하고 있다.

1. 청년 헤겔주의자들의 신기원적 의식

청년 맑스가 참여한 사상계, 즉 후기 헤겔주의의 시대 의식은 한편으로 계승적인(epigonal) 측면과, 다른 한편으로(단어의 특수한 의미에 있어서의) 신기원적인(epochal) 측면을 모두 지니고 있었다. 이러한 두 측면의 독특한 상호 침투 국면은 일단(형식적인 근본 특징을 위주로 해서나마) 간단히 묘사되어야 할 것이다.

헤겔의 철학은 당시까지 결코 경험해 보지 못했을 만큼 포괄적인 범위로 시대 의식을 지배했다. 하임(R. Haym)은 1857년 자신의 경험을 바탕으로 『헤겔과 그의 시대』에 관한 자신의 유명한 책에서 다음과 같이 적고 있다. "한 철학 체계의 지배와 그 위용이 어떠했는지를 알기 위해서는 바로 그 시대를 의식 속으로 다시 불러들여야 한다. 그러자면 1830년 헤겔주의자들의 저 파토스와 확신이 현재화되어야 하는 바, 그들은 헤겔철학 안에서 세계정신이 자신의 목표, 즉 그 자신의 지(知)에 육박하여 그 목적을 완수한 후 이제 도대체 무엇이 금후 세계사의 내용을 이루게 될 것인가라는 물음을 혹독할 정도로 매우, 진지하게 토의했다."1] 자기 자신

1] R. Haym, *Hegel und seine Zeit*. Berlin 1857. S. 4.

의 지에 도달하는 것, 이것은 헤겔주의자 가운데 비교적 두각을 나타내던 자들에게 끓어오르던 가장 절박한 문제였다. 하임은 그에게 불합리하게 보였던 이 철학적, 정신적 침울 상태를 조심스럽게 옮겨 놓고 있다.

청년 맑스는 바로 다음과 같이 주장하고 있다. "지금 철학에 부과되어 있는 새로운 과업의 역사적 필연성을 포착하지 못하는 자는 어쩔 수 없이 '전체적 철학이 무너진 후에도 인간은 살 수 있다'는 것을 부정해야 할 것이다."[2] 그리고 루드비히 포이에르바흐는 헤겔철학이 '좌우간 메시아가 나타날 것이고 나타나야 하고 나타날 수 있는가'라는 물음에 대한 근본적인 확답에 근거를 두어야 하는 철학의 이념의 절대적 현실을 대표한다는 주장을 굳게 고수했다. 그러나 현현과 역사는 절대 서로 화해할 수 없을 것이다. 왜냐하면 '신성(神性) 자체가 역사 속으로 등장하는 바로 그곳에서 역사는 끝나버리기'[3] 때문이다. 이미 이것으로도 이러한 갈등을 야기하는 체계의 내용적 규정들만 존재하는 것이 아니라는 점이 명확하게 드러나고 있다. 헤겔 이후의 사람들이 극복하기 어려운 점은 거대한 발전의 총괄, 완성, 종결로서의 헤겔철학의 일반적 성격이었다. 그리하여 정신적 차원의 몰락은 불가피한 것으로 나타나고 있었다.

무엇보다도 소위 '노년 헤겔주의자'(Althegelianer)들(특히 후기

2] Karl Marx u. Friedrich Engels. *Historisch-Kritische Gesamtausgabe. Werke, Schriften, Briefe,* 1927ff. hrsg. von D. Rjazanov, seit 1931 von V. Adorakskij. 1. Abt. Bd., 1, 1. Halbband, Frankfurt a. M. 1927. S. 132. 이하 전집본(MEGA)의 이 권(卷)에서 인용된 구절에는 본문 자체 안에 페이지 수만을 밝힐 것이다.

3] *Sämtliche Werke*, Bd., 2. Leipzig 1846, S. 188ff.

헤겔주의 시대의 강단 철학자들)은 이러한 계승적인 포로 상태를 여러 가지 면에서 고수하고 있었다.[4] 이들에게 있어서는 오직 '무덤 파는 사람과 비석 세우는 사람'의 과제만이 남아 있었다(Rosenkranz)는 사실이 자포자기식으로 확인됐다. '정신과 정신에 대한 믿음 일반의 대대적이고 전반적인 파탄'(Haym)으로 인해 한갓 철학사 서술로의 탈출구만이 열려져 있는 것처럼 보였다.

여기에서 자포자기는 대체로 명백히 밝혀지고 있다. 그러나 동시에 남아 있던 가능성들의 의식적인 포착을 통하여 바로 철학적 사유의 르네상스의 발단이 놓여질 수 있다는 희망이 일게 된다. 오늘날까지 어떤 시대에는 전통의 보존, 즉 정신적 전통의 확보와 해명의 비생산성에 결정적인 의미가 부여되어야 한다는 잘 알려진 주장들이 많은 철학사의 서론 속에 나타나고 있다. 바로 초기 헤겔주의적 철학사가들의 저작 가운데 이러한 주장이 처음으로 나타나게 되는데, 즉 '상처를 입힌 창은 약도 줄 수 있다'는 다시 말하면 인류의 실현된 과업에 대한 의식은 새로운 행위를 위한 힘을 줄 수 있다는 것이다.

이에 반해 청년 헤겔주의자들에게 있어서는 바로 이러한 계승적 의식을 벗어나면서 이와 명백히 대립되는 형성력(eine gestaltende Kraft)이 자라나온다. 독일철학의 사상적 발전 요청 및 이상과 독일 현실 간의 상위(相違)는 갑작스레 새삼 첨예하게 감지되었다. 이와 함께 청년 세대에게 독일 관념론 철학에 대한(그들 나름의 특수한 의미의) 확신을 주는 하나의 과업, 즉 '구체적인 독일 상황'과

4] 이에 관해서는 K. Löwith의 *Von Hegel zu-Nietzshe,* Zürich 1940. S. 73ff.에서의 서술을 참조하라.

의 비판적 대결이 제기되는 것처럼 보였다.

청년 맑스는 자기 이전에 사실상 이미 급진적인 노년 헤겔주의자들이 방침으로 제기했었던 이러한 방향을 다음과 같은 사상사적 공식으로 옮겨 놓고 있다. "스스로 자신을 구체화하고 추상적 원리를 하나의 전체 속으로 잡아 들여 직선적인 전진 과정을 단절시키는 매듭점이 철학 안에 들어 있듯이 철학이 눈을 외부 세계로 돌리고 이제 더 이상 개념화하는 것이 아니라 실천적인 사람의 모습으로서 세계와 마치 음모를 꾸미듯 아멘테스(Amenthes)의 투명한 왕국으로부터 벗어나 세속적 사이렌(Sirene ; 희랍신화에서 아름다운 노래로 뱃사람을 유혹했다는 반인반조半人半鳥의 요정—역주)의 심장부로 육박해 들어가는 계기도 들어 있다"(131). 외부 세계로의 이러한 관심 전환과 더불어 획득된 새로운 자기의식은(맑스의 나중의 정식화에 의하면) 결코 '철학적 과거'에 대한 원리적인 부정을 뜻하지 않는다. 오히려 철학은 당연히 맞아들여야 하는 보편적 해방을 위한 투쟁에 있어서 결정적인 역할을 승인받게 된다.

헤겔 체계로부터 근본적으로 거리를 취하는 것은(브루노 바우어의 경우가 보여 주듯이) 결코 투쟁을 위한 불가피한 전제 조건이 아니다. 임박한 투쟁의 승리가 보장된 파토스가 전면에 위치한다. (이때 이러한 관계 속에서, 철학 '일반' 또는 '새로운' 교설이, 높다란 윗자리에서 비판의 대상으로 격하되어야 하는 부류의 사상으로 단정되는지 여부는 중요한 것이 못 된다.) 따라서 브루노 바우어는 1839년 맑스에게 다음과 같이 써 보냈다. "결국 철학은 바로 이러한 중국식 억압 상태에서 자신을 해방하고 투쟁을 주도해 나가게 되지만, 국가는 자신의 기만성으로 인해 주도권을 포기하게 된다! 국가 안에서는 할 일이 없어졌다."[5] 그리고 바쿠닌은 루게에게 1843년 다음과 같이 써 보내고 있다. "철학은 프랑스에서 그렇게 영예스럽게 수행했던 역할을 다시 한 번 맡게 될 것이다"(566). 또 포이에르바흐는 루게에게 다음과 같이 써 보내고 있다. "구(舊)지배 체제에는 어떤 실마리도 결코 남아 있어서는 안 된다. 괴테는 새로운 사랑, 새로운 삶을 말한다. 그것은 우리에게 있어서 새로운 교설, 새로운 삶으로 의역되어야 할 것이다"(572). 루게는 맑스에게 보낸 편지에서 이 캐치프레이즈를 다시 취하고 있다. "'새로운 교설, 새로운 삶', 그렇다! 가톨릭 신앙과 귀족적 자유가 폴란드인을 구하지 못하듯이 신학철학과 고상한 학문은 우리를 해방할 수 없다"(572). 그런데 맑스가 그의 답장에서 유일하게 '어느 방향으로 [해방해야 하는가?'] 라는 물음을 제기하고 또한 우리들 모두가 '생성되어야 하는 것에 관한 정확한 표상을 마련하지 못하고 있다'(573)는 것을 자인해야 한다는 것을 확인하지 않을 수 없게 되었다는 사실은 특기할 만한 것이다.

생성되어야 하는 것(das, was werden soll)에 관한 어떤 정확한 표상도 없다. '개혁자들 사이의 보편적 무정부 상태'라는 말은 맑스의 이러한 비판이 묶어 놓은 목표와 원리의 공통성에 관한 물음에 대한 대답이기도 하다. 차이는 근본적 전제에서 이미 산출된다. 철학이 저항하고 있는 것은 도대체 어떤 '현실'인가? 여기서, 대립을 유발할 수 있는 '현실'의 매우 다양한 국면들이 있다는 사실이 밝혀지게 되는데, 이 점은 철학 자체도 개혁자들 간의 전반적 논쟁 속에서 의식하게 되었다.

5] MEGA, 1, Abt. Bd., 1. 2. Halbband, Berlin 1929, S. 237.

그리하여 프리드리히 엥겔스는 자신의 포이에르바흐 소론(小論)에서, 1840년대 독일 안에서 무엇이 비판 이론에 있어서 본래 '실천적인 것'(das Praktische)이었는가라고 묻는 정당한 물음을 제기하고 있다. 대답은 종교와 정치였다. 하지만 그는 '주력 투쟁'이 종교를 겨냥했었다고 덧붙이고 있는데, 그 까닭은 정치가 당시 아주 험난한 형극(荊棘)의 전장이었기 때문이다.6] 이 구분은 사실 정곡을 찌르고 있다. 특히 루드비히 포이에르바흐와 브루노 바우어의 종교 비판적 논집들은 복음 비판이라기보다는 시대 비판으로 평가되어야 하겠으나, 이 팜플렛들은 진정한 정치적 의도와 의미를 지니고 있지 않았다.

이러한 종교 비판에 있어서 특징적이었던 것은 풍미하던 합리주의(이데올로기 혐오를 근본 취향으로 하는 또 하나의 이데올로기) 외에 무엇보다도, 이 종교 비판의 고유한 증오가 허망한 부르주아적 환상주의에 대항하는 반대 입장에서 기인한 것이라는 사실이다. 종교의 정치적 이용이 자연히 강조되고 있지만서도 논박의 중심 표적은 종교의 정치적 이용이라기보다는 환상적인 무리들이 자발적으로 매달리고 있는 위선, 즉 국가 제도뿐만 아니라, 무엇보다도 첫째 지적 속물들이고, 둘째 편협 고루한 소시민이었다. 예를 들면 헤겔에게 있어서 '하층 계급'—'무리와 떼'(die Menge und die Haufen)—에게 아주 일반적으로 적용되던 대중 개념이 브루노 바우어에게 있어서 이 협소한 사회학적 의미를 벗어던지고 있다는 사실이 특색 있는 점이다. '대중'은 이제 계몽된 비판에 대립하는 모든 것이

6] Friedrich Engels, *Ludwig Feuerbach und der Ausgang der klascischen Philosophie*, Stuttgart 1895, S. 9.

요, 시간에 고착된 모든 것이요, 무엇보다도 먼저 이런 대중 개념에 속하는 것은 역시 속물이 자신을 숨기고 있는 은신처인 지성주의(der Intellektualismus)이다.

종교 비판의 시대 비판적 성격이 진정으로 정치적인 대결보다는 부르주아적—지적 대결로 흐르고 있듯이, 슈트라우스, 포이에르바흐, 슈티르너와 바우어 등의 정치적 의미는 의문스러운 것으로 남아 있다. 루드비히 포이에르바흐는 때때로 내놓은 의견 발표외에는 정치 문제로부터는 완전히 거리를 두고 있었다. 나중에 그는 물론 그의 글의 근소한, 그러나 근본적인 정치적 의미를 짜 맞추려고 시도했다. 그리하여 그는 1846년 그의 저작의 제1권을 위한 머리글에서 인간적 실존의 토대가 썩어 없어진다면 지성과 정서를 뒷받침해 주는 것은 무엇인가 라고 묻는다. "일부는 자신들의 탐욕스런 식욕이 욕구하는 모든 것을 다 지니고 있고 다른 일부는 아무것도 갖고 있지 않다……." "따라서 이것으로부터 모든 병폐와 고통, 심지어 인류의 머리와 심장의 질병이 생겨나고 있다. 이러한 근본 법칙의 인식 및 철폐에 직접 관여하지 않는 글은 무익한 잡동사니이다. 따라서 당신의 글은 모조리 이 잡동사니에 속한다. 애석하다, 애석해! 어느덧 수많은 병폐가, 심지어 머릿속에만 그 병인(病因)을 지닌 위장병마저도 존재하게 되었다." 그리하여 이러한 병의 치유를 위해 그는 자신의 생과 저작 활동을 바쳤다. 왜냐하면 "……옛 세상의 신들에 대한 불신이 범주적 확신으로서, 개인적 진리로서, 감성적 확신으로서 언표되는 바로 그곳에서만 새로운 생을 위한 종지부와 발단이 생겨나기 때문이다."7]

7] W. Bd., 1, Leipzig 1846, S. XV u. S. VIII.

브루노 바우어는 결국 정치적 관심은 말할 것도 없이 다른 곳에서 더 크다고 선언하고 있다. 이에 반해 '전체적 생을 고취하는' 관심은 '그 어떤 곳도 프러시아만큼 풍부하고 다양하지 못하다.' 이러한 관심은 Hermensianismus, 즉 가톨릭교회 정책 등이다.8]

따라서 종교 비판적 흐름과 정치 문제의 사실상의 합류가 비록 일천하다 할지라도 이런 식의 논단의 독특한 의미는 맑스, 아르놀드 루게, 프리드리히 엥겔스 등에 의해 인정되었다. 특히 칼 맑스는 훗날에도 종교적 의식에 대한 비판(그가 포이에르바흐에게 돌린 공격)을 부르주아 이데올로기의 탈피를 위한 전제로서 간주했다. 그렇다고 하더라도 이와 더불어 좌파 헤겔주의의 통일된 정치 운동이 확립된 것처럼 입론될 수는 없을 것이다. 정치적·자유주의적 세력에 대해서도 맑스가 이 세력의 가장 두드러진 대표자인 아르놀드 루게의 정치적 신앙 고백에 대한 대답으로 써 보낸 다음과 같은 구절은 전체적으로 그대로 타당하다. "나의 친애하는 벗이여, 그대의 편지는 하나의 훌륭한 비가(悲歌)이지만, 정치적으로 보면 전혀 그것이 될 수 없다네."(561)

일반적 비판의 공통점은 궁극적으로 '독일 상황'에 대한 반대—그 불확정성 때문에, 각각의 청년 헤겔주의자들의 다양한 지향성을 충족시킬 만큼 충분히 포괄적인(종종 써먹던) 방향 전향으로 수렴된다.9] 그러나 결정적인 것은 이러한 대립 자체의 **형식주의**(Formalis-

8] MEGA Bd., I, 2, S. 237ff.

9] 물론 여기에는 비판의 공통된 표적도 있다. 포이에르바흐, 브루노 바우어, 맑스에게 있어서(쇼펜하우어와 키에르케고르에게 있어서처럼) 대체로 강단 철학에 대한 노골적인 경멸이 보이고 있다. 이것은 부분적으로는 잊혀지지 않는 원한의 역비난으로 받아들여졌다(맑스도 사강사의 뜻을 이루지 못한 케이스로 이해되었다). 그러나 대학 교직에 대한 포기가 대부분의 경우 완

mus)이다. 왜냐하면 청년 헤겔주의자들의 공통된 파토스는 이 형식주의로부터 유래하기 때문이다. 맑스는 나중에 이 점을 아주 예리하게 비꼬았다. "원리들은 서로를 구축했고 사상의 주인공들은 지금까지 들어보지 못할 만큼 성급하게 서로를 서둘러 밀어냈는데, 1842년에서 1845년 사이의 기간에 독일에서는 3세기를 지내는 동안 명멸된 사람보다 더 많은 사람들이 명멸되었다." 프랑스혁명은 이러한 혁명, 즉 사상의 혁명에 비하면 어린애의 장난처럼 여겨진다. 그럼에도 불구하고 후계자들의 이러한 희비극은 언급할 만한 사건, 즉 '절대정신의 부패과정'10](der Verfaulungsprozeß des absoluten Geistes)일 것이다.

맑스가 이 기간의 파토스를 회고하면서 기술할 때 사용한 아이러니는 결코 지나친 것이 아니다. 하지만 사상의 혁명, 즉 철학적 '비판'의 저항은 어떤 청년 헤겔주의에 의해서도 궁극적인 결론의 지혜로서 간주되지 않았다. 오히려 그들은 이 혁명의 현실적 영향 작용을 차돌처럼 굳은 확신을 가지고 기대했다. 물론 이 영향 작용에 있어서 원인과 결과의 관계는 아직 불명확한 채 남아 있었다. "올 것이 너무 확실해서, 일순간이라도 마음의 동요를 일으켜서는

전히 자발적인 결정에서 이루어졌다는 점을 도외시하면 이러한 저항 집단 안의 여러 이질적인 정신의 일시적인 일치와 공통성은 미심쩍은 것으로 여겨지지 않을 수 없을 것이다. 특히 베를린대학으로부터 추천된 본대학의 사강사 브루노 바우어는 앞길이 확 트여 있었지만, 정치적·종교적 아첨주의(der politische und religiöse Byzantinismns)에 대한 가망 없는 투쟁을 벌였다. 그는 그가 지닌 모든 용기를 다 발휘해서 이 투쟁을 벌여나갔고 결국 뻔히 예상했던 대로 해직되고 말았다(반대 입장은 물론 여기에서도 눈에 띄게 극단으로 치달았다. "나의 근본 명제는 한갓 강단 위에서만 기탄없이 얘기될 수 있을 뿐이다." MEGA, B. 1, 2 S. 239).

10] MEGA, Bd., 5, Berlin 1932.

안 될 것이다." "적대 세력들이 아주 근접해 있어서 일격이면 결정타가 될 것이다." "파국은 공포스러워야 하고 대대적인 것이어야 한다. 또한 나는 이 파국이 기독교가 이 세계에 들어올 때 야기했던 그 파국보다 더 대대적이고 엄청난 것이 될 것이라고 말하고 싶다."11]

모든 사람들에게 공통된 것은 결국 그들의 사상적 업적의 의의를 위협하는 두 개의 극히 위험한 암초, 즉 '근본성'의 결여와 절충주의(der Mangel an 'Radikalität' und der Eklektizismus)를 우회하기 위한 노력이었다. 그러나 이러한 공통성은 생산성의 본질적인 부분을 소모시키는 끊임없는 내적 갈등의 원인이기도 하다. 이미 1843년에 브루노 바우어는 상당한 기간 급진적 자유주의의「라인 신문」의 편집장으로 있었으며 어떤 전술적 고려를 해야 했던 맑스에 대해 *κατ' εξοχεν*(타협)이라는 비난을 가했었다.

맑스는『신성가족』과『독일 이데올로기』에서 그의 이전의 친구들과의 지루한 대차 관계를 청산하면서, 조리 있고 예리한 정식화와 신랄하고 때로는 지극히 세세한 논박에 대해 확실히 다할 수 없는 기쁨을 느꼈다. 전반적으로 절충주의에 대하여 가해진 경멸의 풍부한 내용은 모두 청년 맑스의 박사학위 논문에서 뽑은 한 예를 선명하게 만들 수 있을 것인 바, 이 논문 안에서 '얼치기 무리'(die halben Gemüter)의 다음과 같은 특징이 제시되고 있다. "과거의 철학적 거인의 뒤를 따르는 일단의 지껄여대는 무개성적 추종자들이 부상하는 것은 이해 가능하다. 그러나 곧 사람들은 당나귀가 사

11] 칼 맑스에게 보낸 브루노 바우어의 편지들(1839)에서 인용. MEGA. Bd., 1,2, S. 240ff.

자 가죽을 둘러쓰고 있을 뿐이라는 것을 알아챈다. 다시 말하면 어제와 오늘의 마네킹의 우는 목소리가 수세기 동안 끊임없이 울려오는 강력한 목소리, 예를 들면 아리스토텔레스의 목소리를 가장하고 우스꽝스럽게 울어대면서 그 강력한 목소리의 달갑지 않은 도구 노릇을 하고 있다는 것을 알아채는 것이다. 이것은 마치 벙어리가 엄청난 크기의 메가폰을 통해 소리를 지르려고 애쓰는 것과 흡사하다. 또는 『갈리버 여행기』의 소인국 사람이 두 배로 불려 보이는 돋보기를 쓰고 거인의 궁둥이의 눈곱만한 지점에 올라서서 온통 휘둥그렇게 놀라, 세상에 대고 자신의 눈을 통해서 볼 때 얼마나 뜻밖에 새로운 전망이 전개되는가를 큰소리로 알리면서 아르키메데스의 지레 점, 즉 세계가 의지해 있는 기축점(πον στω)을, 밀물이 밀려오듯 벅차오르는 가슴속이 아니라 그가 올라서 있는 단단하고 견고한 지점에서 발견했다고 설명하면서 숨넘어가도록 웃어대는 것과 흡사하였다"(S. 66).

그런데 좌파 헤겔주의의 의의가 과소평가되어서는 안 된다. 여기서 기원과 근본 성향에 있어서 동질적인 한 집단이 독일의 시민계급 및 정치 조직으로부터 고립되어 간다는 것을 감지하고, 사상적으로뿐만 아니라 현실적으로 반대를 수행했다는 사실만은 언급할 만한 가치가 있다. 사회적으로 볼 때 이러한 사상의 소유자들에게 독일에서는 어떤 자리도 이제 있을 수 없는 것처럼 여겨졌다.

대학도 대상의 비호 아래 발전했던 이 정신이 낳은 성과를 이제 더 이상 수용할 수 없었다. 하이네, 맑스, 헤르베그(Herwegh), 엥겔스, 루게 등은 파리, 브뤼셀, 런던의 망명지에서 독일 시민계급과 이 계급의 국가에 대해 저주를 보냈다. 쇼펜하우어와 포이에르바흐는 자기 선택적인 또는 강요된 고립 속에 자신을 차단하는 사상적 엘리트의 '내면적 망명'을 감행한 전통적인 대표자들이었는데(이것은 19세기 후반에 있어 어떤 징후를 뜻하는 하나의 사건이었다. 그럼에도 불구하고 좌파 헤겔주의자들의 시대 의식은 결코 염세주의적인 것이 아니라 행동주의적인 것이었다. 물론 그들은 정치적 개념뿐만 아니라 철학적 개념이 결여되어 있기는 했지만) 자신들을 위협하는 사상적, 정치적 위험에 대한 통찰을 결여하고 있지는 않았다. 하지만 여기서 결정적인 사실은 오직 그들 중 한 사람, 즉 칼 맑스만이 헤겔을 넘어서는 객관적 인식에 도달했다는 점이다. 따라서 그는 자신을 계승적 포로 상태로부터 결정적으로 해방시킬 수 있었던 유일한 사람이었다.

1843~1845년의 기간을 전적으로 좌파 헤겔주의의 전성기로 간주하는 것은 가능한 생각이다. 후에 바우어와 루게 그리고 또한 포이에르바흐도 그들 자신의 역사가가 된다. 이들보다 못한 사상가들은 이전에도 있었다. 따라서 『독일 이데올로기』 안에서의 맑스와 엥겔스의 '대차 결산'은 근본적으로는 막 내린 뒤에 나온 것으로 볼 수 있다. 각자가 자신을(헤겔의 모범에 따라) 발전사적으로 정돈, 배열하려고 시도하는 것에 수반되는 자기 반영과 역사적 반성을 향한 강력한 성향은 물론 이전부터 존재했다. 이에 관한 주석은 자신의 고국의 사상적 전개를 고뇌에 찬 관심을 지니고 추적했던 파리 망명 중의 독일 시인 하인리히 하이네에 의해 제시되고 있다. 그는 무장 소동으로 세계를 채우는(또한 불행하게도 서로서로를 교살하게 되는) '갑옷을 입은 사람들'에게 그들의 행동 법칙이 사상의 법칙, 즉 완결된 철학의 법칙의 집행 외에 아무것도 아니라는 통찰

을 다음과 같이 소개하고 있다(이것은 청년 맑스도 물론 명백히 의식했던 것이다). "사유는 행위가 될 것이고 말은 육화(肉化)될 것이다. 그리고 놀랍도다! 인간은 성경의 신과 같이 오로지 자신의 사유를 언표하기만 하면 되고 그러면 세상이 창조되어 빛이 생기거나 어둠이 생기고 물과 물이 나뉘고 그 위에 땅의 짐승이 생겨나도다. 세상은 말의 압인(押印)이도다—말은 그대, 행동의 인간들을 다 알아챈다. 그대들은 겸손한 태도로 종종 그대의 모든 행위를 가장 극명하게 그대들에게 그려 보여주었던 사유의 인간들의 무의식적 일꾼 외에 아무것도 아니다."[12] 그리고 18년 뒤에(1852) 그는 '교훈삼아 마음에 간직하도록' '착한 루게'와 포이에르바흐 선생, 다우머(Daumer), 브루노 바우어, 헹스텐베르크(Hengstenberg), 즉 '무신론적 자아신'(無神論的自我神, gottlosen Selbstgötter)뿐만 아니라, 특히 그의 '훨씬 더 완고한 벗 맑스'에게도 들려주고 싶었던 네부카드네짜르 왕(der König Nebukadnezar)의 전설에 대한 기억을 덧붙이고 있다.[13]

2. 시대 의식과 역사철학 : 헤르더, 실러, 노발리스, 피히테

청년 헤겔주의자들의 자기의식이 강력하게 역사적으로 정향되었다고 해서 사상사적 연속성이 근본적으로 상실되었다는 사실이 은

12] 『독일에서의 종교와 철학의 역사』 *Zur Geschichte der Religion und Philosophie in Dentschland,* 1834. *Sämtliche werke* hrsg. v. W. Bölshe. Bd., 4, Leipzig 1887, S. 68f.

13] Vorrede z. 2. Aufl., ebd, S. 5f.

폐된 채 방치될 수는 없다. 시대 의식 및 문제의식은 전적으로 헤겔에 의해 규정되어 있었다. 심지어 포이에르바흐의 역사적 연구조차 헤겔 논쟁이 전면에 부각된 지 훨씬 뒤에 이루어졌음에도 불구하고 여전히 헤겔철학의 방향에서 고찰된 것이었고 그 서술에 있어서도 헤겔에 바탕을 둔 구조물이었다. 이러한 사실은 상황에 대한 과대평가를 낳은 원인 중의 하나였다. 즉 이때의 시대 의식이란 자신이 내려온 산 하나만을 뒤돌아보는 방랑자의 심정이나 다를 바 없는 것이었다 할 것이다.

청년 헤겔주의자들에게 그들의 정신적 상황의 보편적 의의에 대한 확신이 천명해 주었던 것은 무엇인가? 그것은 철학과 현실 간의 상위(相違)에 대한 인식, 관념론적 비교(秘教)로부터의 각성, 독일 관념론에서 명백히 추상적으로 파악된 이념의 '실현'이라는 새로운 과제 등이었다. 그들의 자기의식은 저항으로부터 자라나왔다. 하지만 프랑스혁명 이후 독일은 어떤 세대든 그들의 신기원적 의식을 유사한 방식으로 정식화하지 않았던가? '피와 살'이 된 이념의 현상이 체험된 이래, 독일에서는 역사적 현실과 휴머니즘적, 낭만주의적, 정치적 조화 및 전체의 이상 사이의 상위(相違)로부터 '인간' 해방의 토대로서의 이러한 이상의 실현이라는 요구가 생겨났다. 이러한 흐름은 헤르더, 훔볼트, 실러, 노발리스 및 튀빙겐 신학교의 세 명의 위대한 친구들(횔더린, 셸링, 헤겔—역주)로부터 피히테, 아른트(Arndt), (이와 관련하여 지칭되어야 하는) 아이헨도르프(Eichendorf)에 이르기까지, 그리고 마지막으로 하인리히 하이네 및 후기 헤겔주의의 다양한 색조의 사상가들에 이르기까지 추적될 수 있을 것이다.

프랑스혁명의 세계사적 영향은 세기 전환의 여러 문제를 새로운 차원에서 다시 수용한 19세기 독일 시민계급의 반성적 사유의 역사적 연쇄선 속에서 다시 반영되었다. 각 시대마다 '결단', 즉 과거와의 결별은 거듭 새로이 그리고 근본적으로 수행되었다. 임박한 '실현'에 대한 확신은 '우리 목전에 임박해 있는' 보편적 혁명에 대한 맑스의 선전에 이르기까지의 시대 의식의 공통된 근본 특징이었다. 여기에서 휴머니즘적 종말론은 순수하게 정치적인 개념으로 '세속화'된 적은 없었으나 맑스의 저작 안에서 이미 실러, 피히테, 청년 헤겔 등의 저술 안에서 여러 가지 단초적 형태로 구상되었던 종말론과의 종합 속으로 녹아들게 된다.

따라서 우리는 시대 비판의 문제를, 그것이 근본적으로 제기된 곳에서 탐구하지 않으면 안 된다. 왜냐하면 이미 맑스는 헤겔이 정신적 역사와 실용적 역사의 다양한 발전 노선의 법칙으로써 끌어냈던 귀결의 피안에 있는 것으로 자신을 이해했기 때문이다. 맑스는 화해의 헤겔적 '상부 구조'의 붕괴와 더불어(이러한 사실을 의식할 새도 없이) 사실상 실러와 피히테의 문제 앞에 서 있게 되었을 뿐만 아니라, 최초의 해결 시론 안에서는 예전의 역사철학적 개념들을 직접 재수용했다.

맑스까지 이어지는, 저 역사적으로 정향된 시대 비판과 대응하는 시대 의식에 관해서는 프랑스혁명으로부터 시작해야 비로소 전반적으로 얘기될 수 있다. 유독 역사적인 정향(Orientierung)을 통해서뿐만 아니라, 동일한 정도로 장래를 과업으로, 즉 지금 주조될 수 있는 내일의 요청으로 느끼는 새로운 문제의식의 각성을 통해서도 독특한 시대는 저마다 자신의 특정한 일회적 형성 능력

(bestimmte und einmalige Plastizität)을 획득하고 있다. 이러한 문제가 어떻게 해서 점차 첨예하게 되는가를 손쉽게 추적하는 길은 프랑스혁명에 대한 일련의 평가를 더듬는 것이다.

칸트는 다음과 같이 말한다. "이러한 현상은 이제 더 이상 망각될 수 없다. 왜냐하면 이 현상은 인간적 본성에 들어 있는 개선을 향한 소질과 능력을 합치시켰고 이러한 것은 어떤 정치가도 지금까지의 사물의 운행으로부터 생각해내지 못했기 때문이다."14] 실러의 말은 다음과 같다. "힘센 자의 무지한 권리를 통해서만 해결되었던 문제는 보다시피 순수이성의 심판에 붙여져 있고, 전체의 중심으로 옮겨 자리잡고 자신의 개체를 유(類)로 고양시킬 수 있는 능력이 있는 자는 일개 인간으로서 그리고 세계 시민으로서 이 일에 관계되어 있으며, 따라서 많든 적든 이 심판 결과와 연루되어 있다는 것을 아는 한, 자신을 저 이성의 심판에 대한 동참자로 간주해도 무방하다."15] 헤겔은 다음과 같이 말한다. "태양이 천공(天空)에 떠 있고 혹성들이 태양 주위를 돌기 시작한 이래 인간이 머리로, 즉 사유로 서고 현실이 이것에 따라 구성되는 일은 볼 수 없었다……. 그러나 지금 인간은 사유가 정신적 현실을 지배해야 함을 인식하기에 이르렀다."16]

'시대의 정신'에 관한 이해가 시도되는 일련의 글들은 더 계속된

14] *Der Streit der Fakultäten, Werke* hrsg. v. E. Cassirer, Berlin, 1922ff.

15] *Über die Asthetische Erziehung des Menschen in einer Reihe von Briefen* (1793/94). *Sämthiche Werke* hrsg. v. E. von der Hellen. Stuttgart und Berlin 1904ff., Bd., 12, S. 6.

16] *Vorlesungen über die Philosophie der Weltgeschichte, Werke,* hrsg. von G. Lasson, Leipzig 1923 und 1944, Bd., 4, S. 926.

다. 1793년 헤르더는 그의 『인간성의 촉진을 위한 서한집』(*Briefe zur Beförderung der Humanität*)을 썼고, 1793~94년 실러는 『인류의 미학적 교육에 관하여』(*Über die ästhetische Erziehung des Menschengeschlechts*)라는 서한집을, 그리고 1799년 노발리스는 『기독교와 유럽』(*Die Christenheit und Europa*)이라는 글을 남겼다. 청년 헤겔은 시대 전환을 전후하여 일련의 초고들 안에서 자신의 암담한 시대 의식의 극복을 모색했고, 피히테는 1084~5년 '현재의 시대정신'(Geist des gegenwärtigen Zeitalters)에 관한 강의를 했으며, 1805년 아른트는 『시대의 정신』(*Geist der Zeit*)을 내놓았다.—이러한 나열은 이 '시대정신' 문제가 임머만(Immermann)의 '계승자들'(Epigonen)에 이르러 아이러니화(化)될 때까지 계속되었다.

시각과 문제 설정, 원리와 이념들이 예외적으로 다양하다는 사실은 이 정신적으로 파란만장하고 들끓던 시대의 본질이다. 그럼에도 불구하고 많든 적든 이 모든 시도의 고유한 근본 문제를 설명하려는 시도가 이루어져야 한다면, 다만 나중에 다시 취급될 수 있는 구체적인 문제들의 형식적인 구조를 선취하기만 하면 된다.

여기에서 상호 합치되는 두 계기는 본질적으로 다음과 같이 규정될 수 있다. 첫째, 노발리스의 글 안에서 얘기되듯이(그 밖의 다른 유럽 제국諸國과 달리) 독일에서 '새로운 시대의 흔적'이 이미 인지될 수 있는지, 또는 실러가 두려워했듯이 다가올 세기의 위기의 극복이 아직 기대될 수 없는지 여부와 무관하게, 근본적인 시대 비판이 위에서 언급된 모든 글들에 공통되는 내용이다. 둘째, 시대 비판은 대개 한 역사철학적 개념과 결합되게 된다. 이 역사철학은 자신의 개체성에 있어서는 파악될 수 없는 것, 우연적인 사실성으로 나타나 생소하게 느껴지는 것, 다시 말하면 확신에 찬 에토스를 위협하는 위력적인 것을 역사의 포괄적인 전체 속에서의 상대화, 통합, 의미 부여를 통하여 극복하는 것이었다.

현재 상황에 대한 인식, 즉 자기의 시대에 있어서의 확증의 좌절은 역사의 변신론(辯神論)에 의한 화해적 통일(die versöhnende Einheit)을 추구했다. 과업은 점점 더 커지고 포괄적으로 되어갔고, 이러한 현재 상황의 의미가 더 많이 물음에 붙여지면 붙여질수록, 개인적 자유의 범위는 시간 구속성의 증대와 반비례로 그만큼 더 협소하게 좁혀졌으며 드디어 역사적 회상과 미래의 해석은 그만큼 더 문제투성이로 변하지 않을 수 없었다. 그래도 의미 부여는 여전히 종말론적 형태를 유지하고 있었다. 그러나 결정적인 문제는, 소박하기 짝이 없는 진보낙관론의 부담을 안고 어떻게 목적론적인 역사관이 수립될 수 있느냐 하는 문제였다.

레싱의 진보에 대한 믿음은 이미 대단히 초월적이고 의식적이며 노골적으로 '그럼에도 불구하고'라는 형식(ein 'Dennoch')을 취했다. "당신의 감지될 수 없는 걸음인 영원한 섭리의 길을 걸어가소서! 다만 나로 하여금 당신의 감지 불가능성에 절망하지 않도록만 하시고 **당신의 걸음이 나에게 뒷걸음질치는 것처럼 보이더라도** 나로 하여금 당신에 대해 절망하지 않도록 해주소서! —최단거리는 언제나 직선이라는 말은 참이 아닙니다."[17] 여기에서 새로운 문제가 암시되고 있다. 그러나 이, '당신의 걸음이 나에게 뒷걸음질치는 것처럼 보이더라도'라는 귀절은 이제 경험적 인식의 대상이 아니다. 왜냐하면 전락은 확신으로 변했기 때문이다.

17] *Die Erziehung des Menschengeschlechts,* §91.(강조는 저자)

헤르더는 '우리 시대의 정신'의 특징을 정신이 '해체'를 '추구하고 있다'는 사실로 본다. 유럽이 정열의 도취경 속에서 그리고 미신과 야만이 구렁텅이 속에서, 즉 편견과 전제주의의 멍에 아래에서 파괴됐던 것을 다시 복구할 수 없다면—인류의 행복을 위해 유럽이 몰락하기를 소원해야 할 것이다…….[18] 실러의 시대·비판은 가장 급진적인 것인데—여기서는 일단 모든 희망, 즉 소생의 싹이 유토피아적인 것처럼 보인다. "그리하여 전도성(轉到性)과 조야성, 비자연과 단순한 자연, 미신과 근대적 비신앙 사이에서 시대정신이 비틀거리는 것을 보게 된다. 그리고 존재하는 것은 시대정신에 대해 때때로 한계를 가하는 악한 자들의 하중(荷重)뿐이다."[19] 노발리스에게 있어서(인간 발전의 최저점을 뜻하는) 근대적 비신앙의 역사는 16세기로부터 시작한다. 그러나 18세기 후반에 이 비신앙은 '무시할 수 없는 크기와 다양성'으로 자라났다.[20] 드디어 피히테는 현재적 시대를 '절대적 죄악'의 시대로 묘사하게 된다.

이러한 시대 의식과 더불어 종말론적 세계관은 불가능하게 되지 않았는가? 대답은 형식상 이미 명백하다. 목적론적 세계관은 오로지 **변증법적**으로만 성취될 수 있고 현재는 오직 **반정립**으로서만 이해될 수 있다. 정립, 반정립, 종합의 구조는 역시 형식적 필연적으로(formalnotwendig) 전락, 즉 소외와 소생, 즉 해방이라는 두 문제를 함축하지 않을 수 없다. 나아가 반정립적 시대 안에서 시간적 구속성으로부터의 개인적 해방에 대한 물음이 제기되는 것도

18] *Sämtliche Werke* hrsg. v. J. v. Müller, *Zur Philosophie und Geschichte,* B. Teil. Stuttgart und Tübingen 1829. S. 109 u. 121f.

19] W. Bd., 12, S. 16.

20] Schriften hrsg. v. J. Minor, Jena 1907, Bd., 4, S. 35.

자명한 것이다. 우리는 일단 레싱에서 헤겔에 이르는 독일 역사철학에 대한 윤곽 명시로써 이 순수 체계적인 시각을 입증하고 있다(레싱 이후 헤겔은 역사를 일회적인 변증법적 작용으로 파악하지 않는 최초의 역사철학자이다. 왜냐하면 그는 이 암담한 시대 의식을 근본적으로 극복한 최초의 사상가이기 때문이다).

헤르더와 실러에게 있어서 역사적 이상이란 물론 희랍 세계였다. 실러는 희랍인들의 개성과 개인적 능력의 완벽한 형성, 희랍 폴리스의 '다양한 본성'(die Polypennatur)에 관한 서술을 현재 속에서의 개인과 공동체의 교란과 분열에 대한 대척물로서 규정하고 있다. 이에 반해 노발리스는 최초로 기독교적 중세를 인간 본질의 완성으로 간주하고 있다. 피히테는 루소에 의지하여, 이성이 자연법칙과 자연력에 일치되게 작동했다던 자연 상태를 상정하고 있다. 그러나 이러한 이상적 완전성으로부터의 타락이 이제 어떻게 개념화될 수 있는가?

실러의 해결책은 아주 흥미롭다. 칸트의 『세계시민적 의도에서 본 보편사의 이념』(*Idee zu einer allgemeinen Geschichte in weltbürgerlicher Absicht*)은 비록 칸트의 역사철학적 주제가 한정되고 가설적인 자연이라는 전제 안에 들어 있는 것일지라도 실러에게 결정적인 시사를 제공했다. 여기서 다음에 이어질 내용을 이해할 수 있도록 하기 위해서 간략하게나마 그 자연 개념을 취급해 보자.

칸트는 대체로 인간 의지의 자유로운 행위의 **현상**(Erscheinungen)으로부터 **자연의 의도**(Naturabsicht)가 도출될 수 있는가 라는 문제를 제기하고 있다. 순수 경험론적인 고찰에 의해서는 이 문제가 대답될 수 없다. 그러나 대개 목적론적 역사관이 근거하는 방법이 여기에서도 적용될 수 있다. 탐구의 규제적 원리는 '이성의 이끄는 실'1]을 놓치지 않을 때만 해결될 수 있는 난문(難問 ; Aporie)의 분석을 통해서 획득될 수 있다. 즉 인간적 자연 소질은 시도, 연습, 교습을 통해서만, 다시말해 장기간의 경험을 통해서만 완전히 구현될 수 있다. 그러나 이를 위해서는 한 개인의 인생으로써는 충분치 않다. 다른 한편 한 피조물의 자연 소질이 그 완전한 목적에 도달하지 못한다는 사실은 목적론적 자연관의 근본적 명제와 모순되는데, 이 명제가 없다면 자연은 무목적적인 유희처럼 여겨질 것이다.

칸트는 특이한 상황을 인류에게 요구함으로써 이 난제를 극복했다. 자연 소질은 개체 안에서가 아니라 유(類) 안에서만 완전하게 발현될 수 있다. 그는 이것을 피히테도 나중에 다시 취한 다음과 같은 명제를 써서 정초했다. 인간은 자신의 동물적 현존재의 기계적 배열 관계를 넘어서는 일체의 완전성을, 자신의 역사의 진행 과정 속에서 본능의 도움 없이 자신의 이성을 통하여 획득해야 한다. 하지만 이것은 인간이 의식적 의도를 지니고 이러한 발전을 조종한다는 것(이것은 역사적 경험과 명백히 모순된다)이 아니라, 다만 인간이 이러한 목표 추구를 향한 자신의 고유한 본성에 의해 강제당한다는 것을 뜻한다. 칸트의 가설에 의하면 이러한 강제는 인간의 적대 관계, 즉 인간의 '비사회적 사회성'(nuselige Geselligkeit), 다

1] 희랍신화에서 테세우스(Theseus)가 괴물을 죽이기 위해 미궁에 들어갈 때 애인 아리아드네(Ariadne)가 실꾸리를 쥐고 풀어 주는 실끝을 잡고 미궁을 들어감으로써 괴물을 죽인 후 길을 잃지 않고 안전하게 복귀할 수 있게 된다. '이성의 이끄는 실'이라는 표현은 이 아리아드네의 이끄는 실(Leitfaden der Ariadne)에 견준 것임.—역주

시 말하면 자신을 사회화하면서 동시에 개별화하려는 인간의 충동에 의하여 집행될 수 있을 것이다.

하나의 사회를 향한 이(병리학적으로 교란되는) 조화 상태는 인간에게 행위의 방향을 부여하고 동시에 그의 소질과 재능을 점차 개발하지 않을 수 없도록 하는 저항과 자극을 준다. 이렇게 얻어진 경험은 세대에서 세대로 유(類)가 자신의 규정에 합치된 발전 단계에 도달할 때까지 전승된다.

이러한 '힘들의 적대 관계'를 실러는 감각과 오성, 구상력과 분석 능력, 감정과 이성 등의 인간학적 이원론으로 옮겨 놓고 있다. 그러나 칸트적인 '적대 관계' 현상의 두 충동과 대립되게 실러는 두 인간적 근본 능력의 이상적인 통일과 조화를 받아들이고 있다. 물론 이것은 다음과 같은 두 가지 방식으로 상실될 수도 있는 조화이다. 근본 명제가 감정을 지배하거나 또는 감정이 근본 명제를 지배할 수 있는 것(야만인 ; 오랑캐)이다.

실러는 인간의 자기 자신과의 '대립'의 두 가능성을 현재 속에 현실화되어 있는 것으로 파악했는데—이러한 대립 상태는 희랍인이 구현했던 소질의 조화 상태와 대립되는 것이다. 그러나 실러의 결론에 의하면 인간이 자신의 본질의 철저한 '붕괴'로 인해 수난에 빠져 있는 것은 '유(類)'가 힘들 사이의 이러한 시기적절한 대립을 통하는 길 외에 어떤 다른 방법으로도 진보할 수 없다는 가정을 통해서만 정당화 될 수 있다. 따라서 실러는 칸트에 동의하여 이러한 대립을 '문화의 도구'(Instrument der Kultur)로 간주했으나, 칸트와 대립되는 측면에서 모든 인간 능력과 소질의 개발이 인간 공동체 및 개별적 개인에 있어서 실현되자마자 곧바로 유동화되어 해소되는 도구에 지나지 않는 것으로 규정했다.21] 그러나 실러는 칸트의 사상을 자신의 조화의 이상과 결합시킴으로써, 희랍 세계의 통일성을 현재 속의 모든 힘과 능력의 쇠퇴 및 추상화 상태로 설명할 수 있는 가능성을 얻었다. "명백히 희랍적 인간의 현상은 이런 단계에 머무를 수도, 더 높이 고양될 수도 없는 최대한이었다. 그것은 희랍적 인간이 이미 지녔던 예비 능력을 통해 반드시 감성과 직관으로부터 자신을 떼어내고 명료성을 추구하지 않으면 안 될 것이기 때문에 머무를 수 없었고, 또한 일정한 정도의 명확성만이 일정한 풍부성 및 온화성과 함께 존재할 수 있기 때문에 더 높이 고양될 수도 없었다."22]

따라서 문화사적 발선 법칙은 두 개의 시각을 지니고 있다. 즉 인간의 다양한 소질은 1.완전히 전개되어야 하고(전체성) 2.개별적인 여러 계기 자체를 다시 결실케 하는 무모순적인 상위의 통일(조화)을 향해 자기를 다져야 한다. 그리하여 역사의 변증법 및 목적론은 현재의 역사적·개체적 존재의 사실성뿐만 아니라 '발전'이라는 사실도 포괄하는 발전 법칙을 뜻한다. 전체성을 향한 인류의 사명 또는 규정은 조화의 시간적 실현을 넘어서는데, 그것도 합리성의 소질을 통하여—즉 자신의 여러 가지 가능성의 전부를 실제로 확인하고 개발하지 못한 채 있는 한 자신의 본질에 따라 항상적 불변성에 저항하는 인간의 기관(器官)을 통하여 넘어선다. 이런 까

21] 칸트는 역사철학적으로 개인의 조화의 이상을 인식한 것이 아니라, 다만 (개별적 인간이 아니라) 인류(Menschheit)에게 소질 전체의 계발을 가능케 하는(법적 권리를 주재하는) 시민사회 안에서 실현되는 '도덕적 전체'의 목표만을 인식했다.

22] W. Bd., 12, S. 22.

닭에 통일은 각각의 다른 정거장마다에서 다시 추구되어야 하는데, 이것은 인간적 개성의 시간적으로 한정된 부패를 제한한다. 그러나 이러한 발전의 종국에는 조화와 전체성의 종합이 이루어진다.

이와 더불어 역사의 삼분법이 거의 다 제시된 셈이다. 물론 실러는 어떤 경험론적·구성적 도식주의에도 정박할 수 없었다. 그러나 그가 빌헬름 폰 훔볼트의 논문(「고대, 특히 희랍의 연구에 관하여」(*Über das Studium des Altertums und Griechishen insbesondere*)에 붙인 다음과 같은 논평은 근본적인 사상을 잘 드러내 주고 있다. “우리가 어떤 경험에서든 얘기할 수 있는 것은 대개 인간 문화의 진보에도 그대로 적용되어야 하지 않을까? 그런데 이에 관해서는 다음 세 가지 계기가 얘기될 수 있다.

1.대상은 전체적으로 우리 앞에 위치하지만, 우리와 서로 얽히고 설켜 상호 침투한다.

2.우리는 개별적인 특징을 분리하고 구분한다. 우리의 인식은 분명하지만 개별적이고 국한되어 있다.

3.우리는 분리된 것을 결합하고, 전체는 다시 전적으로 우리 앞에 위치하지만 이제 서로 얽히고 설켜 있는 것이 아니라 모든 측면으로부터 조명된다.

제1기에는 희랍인들이 있었다. 제2기에는 우리가 지금 처해 있다. 따라서 제3기는 기대되어야 하는 것이고, 따라서 희랍인들은 이제 더 이상 복고적으로 동경되지 않는다.”23]

이와 유사한 사상은 독일 휴머니즘 안에서 거듭거듭 반복된다. 헤르더는 이미 1784년 『인류 역사의 이념』(*Ideen zur Geschicht*

23] W. Bd., 12, S. 363.

der Menschheit)에서 인간의 현재 상황을 '두 세계를 묶는 중심 지절'로서 파악했다. 삼분법은 물론 근본적으로 인간의 동물적인 그리고 인간적인 소질로부터 도출된다. 인간만이 자기의 모순에 빠져있다. 즉 인간은 지상에서 가장 미도야된 창조물이다. 왜냐하면 인간은 자신의 본질의 이중성 속에서 두 세계를 동시에 펼쳐 보이기 때문이다. 그러나 어떤 동물이든 그것이 자신의 유기적 조직에 따라 도달해야 하는 당위의 규정에 도달한다(따라서 여기에서는 조화의 시원적 단계가 실현된다). 그리하여 헤르더는 동물적 살림살이의 모든 지절(肢節)에서 계시되는 '섭리에 직면하여' 인간 역사란 동물적 유기 조직과 '신을 닮은 인간성'의 상태 사이의 중간 단계에 지나지 않는다고 결론지을 수 있다고 생각하고 있다.24] 레싱에서와 유사하게, 역사는 유의미(有意味)하게 짜여지고 합목적적으로 형성된 학습 기간 및 준비 과정으로 이해되고 있다.

프랑스혁명 이후—『인간성의 촉진을 위한 서한집』에서 그러한 입장을 인간 역사 자체 속으로 끌어들이려는 추세는 여기저기 단초의 형태로 제시되고 있는데, 이러한 내용은 희랍 세계에 관한 서술을 통해 초기 저술에서 이미 준비되었고 이제는 무규정적이지만 결정적인 시대 비판과 더불어 제시되는 것으로 나타나고 있다.25] 그러나 '시대의 정신'은 헤르더도 '나름의 감지될 수 없이 작은 부분'이나마 기여하기를 기대했던 '인간성의 선구자, 인간성의 봉사자'로 남아 있다.26]

24] W. Bd., 4, S. 230ff.

25] W. Bd., 12, S. 84°134

26] W. Bd., 13, S. 87f.

빌헬름 폰 훔볼트는 실러의 사상을 도식으로 정리하고 있다. 훔볼트는 쾨르너(Körner)에게 보낸 한 편지(1793)에서 다음과 같은 네 가지 문화 단계에 관해 입론하고 있다.

1.모든 야만적 민족들에게서 나타나는 **육체적 감성**의 지배권에 의한 통일(조야성에 의한 통일). [따라서 근본 명제에서 볼 때 헤르더의 동물성의 상태와 피히테의 이성 본능(Vernunftinstinkt)의 상태에 해당한다]

2.모든 미학적 능력의 통일(그리스인들에게서 나타남) 이것과(플라톤에게서 나타나는) 이성에 의한 통일은 사변적 두뇌 속에서 결합되어 있다.

3.오성의 대대적인 개발에 의한 통일의 결여[현재에 해당한다. 이러한 전락은 실러에 있어서와 동일한 방식으로 설명된다.]

4.이러한 결여로부터 출현하는 최고의 통일.[27]

노발리스는 중세 기독교 세계의 '웅장한 나라'의 붕괴를 일반적 전환으로 설명하려고 했었던 것 같다. 인류는 아직 '성숙하지' 않았고, 충분히 '도야되지' 않았다. 그러나 동시에 '도야'(Bildung)에 대한 이러한 지적은 실러의 문화 이념(Kulturidee)과 맥을 같이하는 것인데, 현상적으로볼 때 독일 관념론이 전제하고 있는 것처럼 보이는 루소의 비관주의는 '어느 정도 높은 수준의 문화가 지닌 일시적인 해독성'을 가정함으로써 극복된다. 논급할 만한 가치가 있는 것은 노발리스가 합리적인 계기 외에 경제적인 계기도 지적하고 있다는 사실이다. "지식과 소유는 신앙과 사랑을 파괴했다"(Wissen und Haben zerstörten Glanben und Liebe).[28] 전락, 또는 타락에 대한 이런

27] Schiller, W. Bd., 12, S. 363.

28] Schr. Bd., 2, S. 25f.

식의 설명은 우리가 실러, 헤르더, 훔볼트 등에게서 발견했던 것과 동일한 역사의 변증법적 근본이념으로 계속된다. 통일은 '셀 수 없는 변화로부터 점차 성숙한 형태로 거듭 새롭게 선출되어' 새 시대의 반석으로서 대대적인 "주연이 연기가 자욱한 전쟁터에서 뜨거운 눈물과 함께 베풀어지기에 이르게 된다."[29]

피히테도 동일한 변증법적 원리로 복귀한다. 자연적으로 주어진 조화 상태에서(현재에 이르러 정점에 도달한) 분열과 품위 상실 상태로의 이행은, 이 원초 상태에는 자유가 결여되어 있었다는 가정에 의해 정당화된다. 그러나 인간 역사의 의미는 인간의 자유로운 행위를 통한 이러한 이성적 조직의 재건이다. 피히테는 타락의 현상 자체를, '경험에 대한 고려 없이 단연 선험적으로' 다음과 같은 명제를 써서 설명하고 있다. 즉 개인적 이성 본능의 상태로부터 강제적 권위의 지배가 출현하여 여타 개인들 안에서 자유의 충동을 일깨운다.[30] 바로 이러한 구성상의 형식주의로 인해 피히테는 위에서 서술된 사유 과정에 대해서조차(많든 적든 은폐된 채) 토대로서 기능하고 있는 한 가지 사실, 즉 원죄적 타락의 신화로부터 유래하는 타락 및 소외 개념의 기원을 깨치게 된다. 칸트에 있어서(『단순한 이성의 한계 내에서의 종교』*Religion innerhalb der bloßen Vernunft*) 원죄적 타락은 예지계 속의 이성적으로 파악 할 수 없는 사건이고 또 근본악은 인간적 실존의 불변적 토대이다. 이에 반해 피히테에 있어서 인간 역사는 기독교의 천국에 관한 비유 속에서 이해되는

29] ebd, S. 43.

30] *Die Grundzüge des gegenwärtigen Zeitalters. Sämtl. Werke* hrsg. v. J. H. Fichte, Berlin 1845ff. Bd., 7, S. 9.

시원으로의 복귀이다. 피히테는 명백히 이 비유를 강조하기는 했지만, 논리적 필연성에 따라 원죄적 타락이라는 사실을 무시하고 단지 '추방'에 관해서만 언급하고 있다.31] 여기서 논리적 필연성이란 말이 붙는 이유는, 태초 상태(der Urzustand)가 시간적으로 묶여 있기를 요구하는 것은 인간 속의 악(惡)이 아니라 인간의 존엄성이고, 따라서 인간은 스스로에게 자유와 함께 실락원의 모델에 따라 자신의 낙원을 마련할 수 있기 때문이다. 결국 개별자들의 권위적 지배라는 사상은 '추방'으로부터 도출된다. 인간적 자기의식은 타락에 의하여 확증된다. 여기서 싹트는 오만은 기독교의 원죄적 타락에 대한 이러한 해석 수정에서 가장 잘 표현될 수 있다.

따라서—마지막 것을 제외하면(우리가 여기에서 이 마지막 것을 환원시켰던) 도식주의로 결코 생각되지 않는—이러한 초안들에 공통된 것은 지금까지의 역사는 시원적 조화 통일 상태로부터—인간 사회에 있어서뿐만 아니라 개별적 개인에 있어서도 현재 절대적 정점에 다다른—인간적 소질과 제능력의 분열로의 타락, 즉 시원적인 이상적 규정으로부터의 인간의 타락이라는 구조이다. 현재적 시대정신에 대한 평가는 일의적으로 명백하다. '무존엄성' '분열' '절대적 죄' '무정부 상태' '모든 긍정적인 것의 절멸' 등—'수난 당하는 인간'이라는 표현은 거듭거듭 되풀이되고 실러, 피히테, 청년 헤겔 등에 있어서뿐만 아니라 헤르더에서도 발견된다.

역사 철학자는 이제 필연적으로 자신의 시대의 대변자요 변호자가 될 수밖에 없다. 그러나 현재의 인간 비하(卑下)의 보편사적 의미에 대한 해석과 함께 논리 강제적으로 인간 역사의 변신론(辯神

31] ebd, S. 12f.

論)이 현재의 개인적 생의 의미부여, 즉 역사적 실존 일반과 과연 어떻게 통일될 수 있는가 라는 두 번째 물음이 제기된다. 이 두 번째 물음은 첫 번째 물음에 대한 대답에 의하여 생겨나고 있다. 왜냐하면 개별자적 인간은 명백히 유(類)의 궁극 목적, 즉 선민(選民)의 궁극적 완벽성을 위한 희생물 또는 수단이 되고 있기 때문이다. 실러는 다음과 같은 물음을 폐부를 찌르듯 아주 날카롭게 제기하고 있다. "……따라서 인간적 본성의 실현이 그러한 희생을 필연적인 것으로 한다면 우리는 지나간 그리고 앞으로 올 시대와 어떤 관계에 있는가? 그럴 경우 우리는 인류의 노예일 것이고, 수세기 동안 우리는 인류를 위한 노예 노동을 해 온 셈일 것이며, 우리의 불구화된 본성에 이러한 굴종의 치욕스런 흔적을 각인한 셈일 것이다. 그리하여 나중의 인류가 자신의 도덕적 건전성의 행복한 무위 안일 속에서 자신의 인간성의 자유로운 발양을 펼칠 수 있도록!"32]

레싱은 형이하학적인 것의 개념을 써서 대답했다. 이에 반해 피히테에 있어서는 역사의 진행을 좌우하는 '위대한 개인들', 즉 창조적 인물들에 대한 관심 집중의 경향이 명백히 나타나는데, 이러한 경향은 헤겔의 역사철학에서 다시 출현한다고 볼 수 있다. 이 경향은 휴머니즘적 이상과 극단적으로 대립해 있는 개체-유(類)의 대립의 다음과 같은 해소와 일치한다. 즉 개인적 인격체의 과업은 '유의 목적'을 위한 남김 없는 희생으로 간주된다. 다시 말하면 덕성의 완전성은 개인이 '자기 자신을 망각할 때' 달성된다. 유 안에서 그리고 유를 위해서가 아니라면 어떤 생과 존재를 추구하는 자

32] W. Bd., 12, S. 24.

도 그 밖의 어떤 선한 의지를 지니고 있든 '비천하고, 왜소하며 악한, 이런 점에서 불행한 인간'임을 면할 수 없다.[33] 이러한 희생은 물론 어떤 시대든 근본적으로 가능하다. 그러나 한 걸음 더 나아가 정신적 원리에 따라 '다양한 시대'가 동일한 연대기적 시간 속에서 다수의 개인들을 매개로 나란히 흐를 수 있다.[34]—피히테는 여기에서 명백히 자기 자신을 생각하고 있고 따라서 자신이 살던 죄악의 시대를 염두에 두고 있다.

실러의 윤리학은 '희생의' 피히테적 파토스에 대해 강력한 대비를 이루는데 그의 제1명제는, 인간은(따라서 개인으로서의 인간도) 그로 하여금 자기 자신을 등한히 하도록 만드는 어떤 목적에 봉사하는 일을 떠맡아서는 안 된다는 칸트의 요청이다. 여기에서 두 가지 것이 차이로 지적될 수 있다. **순수한 도덕적 충동**에 대해서는 정해진 시간이 없는 까닭에 이 충동은 무제약자를 지향하고 있다. "미래는 현재로부터 필연적으로 전개되자마자 그에게(순수한 도덕적 충동에게—역주) 현재가 된다." 지향(志向)은 합치를 이룰 때 완결이다.[35] 이것에 반해 인간의 능력과 소질의 개발은 시간 구속적이다. 그러나 가장 심각한 분열의 시대에도 파괴된 인간 본성의 전체성을, 보다 고차적인 예술, 즉 통합하고 순화할 힘을 지닌 중간자를 통해 재건하는 것은 여기에서도 근본이념에 따라 가능해야 한다.

이러한 사상은 실러가 미학적 교육의 이념을 전개하면서 바탕으로 삼았던 것이다. 순수 도덕적인 충동은 무엇보다도 미학적 교육

33] W. Bd., 7, S. 35.

34] ebd, S. 7.

35] W. Bd., 12, S. 32.

자가 요구하는 사항이다. 왜냐하면 이 충동은 자신의 시대의 아들이어야 하지만 시대의 제자는 아니라서 조급한 열광으로부터 해방되어 있고, 따라서 가능한 것과 필연적인 것의 결합으로부터 이상을 산출해낼 수 있기 때문이다. 『인간의 미학적 교육』의 웅대한 '제9서한' 안에 시대의 교육자에 대한 이러한 요청이 총괄되어 있다. 여기에서 시대의 극복에 대한 이상은 교육자의 매우 과감하고 첨예한 태도를 포함하고 있다. "그 시대의 세기 안에 살아라, 그러나 세기의 피조물은 되지 말아라. 그들의 죄를 같이하는 것 대신 고결한 희생으로써 그들이 당하는 처벌을 같이하고, 그들이 정확히 탈피해 있지도 않고 정직하게 젊어지고 있지도 않은 멍에 아래 자발적으로 너 자신을 예속시켜라."36]

헤르더에게 있어서도 이 문제는(그가 볼 때, 어떤 인간이든 인간성에로 나아가는 도정에 있다 할지라도) 현재 안에서 특수한 방식으로 제기된다. 지금 고결한 희생정신마저 결여되어 있기도 하지만 대범하고 도량 있는 자도 시대의 옷을, 즉 헤르더에게 있어서 각 개별자의 욕망의 증대와 함께 질곡으로 변하기조차 한 제약성을 받아들여야 한다. 그리하여 이러한 상황 속에서 각자는 '수난당하는 인류'를 원조할 수 없다는 것을 느끼지 않으면 안 되고 이러한 통찰로부터 다가올 상황 변혁의 확신을 얻어내야 할 처지에 있다. 그러나 헤르더는 미래에 대한 믿음 속에서 인간성의 근원적 규정에 대한 위협을 극복하고 '메마른 줄기에서 뻗어날 풍요로운 가지'37]에 대

36] ebd, S. 33.

37] W. Bd., B, S. 119f. - 헤르더는 현재적 시대의 특수한 의미에 대한 물음을, 『인류의 형성에 관한 또 하나의 역사 철학』(*Auch eine Philosophie der Geschichte zur Bildung der Menschheit*)이라는 그의 글에서 다시 한

한 동정심으로 만족하고 있다.

노발리스는 이러한 모순을 좀더 적극적으로 해결할 수 있었다. 왜냐하면 그는 '새로운 시대의 맥박'을 이미 느끼고 있다고 생각했고 또 동시대인들에게 쓰레기더미로부터 벗어나라고 요구함으로써 새로운 무리의 제자들을 만날 수 있었기 때문이다. "각자가 탄생할 준비가 되어 있다면 그것은 제일가는 축복이다!"[38] 그리하여 시대의식은 여기서 이미 변혁되기 시작했던 것이다. 『기독교와 유럽』(*Die Christenheit und Europa*)이라는 단편은 새로운 구원의 열광적인 선언, 즉 시대에 대한(타개를 요구하는) 선언으로 끝맺고 있다.

그러나 이러한 파토스의 배경을 좀더 자세히 살펴보면, 여기에는 진정으로 인식의 변혁이 바탕에 깔려 있는 것이 아니라 시대의 분위기가 바탕에 깔려 있음이 명백히 밝혀진다. 염세주의적 사회의식에 강력하게 영향을 미친 현상들은 어느 정도 동일한 방식으로 고찰되고 비판되었다. 역점 변경은 여러 가지 위험을 간과하는 경박한 낙천주의에 기초한 것이 아니라, 궁극적으로 확신에 찬 해석에 기초한 것이다. 노발리스는 다음과 같이 못박고 있다. 기존의 국가체제의 결함과 불완전성은 가공스런 현상들의 출현으로 분명히 드러나게 되었으나, 갈등의 역사적 목적은 유럽의 각성, 제국(諸國)을

번 취급하고 있다. 현재적 시대는 전세계적인 정신적 활동성, 즉 지식과 도야 형성의 확대의 특수한 가능성을 담고 있다. 왜냐하면 한계들은 무너졌고 문명의 성과는 전인류의 포괄적인 교류를 위한 발판을 마련했기 때문이다. 이것은 본질적으로(실러에게 있어서와 유사하게) 형식적인 가능성, 즉 확장과 준비이다. 이에 관해서 그리고 헤르더의 역사철학 일반에 관해서는 Hans Panl Bahrdt, *Die Freiheit des Menschen in der Geschichte bei J. G. Herder*(Gött. phil. Diss 1952)를 참고하라.

38] Schr. Bd., 2, S. 41.

통합하는 단일국가, '정치적 지식학'(eine Politiche Wissenschaftlehre) 등이 될 수 있지 않을까? 가톨릭 기독교 세계의 우연적 형식은 사라지고 프로테스탄티즘은 자신의 최대 범위에 도달했으나, 이것은 다가올 새로운 교회의 징표가 아닐까? 분열로부터 벗어나 이제 통일을 향해 치닫는 외길이 다져지고 있다. 원리상 이제 어떤 결정적인 전기(轉機)도 현존하지 않는다. 오로지 새로운 시대의 정신적·학적 발전은 개인의 시각에서가 아니라 압도적으로 전체의 시각에서 고찰되고 따라서 다면성, 다양성, 심오성 등이 권장된다.

그런데 이와 관련하여 실러와 피히테는 개별적 능력의 전문화된 추상화가 초래할 사상적 귀결을 두려워했었다. 시간적 구속성을 뛰어넘는 문제는 휴머니즘과 관념론에 대해서 그렇듯이 노발리스에게도 불가침의 가능성으로 여겨지고 있다. 그러나 그는 이제 이 문제가 현재 첨예화되고 있는 것으로 느끼고 있지 않다. 어떻게 하여 청년 헤겔이 노발리스와 유사하게 프랑스혁명에 의한 시민적·사인적(私人的) 생활의 정치적·경제적 위협을, 인류의 능력들을 일깨워낼 수단으로, 즉 전통적인 환상의 파괴를 바람직하게 완수한 후 자신의 객관적 위험을 스스로 방기할 수 있는 위협으로 간주하게 되는지에 관해서는 나중에 설명될 것이다. 이러한 위험한 논법은 노발리스에 있어서 훨씬 더 명백한 형태를 취한다. "졸렬한 소아병이 자아내는 새벽꿈으로부터 깨어난 인류의 일부가 자신의 이 요람을 휘감고 그의 사지의 놀림을 마비시키려고 하는 뱀무리에 대해 그의 최초의 능력을 구사하고 있다."[39]

그리하여 현재의 갈등상태를 미래에 극복하는 것에 대한 믿음은

39] ebd, S. 38.

반정립의 시대의 역사철학에 공통적인 것임을 알 수 있다. 즉 시간적 제약성의 개인적 극복을 기대하던 에토스는 시간 속에서의 인류의 사명의 실현(die Verwirklichung der Bestimmung des Menschengeschlechts in der Zeit)으로 전환된 셈이다. 염세주의적 시대 의식은 계몽주의의 낙관론자들이 인간 이상의 첫 번째 요구로 여기던 것을 마지막 가능성으로 받아들였다. 그러나 '시간'의 전체성에 대한(인류의 사명과 관련된 개인생활의 실현을 해결하는 것이 아니라 반성적으로 해명하는) 통찰을 통하여 자신을 고양시킬 수 있는 사상가의 과업은 **인식** 안에서 충분히 다 성취될 수 없는 것이다. 오히려 이 인식이란 어디까지나 요청 그 자체를 천명해 주는 데 그칠 뿐이다. 왜냐하면 인식은 인간의 행위 그 자체를 통해서만 답파될 수 있는 길의 방향만을 지시해 주기 때문이다.

미래의 과업에 대한 이러한 방향 설정을 통하여 인간 역사에 관한 교육 계획은 헤겔과 맑스에 있어서 결정적인 의미를 획득하는 새로운 강세를 얻게 된다. 즉 인간 개념의 발생사는 점차 더 강력하게 **인간의 자기 자신에 대한 노동의 역사**로 파악되게 된 것이다. 이러한 노동은 오늘의 제약성에 대한 통찰과 내일의 요구에 대한 시각을 지니고 계획적으로 형성하는 일을 의식적으로 계속해 나가기 위해 필요하다. 따라서 시대 비판가는 해석가일 뿐만 아니라 교육자이다. 왜냐하면 이러한 역사철학의 커다란 구상은 인간의 현실적 '실현'의 과업이다.

근본 문제의 공통성은 여기에서도 다시 사상적 결단의 폭넓은 공통성으로 작용하고 있다. 그러나 중흥의 문제는 본질상 여러 사상이 가장 극명하게 갈라지는 분기점이다. 왜냐하면 이 문제는 보다 국한된 문제의 저편에 있는 두 계기, 즉 실질적인 시대 비판과 종말론적 관념의 내용을 통해 가장 강력하게 좌우되기 때문이다. 교육적, 계몽적 활동의 과업 및 임박한 해방의 확신은 구체적인 이행(移行)의 문제들이 제기됨을 아직 뜻하지 않는다. 그리하여 예를 들면 각 극단을 조화로운 통일로 융합시키게 되어 있는 '제3의 터전'에 대한 공통된 이념은 이러한 통합 자체의 절차가 아니라 내용만을 명시해 준다.

노발리스의 제3터전, 즉 종교는 첫째 세속적인 힘으로서 대립자들을 파악하고 침투해 들어갈 수 있고, 둘째 초현세적인 힘으로서 이러한 대립자들의 극복 및 화해의 자유를 작용시킬 수 있다는 점에 의하여 특징이 부각된다. 이에 반해 피히테는 현세 속의 경험과 학과 열광의 극단에서 '완결된 확증과 성화'(聖化)의 단계의 '이성 예술'(Vernunftkunft)로의 이행, 즉 무엇보다도 진리의 인식이라는 특징을 지닌 '이성 과학'(die Vernunftwissenschaft)을 하나 더 첨가하여 구성하고 있다. 그러나 실천 활동과 교육 활동에의 성향은 '현재적 시대의 정신'(Geist des gegenwärtigen Zeitalters)에 관한 강의에서 한편으로 세계사적 시대의 선험적 구성으로 인해, 다른 한편 칸트 사상의 수정으로 인해 제어되고 있다.

인류의 발전은 이러한 충동의 필연적 성과가 성취될 때까지 자기 보존의 법칙에 따라, 모든 민족이 하나의 보편적 문화 공화국으로 융합됨으로써 이루어진다.40] 이런 까닭에 피히테는 상황을 자신의 강의에 의해 개선하려는(확신이 아니라) '노력'에 관해서만 일차적으로 입에 올리게 된다.41] 그리고 민족 교육의 프로그램이 설

40] W. Bd., 7, S. 163.

명되고 있는 독일민족에 대한 연설에서는 아예 시대 의식 자체가 변혁되었다. '연설'은 그 근본적 관념이 포함하고 있는 연대기적 불확실설에도 불구하고, '개시되는 확증의 단계'(Stand der anhebenden Rechtfertigung)인 제4시대가 장차 동터 오른다는 격앙된 예고로써 시작하고 있다.

그러나 이것으로 말미암아 여기에서 우리가 관심을 가지고 있는 그 특수한 문제는 자취를 감추고 말았다. 유일하게 실러는 '가장 극심한 분열'이라는 전제를 그 자체 바탕으로 깔고 있는 구체적 교육 계획을 입안하려는 시도를 추진했다. 물론 이러한 시도가 안고 있는 근본적 난점은 그에 의해 독창적으로 조명되고 극히 명료하게 정식화되고 있다. 더구나 실러의 **실질적** 시대비판은 헤겔의 인식을 빼놓으면 가장 포괄적이라고 할 만큼, 청년 맑스에게 제기된 여러 문제와 접맥되는 선까지 육박하고 있다. 따라서 우리는 제3절에서 형식적인 시각을, 실러의 시대 비판에 대한 간략한 서술을 통해 보충하고자 한다.

이제 시대 의식이 세기 전환을 전후한 10년간의 역사철학에 내포된 본질적인 차이에도 불구하고 어떻게 역사철학적 근본 문제의 입장뿐만 아니라 개개의 전형적인 문제들의 입장 안에서도 반영되게 되었는가를 밝혀 볼 때가 되었다. 이 시대 의식은 자기내 정지적(自己內靜止的)인 '고전주의적' 자기의식, 즉 습관적으로 연상되어 결합되는 두 개의 관념을 조금도 담고 있지 않다. 오히려 이 시대 의식은 자신을 자신의 시대로부터 해방시키는 확신, 다시 말하면 시대를 넘어 포섭해나가는 것을 추구하는 하나의 요청(ein Postulat)

41] ebd, S. 14f.

에 기초해 있다.

하지만 위에서 언급된 역사철학적 설계들은 시대 의식의 적극적 극복을 위한 하나의 시도에 지나지 않는다. 이와 달리 괴테와 횔더린은 다른 길을 걸어갔다. 그러나 누구에게 있어서도 비판은 자기 목적이나 또는 자기 확증의 단순한 형식이 되지 못했다. 시대의 '타락'과 '불행'은(그 안에서 유독 개인적인 과업이 간취해내든, 이 과업이 자기희생적인 것으로 인식되어 우회되든 또는 그것이 '개체를 유도·고양시키는' 행위의 요구로 느껴지든 관계없이) 위협이나 구속으로 받아들여졌다.

하지만 독일 문화의 고전주의 시대 특유의 극심하게 불행하고 암울한 시대 의식을 절대화하는 것이 경고받아야 하듯이 (왜냐하면 이 의식은 자기 자신을, 고립되고 의사소통이 안 되는 처지에 있다고 느끼는 소규모 움직임을 반영한 의식에 지나지 않기 때문이다) 다른 한편으로는 시대 의식의 전환을 경직된 공식으로 서술하는 것도 회피해야 한다. 이러한 전환은 1799년 노발리스에 의해 이미 발판이 놓인 것으로 여겨졌고 최종적으로 피히테의 『독일 민족에 대한 연설』(*Reden an die Deutsche Nation*)에서 성취되었다. 헤겔도 세기 전환기를 전후하여 시대 비판적 논의를 펼쳤고 개념적 체계 속에서 '학생시절의 이상'을 극복했다. 그러나 노발리스, 피히테, 헤겔은 시대 의식의 이러한 전환을 결정한 동기와 격률의 상이성에 대한 세 가지 좋은 예이다. 노발리스를 기점으로 하여, 나중에 독일 낭만주의 안에서 쉽사리 관찰될 수 있는 것이 최초로 암시되었다.

시대 의식은 본질적으로 문화적 규정이고 그 내용면에서 비의적(秘義的)인 것이다. 독일 문화의 정신화는 실재성의 광범한 말살을 유발했는데, 이 실재성의 영역은 실러와 괴테, 초기 피히테와 청년 헤겔 등에 의해 무엇보다도 먼저 논파되었던 것이다. 여기에서 새로운 시대 해석은 괴테가, 이전에 다 성장한 것으로 생각했던 청년기의 파토스에 대한 불신(不信)으로 가득 찬 새로운 제한을 함으로써 생겨났다. 피히테의 사상 전개는 그 이상의 계기로 나아갔다. 즉 독일 휴머니즘의 세계시민적 이상은 나폴레옹전쟁의 민족적 열광과 밀착되었다. 1804년 피히테는 진정으로 문명화된 유럽인의 조국이 어디인가 라고 자문했다. "그곳은 일반적으로는 유럽이고, 개별적으로는 어느 시대든 문화의 정점에 달해 있는 그런 국가이다." "그리고 이러한 세계시민 의식 속에서 우리는 제행(諸行)과 운명에 대해 완전히, 즉 우리 자신과 우리의 후손에게 있어, 아니 세상이 끝날 때까지 안심할 수 있다."42] 그런데 세상이 끝날 때까지의 이러한 안심은 겨우 4년 동안 지속되었다.

이러한 극단적인 정식화 속에서, '연설'에서 완전히 우위를 차지한 민족적 문제의 극복의 난점이 이미 느껴지기 시작했다. '연설'은 의심스런 결의론(決疑論)*으로써 독일만이 이러한 영도(領導)국가일 수 있음을 제시하고 있으나 그 이전의 글 속에는 이와 상반되는 통찰이 명백히 내포되어 있다. 바로 이 예에서 우리는 그 시대 의식이 민족적 제문제로 인해 점차 취약해지는 반성과 변천속에서 프랑스혁명의 열정을(이것이 19세기 후반을 특징짓는 자기 민족적 확신으로 화할 때까지) 수용한 그 시민 주의적 환상을 얼마나 강력하

42] W. Bd., 7, S. 212f. Aus den Reden and die Deutsche Nation Vgl. bes. die Reden 1, 4, 5, 6 u. 14.

* Kasuistik : 사회적 관례나 법률, 교회 율법 따위에 비추어 양심의 문제나 도덕의 문제를 해결하려는 사이비 학문.—역주

게 환영했는지를 뚜렷이 알게 된다.

이러한 시대 의식의 가장 인상적인, 그리고 맑스에 있어서 결정적으로 이루어지는 극복은 헤겔을 기점으로 완수되었다. 또한 여기에서 이런 전환은 일개 사상가의 사상적 발전 자체 속에서도 추적될 수 있다. 이 전환은 물론 결단의 의의가 명백히 해명되는 긴 논의를 통해 이루어졌다. 독일 휴머니즘의 윤리적 태도에 내포된 고립성과 영구적 대립성, 자기 단념적 측면과 자기 구속적 측면은 사상적으로 더 이상 부지될 수 없었다. 모든 속박은 사상적으로 분쇄되었다. 하지만 여기에서 '불행한 의식'의 극복으로 나아가는 동일한 전체적 요구는 맑스의 등장과 더불어, 위협이 아니라 인간의 사명의 실현을 위해 회피될 수 없는 전제로 이해된(냉혹하게 고착된) 난맥상과 다시 대결하게 된다.

미학적 교육에 관한 실러의 서한집에서 근대적 인간의 분열상이, 이 인간의 인간적 사명의 실현을 촉진하는 사실적 토대 내지는 조건으로 승인될 때 나타나는 궁극적인 명확성과 논리 정연성은 공산당선언에 의해서야 비로소 되찾아졌다. 그런데 미학적 교육의 이념과 공산주의, 즉 서한과 선언은 반세기의 시간적 간격에 의해 분리되어 있는 것이다.

3. 시대 비판과 해방 : 실러

인간의 미학적 교육에 관한 실러의 서한집은 아마 가장 설득력 있는 타당성과 아름다운 문체로써 독일 휴머니즘의 정신과 에토스를 대변했다 할 것이다. 시대 비판에 있어서도 그리고 역사철학적 사상에 있어서도 완전한 가치를 인정받지 못한 실러의 교육 이념의 의의를 서술하려는 시도를 하고자 한다면 이것은 우리의 주제로부터 너무 멀리 벗어나는 것이 될 것이다. 따라서 우리는 시대 의식의 문제를 지금까지 얘기되지 않은 두 방향의 관점에서 보충해 주는 몇 가지 간략한 명시에 국한할 것이다. 실러의 시대 의식을 결정지었던 것은 첫째 **현상**에 대한 물음이고, 둘째 인격의 절대적 '파괴'로부터의 인간의 **해방의 조건**에 대한 물음이다. 따라서 우리의 관심 대상은 실러의 적극적인 해결책이라기보다는 그가 펼쳐 보인 문제 설정이다.

프랑스혁명 이래 이 시대 비판가는 '하층 계급의 위험'을 지적하고 있으며 물론 교육과 도덕에 관한 비판 외에도 경제적 상황에 대한 지적이나 또는 (청년 헤겔에 있어서처럼) 본질적인 사회학적 통찰도 드물게 발견되고 있다. "우리는 자부심이나 신뢰가 아니라 오히려 동정심이나 관용을 갖고 민족을 생각하고 싶어한다." 헤르더의 이러한 반발은 그 뉘앙스에 비추어 볼 때(근심과 경시의 중첩성, 즉 문제 일반이 확정되는 때 유발되는 모종의 불쾌감을 느낄 수 있는 까닭에) 독일 휴머니즘을 특징짓고 있다. "수세기 동안 민족은 미교육 상태에 방치되어 왔다. 민족이 힘을 펼치는 것이나 타민족을 지배하거나 가르치는 것이 아닌, 민족이 교육받는 것이 우리의 유일무이한 희망일 것이다. 개선은 손이나 발로부터가 아니라 몸통으로부터 시작되어야 한다. 나는 미친 민족의 지배보다 더 혐오스런 어떤 것도 알지 못한다."43]

43] W. Bd., B, S. 108.

실러에게 있어서 '몸통의 개선'은 민족의 교육보다 더 가망 있는 것이 아니다. 왜냐하면 양자는 인간의 사명의 실현으로부터 동일하게 멀리 떨어져 있는 것이기 때문이다. 고삐 풀린 충동은 '수적으로 더 많은 하층 계급'을 유린한다. 이에 반해 '개명된 계급들'은 '나태와 성경의 타락'에 빠져 있다. 그러나 실러는 보다 고귀한 개명된 자들이 그 타락도에 있어서 가장 극심한 것으로 생각하고 있다.44] 따라서 그는 헤르더와 유사하게 근본적인 사회적 구분을 가하고 '하층 계급'에게 '타락'의 대립적 극단을 전가시키고 있을지라도 가치 평가에 있어서는 정반대의 입장을 취하고 있다. 하지만 그의 관심은 일차적으로 교육받은 자의 특징에 쏠리고 있다.

따라서 시대 비판은 여전히 시대의 서술에 머물러 있다. 특별히 경제적인 문제마저도 피히테의 경우만큼 아직 그렇게 구체적인 형태로 고찰되고 있지 않다. 『독일민족에 대한 연설』에서 제기된 '경제적 육성'의 요구45]도(괴테나 페스탈로찌와 대립되게) 실러에게는 아직 비교적 멀리 떨어져 있었다. 엄밀히 따지면 '시대정신의 무성격성'에 관한 묘사가 하나 더 있지만 결코 체계적인 서술은 없다.46] 그럼에도 불구하고 바로 실러의 시대 비판은 개별적인 언급에 있어서 자신의 시대를 훨씬 뛰어넘고 있고, 원리적으로 이것이 다시 계승되기는 비로소 후기 헤겔(법철학)과 칼 맑스에 의해서이다. 우리는 우리의 서술 목적을 위해 본질적으로 중요한 논의 내용을 두 가지 시각에서 다음과 같이 총괄할 수 있다.

44] W. Bd., 12, S. 14f.

45] Vgl. 11, u. B. Kede.

46] Vgl. den Brief an Prof. Süvern, Briefwechsel zw. Schiller und Goethe.

1.특수화 : “어찌하여 개개의 희랍인은 자신의 시대의 대변자가 될 자격을 구비했고, 개개의 근대인에게는 이러한 것이 주제넘게 여겨지는가? 그 까닭은 전자에게 형식을 부여한 것은 만유(萬有)를 통일하는 본성이고, 후자에게 형식을 부여한 것은 만유를 분리하는 오성이기 때문이다.”[47]

막 신분의 분리 및 직분의 분할, 모든 학문의 보다 첨예한 구분, 국가적 ‘시계장치’(Uhrwerk)의 기계화와 더불어 개별자의 제능력의 조화도 파괴되었다. 다만 개체의 전체성만은 아직 유(類)의 전체성(즉 전체와의 연관성을 잃고 무의미하고 우연적으로 현상하는 파편의 복합체)을 대변하고 있다. 하지만 소질과 능력들을 유일한 초점에 모으고 수렴시키는 것만이 개인적 인격의 계발(啓發)을 위해 불운한 것이 아니다. 나름의 본질에 입각해서 전체성과 직접적 상호 관련성을 요하는 기능들과 객체들이 상호 분열 상태에 빠지고 이러한 추상화와 고립화로 인해 자신의 작용 방식을 변모시키고 있다. 괴테와의 서신 교환에서 거듭거듭 논구되는 실러의 주요한 예증은 직관적 오성과 사변적 오성의 분리이다. 첫째 양자는 엄격한 기능적 한계 설정을 통하여 개체의 계발과 인식을 위한 나름의 독특한 생산력을 잃었다. 그리하여 개체는 그에게 도구로서 이바지해야 마땅한 그러한 능력의 제한으로 인해 어딘가에 예속된다. 둘째, 작용권에 경계를 그음으로써 특수한 통찰이 획득되고 또한 능력의 적대관계가 각각의 개별적 힘을, 한정된 영역의 용적을 다 소진시키도록 내몰기는 하지만, 대상의 전체성이 상실되고 고립된 개별적인 능력들이 **‘사물들의 진리’**[48]와의 상극관계(相克關係)에 빠진다. 따

47] W. Bd., 12, S. 18.

라서 주체적 기능의 분열은 개체에 다시 악영향을 미치는 객체 쪽의 분열을 유발하게 된다(이것은 맑스가 프롤레타리아 노동의 분석에서 출발점으로 삼은 통찰이다).

실러의 비판은 압도적으로 예술과 학문을 겨냥하고 있다. 그는 이 예술과 학문이 현재의 형태를 넘어서지 않으면 인격의 계발에 파괴적인 영향을 미치고(또 필연적으로 미치게 되며) 이 양자가 보다 높은 발전 단계에서 결코 무구별적 통일이 아닌 근원적 통일을 재획득해야 한다면 보충되어야 한다는 결론을 내놓고 있다. 그러나 그는 청년 맑스의 문제를 직접적으로 취급하고 있다. 왜냐하면 그는 첫째 근대국가라는 '천박하고 거친 기계적 메커니즘'에 의한 정신적 특수화가 총체적인 시민적 직업으로 옮아가는 것을 통찰하고 있다. "오직 전체의 한 조그만 개별적인 파편에만 묶여서 인간 자체는 영원히 자신을 파편으로만 형성시킨다. 그리하여 그는 그가 맴도는 톱니바퀴의 단조로운 소음만 영원히 귀에 담고 있기 때문에 결코 자신의 본질의 하모니를 펼치지 못하고, 자신이 본성으로 지니고 있는 인간성을 외부로 명백히 나타내기는커녕 인간의 직무, 인간의 지식의 한 가지 복제품으로 변할 뿐이다."49] 개체적 능력의 외연성(外延性)은 특수한 내포성(內包性)을 유지하기 위해 체계적으로 제한된다. 보편적 계발을 향한 성향은 개인적인 시민적 실존도 전체도 촉진시키지 않고 오히려 이 양자에 대해 저해가 되는 것이기 때문에 억제된다. 기계적 생(生), 즉 무수히 많은 구획된 부분들의 집합은 이 부분들 자체가 생명력을 잃고 기계적으로 서로

48] ebd, S. 22.

49] ebd,, S. 19.

얽혀 있을 경우에만 붕괴되지 않을 뿐이다. 둘째 실러는 근대 시민사회를 개체적 원자들의 복합체로 파악할 뿐만 아니라 다층적(多層的)인 사회학적 구조로 보고 있다. "……우리는 개별적인 주체들을 목도하는 것에 그치는 것이 아니라, 인간의 전계급이 그들의 소질들 가운데 한 부분만을 계발하고 나머지 부분은 기형적으로 발육된 것처럼 의미한 흔적만 남아 거의 드러나지 않을 정도로 방치하고 있다는 것을 통찰하게 된다."50]

이러한 사상은 청년 맑스의 소외 체계까지도 밑받침해 주는 것이다. 소외의 현상은 시민사회의 각 계급에 있어서 하나의 특수한 현상이지만, 개별적인 현상들은 하나의 상호 보완 관계 속에 들어 있다.

아마 헤겔과 맑스에 대해 결정적인 의미를 획득한 한 문제와 관련된 세 번째 논의가 가장 중요할 것이다. "문화는 우리를 자유롭게 하는 것과는 완전히 거리가 멀고(문화가 우리들 안에 육성시킨) 모든 능력을 다 써서 단지 새로운 욕망만을 발전시킨다. 물질적인 것과의 유대는 점점 더 불안하게 결속되고 그리하여 이 유대를 상실하지 않을까 하는 공포는 개선을 향한 불같은 충동조차도 질식시키고 고통스런 복종의 격률이 생활의 최고 지혜로 통하게 된다."51] 이것은 헤겔과 맑스가 보다 상세하게 전개시켰던 문제를 전부 함축하고 있다. 욕망과 충족 간에는 필연적인 변증법적 교호 작용이 존재하는가? '새로운 능력의 계발'은 인간학적으로 어떻게 이해되어야 하는가? 사회는 '욕망'의 증대에 어떤 영향을 미치는가?

50] ebd,, S. 18.

51] ebd, S. 16.

무엇보다도 특히 경제와 사회의 발전은 인간과 충족 대상의 관계에 어떤 영향을 미치는가? 실러는 특히 확대되는 자연 정복에서 점증하는 심리적 의존 관계가 나온다는 사실을 강조하고 있다. 능력의 분화는 개인의 욕망의 분화를, 그리하여 사회의 점증적 의존 관계를 유발하는 것이다.

2.개인과 사회의 관계 : 인간 내부의 두 가지 상반되는 충동 능력의 통합 상태, 즉 인간의 '적대 관계'는 칸트에게 있어서도 다음과 같은 귀결을 낳고 있다. 한편의 발전은 다른 편의 대응적 반발을 야기한다. 그리하여 세련된 사회성을 갖춘 한 체계가 이기적 성향을 지닌 대응 체계를 바탕으로 올라서 있다면, 이 두 체계는 교호 작용의 차원에서 상호 의존적 관계를 맺고 상호 발전시킨다. 교호작용의 이러한 형식은 실러가 볼 때 현재의 상황에 딱 들어맞는 것으로 여겨졌다. 그리하여 다음과 같은 심리학적 결론이 용이하게 도출된다. 사회의 '기괴한 관습'에 감정을 예속시킨다는 것은 개별자에게 있어서 '감정의 말살'로 귀착되고, 판단과 의지를 냉혹한 사회적 공공성의 판단과 의지로 단정하는 것은 무억제성, 자의 등으로 귀착된다.[52]

그리하여 여기에서도 다시 두 부분으로 갈라놓는 분화 현상이 나타나고 있다. 사회는 자신의 참된 권위를 상실하고, 개인은 자신의 참된 자립성을 상실한다. 여기서 국가 권위의 해체는 더욱 심각하다. 근대적 사회 조직의 합리성은 비인격적 계층 분화를 통해 다양성을 조직화하고 제도를 통해 이를 통치하고자 한다. '간선(間選)에 의한 대의'(代議)라는 이러한 제도는 시민과 국가의 직접적인

52] ebd, S. 15f.

관계를 파괴한다. '공권'(公權)은 피치자의 눈으로 볼 때 다른 편을 제외한 한편으로 굳어지고 적극적인 사회는 산산조각이 나서 도덕적 자연 상태에 빠지게 된다.53]

그리하여 실러는 개별적 시민에게 있어서의 신분적 결속의 상실을 비판했을 뿐만 아니라(헤겔은 이러한 상실을 직업단체Korporationen의 재산출에 의해 보전補塡코자 했다) 시민 사회로부터의 국가의 고립화를 비판했다. 청년 맑스는 이 고립화를 그의 사회 비판의 대상으로 삼았다. 이 두 가지 고찰 내용은 다음과 같은 동일한 현상으로 수렴된다. '일반성'이 권위를 상실해 가는 것처럼 보인다는 것이다. 이 일반성은 원래의 교육적 의의와 구속력을 잃었다. 이에 반해 개인주의와 개인적 자유도 그에 못지않게 환상적인 것으로 변했다. 개별자의 원리와 준칙은 이제 더 이상 그를 구속할 힘을 잃은 도식적인 여론에 의해 매개되거나, 이것에 대한 부정적 반발에 의해 결정되었다.

개별자의 활동은 자신의 시민적 지위에 의해 규정되었다. 그러나 그는 이제 하나의 유기적 전체의 자립적인 성원이 아니라 기계의 부품과 같은 추상물이 되었고, 따라서 사회의 다른 성원들과의 관계 속에서 그리고 노동 대상과의 관계 속에서 한갓 기능적으로만 존재하게 된 것이다. 그리하여 개별성뿐만 아니라 일반성까지도 희생되고 전반적으로 양분(兩分)의 범주에 의해 특징지어질 수 있는 모종의 사태 발전이 근본적으로 확인될 수 있게 된다. "이제 국가와 교회, 법과 도덕이 분리되었다. 그리하여 향유는 노동으로부터, 수단은 목적으로부터, 노력은 대가로부터 분리되었다."54] 그러나

53] ebd, S. 20f.

근대적 합리화의(구체적으로 보면) 명백히 이질적인 현상들은 그 귀결점에 있어서 하나의 공통된 결과, 즉 모든 생의 대열을 자신의 속박 속에 몰아넣고 자립성 및 독자적 법칙성을 획득하여 경향의 다양성을 넘어서는 피안적, 객체적, 기계적 형상물, 즉 개별적인 구체적 생이 흘러들어가 무화(無化)되는 '전체의 추상물'로 수렴된다.

개별적인 논술들을 간추리고 체계화하는 것은 전체의 성격을 왜곡시키기 쉽다. 실러의 시대 비판은 근본적으로 하나의 완결된 체계가 아니라 다만 관점만을 제시하고 있을 뿐이다. 그는 개별적인 계기들을 하나의 통일된 원리로부터 도출하고 있기는 하지만, 이 계기들을 다시 서로 결합시키지는 않고 있다. 다시 말하면 앞 절에서 밝혀졌듯이 그는 사태 발전의 대체적인 노선을 해석하려고 시도하고 있기는 하지만, 이러한 시도를 경험적으로 수행하고 있지는 않다.

이런 이유에서 문제들은 다양하게 단초의 형태로 남겨져 있다. 왜냐하면 이것은 나중에 헤겔과 맑스에 와서야 명백히 개념화된 사실이기 때문이다. 따라서 근대 합리주의의 경제적, 사회적 문제들은 연역적으로도 또 직접 현상학적으로도 파악될 수 없다 하겠다. 발생론적 분석은 우연적인 방법상의 가능성이 아니라, 오히려 새로운 현상들 자체에 의해 함축된 것이다. 그것은 특히 역사론적 도출에 국한되는 것이 아니라 현상 자체를 뛰어넘어 이 현상을 이것의 논리적 귀결의 시각에서 소급하여 개념화한다.

이러한 과정을 거쳐서 비로소 어떻게 본질적 관련들이 드러나는가는 헤겔에게 있어서, 그리고 맑스에게 있어서 더욱 더 분명해지

54] ebd, S. 16.

게 된다. 실러는 인간의 현재적 상황을 역사학적으로 파악하기도 했으나, 그가 분명히 한 경제적, 사회적 발전에 의해 개인이 규정당하는 측면을 역사철학적 시각 속으로 통합시키지는 못하고 있다. 이 시각은 분석적 해석학을 그럴싸하게 보이도록 현혹하는 것이 아니라 인간의 사명에 대한 도덕적 믿음을 바탕으로 한 시대 의식의 사변적 극복의 성격을 솔직하게 받아들이는 것이다.

시대 비판의 여러 가지 형상 속에서 요동치고 있는, 유기체론과 기계론의 대립은 흥미로운 것이다. 이 대립은 조화의 이상에 의해서만 좌우되는 것이 아니다. 오히려 실러는 초주관적이고 기계적 강제성을 띠며 자립화된(주관적 경향의) 필연적 귀결의 현상을 맹아의 형태로나마 간파하고 있는데, 이러한 귀결은 19세기의 의식 속에 경제적, 사회적 발전이 자연 법칙성에 입각해 있다는 인상을 새겨주었다. 실러가 당시 '문화'라는 개념으로써 묘사한 현상을 맑스는 '경제'로 묘사했고, 20세기는 보통 '기술'로 묘사하고 있다. 당연히 이러한 개념들의 의미 내용은 매우 상이하다. 그러나 바로 이러한 사실 자체는 의미심장하다. 왜냐하면 현상은 점차 '더 대상적인 것'으로 변하는 것처럼 여겨지는데—술어의 선택은 바로 이러한 가정에 달려 있다.

실러의 시대 비판은 역사철학적인 것 외에 직접 현실적이고 논쟁적인 의의를 지니고 있다. 즉 그것은 1790년대의 혁명적 파토스와 정치적 해방 사상을 겨냥한 것이다. 이러한 현실성은 실러가 출발점으로 삼은 대안(代案) 안에서 이미 재반영되고 있다. 정치적 개혁자들이 '필요국가'(Notstaat)의 현재적 상황을 청산하고 도덕적 국가를 세우고자 할 경우, 실러에 의하면 다음과 같은 난점이 생겨난다. 즉 현재적 인간의 물질적 실존이 보장되어 있고 지금의 국가는 인간의 원시적 욕망을 충족시켜 주고 있다.

이에 반해 이러한 국가와 대립되는 인륜적 국가는 현실적인 것이 아니라 문제투성이이다. 이것은 인륜적 인간이 그 자체 문제투성이의 본성이라는 점과 유사하다. 형성적 이성은(인류의 것이기는 하지만 현재의 실존 속에서는 결여되어 있는 인간의 존엄과 합치되는 이념을 실현하기 위해) 인간으로부터 '동물성을 위한 수단'을 탈취할 권리를 지녔는가? "인간이 자신의 의지에 따라 법률을 준수할 시간을 얻기 전에 시간은 인간의 발밑에서 본성의 사닥다리를 치워버릴 것이다."[55] 물음은 다음과 같은 비유 속에서 탁월하게 첨예화되고 있다. "예술가는 자신이 지닌 시계를 수선해야 할 경우 톱니바퀴들을 멈추도록 만든다. 그러나 국가의 살아 있는 시계 장치는 시계가 멈추지 않고 종을 치는 가운데 수선되어야 하고 여기에서는 돌아가는 톱니바퀴를 그것이 돌아가는 동안 붙잡아 두는 것이 필요하다."[56] 이러한 정식화는 계몽주의의 건설 이념에 의해 여전히 영향을 받고 있기는 하지만, 혁명의 경험은 필요 국가와 도덕적 국가의 반정립을 넘어서는 문제로 귀착되고 있다. 인간적 실존의 자율적인 형성이라는 과제는 그대로 남아 있지만, 행동 그 자체는 확실한 것이 못 된다. 즉 행동하는 인간은 그가 자기 의지대로 개입할 수 없는 '생동하는 체계', 즉 사회 체제와 대립해 있다.

인류의 역사성은 자유로운 결단의 순간에 대한 대용(代用) 개념이 아니다. 즉 사회는 무시간적, 추상적 치료의 대상이 아니다. '실

55] ebd, S. 9.

56] ebd,

현'의 근본적 전제 조건을 문제 삼지 않기 때문에 눈먼 낙관주의로 귀결되는 이념과 실재의 유치한 관계는 극복되었다. 물론 대안은 실러에 의해서도 극단적으로 첨예화되고 있다. 즉 미래의 정치적 혁명은 punctum flexus contrarii(대립의 용해점)의 성격을 지니고 있어야 한다. 실러의 술어로 표현하면 그 혁명은 '필요 국가'의 폐지와 '이성 국가'의 직접적인 건설을 수행해야 한다.

청년 맑스도 동일한 문제 설정을 출발점으로 삼고 있다. '미래의 혁명'이라는 관념과 '보편적 혁명'이라는 관념의 동치(同置)는 맑스에게 있어서 당연한 것이 되었다. 그러나 동시에 그의 혁명적 의식은(실러에게 있어서는 결여되어 있는) 보다 폭넓은 추동성을 획득했다. 즉 인간에 대한 물질적 위협은 혁파의 요청을 이제 더 이상 억제하는 것이 아니라 뒷받침해 준다는 것이다. 하지만 이 위협은 때때로 논점으로서 전면에 부각되기도 하였지만 혁명 이념의 유일무이한 동인이 되지는 않았다. 이에 반해 실러의 문제 설정에서 프랑스 혁명의 체험과 경험은 훨씬 직접적으로 반영되고 있다. 그리하여 인간의 물질적 실존의 파괴 위험과 정치 혁명가의 책임이 의식되게 된다. 자신의 상황을 당해낼 수 없는 인간, 자신의 과업을 수행해 낼 수 없는 사회, 자신의 이념의 실현을 통제하거나 조종할 수 없는 개혁가, 자신의 행동의 결과를 이제 더 이상 지배하거나 조종할 수 없는 행위자 등은 이러한 책임감을 말하는 공범증인(共犯證人)이 되었다. 그리하여 '발전'의 문제는 새로운 차원으로 자리를 옮겨 잡게 된다. 입법적 이성의 원칙들은 무시간적 타당성을 지니고 있지만, 그 원칙들의 효과 및 권능은 경험적 전제들, 즉 사회구조와 인간의 도덕적 성숙에 의해 제약된다. "자유주의적 원칙의 선물은 들끓는 세력에 가담하여 위압적인 본성을 보장한다면 전체에 대한 반역자가 된다. 그런데 합의의 법칙은 만연된 취약성 및 물질적 제한과 유착되어 자립성과 사적 소유권의(아직 타고 있는) 마지막 불꽃을 꺼버린다면 개인에 대한 폭력이 된다."57]

정치적 해방의 문제에 대한 실러의 입장이 지닌 의의는 그의 시대의 제약 조건을 넘어서고 또한 그가 그의 시대를 위해 제시한 대답을 넘어선다. '살이 있는 시계 장치'의 수선이라는 비유는 건설적인 측면을 유지해 나가기는 했으나 유기체론적 발전 사상, 즉 인간 사회가 의식적으로 추구하는 궁극 목표를 위한 형성적 교육의 요청은 크게 변형된 형태로만 영향을 미쳐왔을 뿐이다. 휴머니스트는 근본적인 의의를 지닌 다음과 같은 대납을 제시했다. 즉 시대 의식은 즉각적인 결단에 의한 해방을 모색하지 않는다. '오늘날의 생활'을 한정하는 역사적 제약을 돌파하고자 하는 '불행한 의식'(das unglückliche Bewußtsein)에게도 인간에 대한 존중은 변함없이 최고의 요청이었고 또 인간의 물질적 실존마저도 위태롭게 할 권리에 대한 물음은 변함없이 결정적인 것으로 남아 있었다. 동시에 근본적인 해결을 요구하는 것으로 여겨지는 인간과 사회의 미성숙은 자신의 한계로부터 벗어나려는 활동을 가로막고 있었다. "감수성 있는 인간은 자신의 동시대인의 불행을 절박하게 느끼고 그들의 타락에 대해서는 더욱 절박하게 느끼며, 불타오르는 정열과 타는 목마름은 원기왕성한 사람들에게 조급한 행동을 촉구한다. 그러나 또한 인간은 도덕적 세계의 이러한 무질서가 자신의 이성을 모욕하는지 아니면 도리어 자신의 자기애(自己愛)를 고통스럽게 하

57] ebd, S. 25f.

는지 자문(自問)하게 된다. 그가 이것을 알지 못한다면, 그는 자신이 모종의 가속화된 활동에 얼마나 열심히 박차를 가하는가를 기준으로 그것을 알게 될 것이다."58]

4. 시대 비판과 시대 의식 : 헤겔

튀빙겐 신학교 시절의 세 젊은 친구인 헤겔, 횔더린, 셸링의 서한들은 시대의 신기원적 열정으로 가득 채워져 있다. 혁명사건, 칸트의 비판, 독일 휴머니즘의 종말은 새로운 시대의 과업이 자라나오는 커다란 신호요 이상이었다. "너의 환호를 되풀이해 보자. 우리는 뒤쳐져 있고 싶지 않다." "하나님의 나라는 도래할 것이고 우리는 수수방관하고 있지 않을 것이다." "우리의 해결책은 변함없이 이성과 자유이고 우리의 통합점은 눈에 보이지 않는 교회이다." "지상의 압제자들의 몸뚱이를 둘러쌌던 후광은 사라지고 있다……."59]

청년 헤겔이 이러한 믿음으로부터(시대에 의해 내면세계로 떠밀려든) 사상가의 정신적 실존 가능성에 대한 회의를 거쳐 궁극적으로는 화해 및 '시대와의 남성다운 통일'에 이르기까지 걸어간 길, 이러한 길은 의미 없이 간략한 정식들로 바꿔놓을 수 없는 문제들과의 대결을 거쳐 갔다. 하지만 최종적인 판단이 본문자체에서는 억제되어 있는 두 편의 논문이 청년기 논집의 풍부한 글로부터 지적될 수 있

58] ebd, S. 32.

59] 『청년 헤겔과 셸링 사이에 오간 서한집』(1795)에서(*Briefe von u an Hegel,* hrsg. v. Hegel. Leipzg 1887, S. 10ff.)

다. 직접적이고 확정적인 논의에 대한 헤겔의 각별한 몰두는 이 두 논문에서 뚜렷이 입증되고 있다. 여기서 우리는 마지막 문장에 와서야 비로소 결론이 그 자신에게 현실적으로 제시되었다는 인상을 받게 된다.

이 논문 중 하나는「1800년의 체계 단편」(*System fragment von 1800*)[60]이고 다른 하나는 1802년에 쓴 독일 헌정 체제 비판의 서론격인 한 단편(『자유와 운명』 *Freiheit and Scicksal*)이다.[61] 원리적인 판단은 전자의 논문에서 내려지고 있다. 그 마지막 문장은 다음과 같이 끝나고 있다. "그리하여 시대와의 통일이 비천하고 저급한 것이라면, 자아가 자신의 발 아래 대립하는 모든 것을 지니고 있는 상태의 행복이 가장 존엄하고 가장 고귀한 것이 된다."[62] 두 번째 단편도 '시대와의 통일이 비천하고 저급한 것이라면'이라는 이 마지막 문구를 다시 받아들이고 있는 바 이것은 위의 조건문 안에 숨겨진 물음에 대한 대답을 통해 특징을 부여받을 수 있다. 시대와의 적절한 '통일'은 **비판적** 논파를 통해서도 이루어질 수 있다. 왜냐하면 비판이 비판의 대상을 긍정한다는 것은 모든 적극적인 비판의 본질에 속하는 것이기 때문이다. 이 단편 안에서 집약적으로 표현되고 있는 헤겔의 발전 단계는 이중적인 관점에서 우리에게 중요하다. 이 단편 안에서 헤겔은 한편으로 실러의 '인류의 미학적 교육'으로 되돌아가고 다른 한편으로는 동일한 문제를 다시 받아들

60] System fragment von 1800. In : *Hegel theologische Jugendschriften,* hrsg. v. H. Nohl. Tübingen, S. 343 ff.

61] *Hegel Schriften zur Politik u. Rechtsphilosophie,* hrsg. v. G. Lasson. Leipzig 1973, S. 138ff.

62] Nohl., S. 351.

여 유사한 방식으로 대답한 청년 맑스의 출발점을 이해할 수 있게 하는 논제로 취급하고 있다.

헤겔은 '시대에 의해 내면세계로 떠밀려든 인간의 상태'가 어떠한 가능성을 지니고 있는가 라는 물음을 스스로에게 제기하고 있다. 절대 부정적인 고립 상태에 머물러 있다는 것이 '지속적인 죽음'을 뜻한다는 것은 이미 1800년의 체계 단편 안에서 확정되어 있다. 내면의 고통을 감수하면서 시대의 경멸스런 생을 물리치는 인간은 이러한 한계 의식에 매여 벗어나지 못한다. 이런 인간은 다만 실존하는 것에 대한 부정으로서만 존재하는 것을 목적으로 삼고 있는 셈이다.

여기에서 헤겔이 결코 극복하지 못했던 그의 한계가 나타나고 있다. 그는 이러한 부정 속에서 운명에 대한 용인(容認), 즉 자신의 부정 속에서도 '부정적인 것을 존중하는'[63] 태도만을 보고 있다. 이 때문에 그에게 당초부터 '자아가 자신의 발 아래 대립하는 모든 것을 지니고 있는 행복'도 미심쩍은 것으로 보였다. 이런 행복은 가장 존엄하고 고귀한 것일 수 있다. 그러나 헤겔은 때로는 긍정한 적도 있지만 이러한 파토스를 불신했다. 초기 신학 논집에서 취급되는 원시 기독교적 금욕의 현상에 관한 그의 논의, 횔더린으로부터의 이반, 시대의 '열광'에 대한(경멸에 가득 찬) 훗날의 (특히 제2의 청년 시대 친구인 셸링을 겨냥한) 공격 등은 (근본 형식에 비추어 볼 때 『정신현상학』에서의 금욕주의에 대한 비판 및 '불행한 의식'에 대한 서술도) 모두 거기에 속하는 것이다. 이러한 태도의 결의는 거듭거듭 강조되고 있다. 세계의, 이러한 고민하는 신참자 및 자기도취적 열

63] ebd, S. 139.

광자는 '합법적이고 수권적(授權的)인 현존재의 형식만을 취하고 있는 한계를 극복할 수 없는 것으로 간주하는데'64] 이로 말미암아 그들은 이 한계의 규정성들을 절대적인 것으로 파악하고 있다. 그러나 여기에서 보충하자면 한계들은 이 의식 자체에 대해서 동등한 방식으로 정립되어 있다. 말할 것도 없이 의식은 역사적으로 제약된 것을 부정함으로써 이 한계들에 명백히 예속된다. 왜냐하면 모든 관계와 마찬가지로 부정도 상관자(相關者)의 한 질적 규정이기 때문이다. 이러한 비판에 내포된 근본 사상은 나중에 맑스의 이데올로기 분석에서 다시 반복된다. 인식의 역사적 제약성을 통찰하지 못한 까닭에 객체에 대한 절대화는 객체의 역사적 제약성을 넘어서까지 수행된다. 자신의 역사적 결정성을 비판적으로 극복하지 못하는 의식은 객체에 대해서 그러한 일반화를 무비판적으로 수행한다.

헤겔과 같이 현실에 대해 순수 관념적 자세를 취하게 되는 또 다른 형태의 태도도 청년 맑스에게는 문제시되었다. 이 관념적 태도에서 (현실과의) 가교를 놓는 것은 운명에 대해 폭력을 구사하고 운명의 극복 자체만을 목표로 삼는 단순한 의지이다. 여기에서 이 극복이 자기의 힘으로 이루어지느냐 아니면 외부에서 오는 위력의 도움으로 이루어지느냐 하는 것은 중요한 것이 못 된다. "한계는 폭력에 의해서 생으로부터 분리되지 않는다. 소원한 폭력은 특수자에 대한 특수자, 소유권의 강탈, 새로운 고통이다."65] 헤겔이 『역사철학』에서 강조하는 바에 의하면 위대한 개인들은 시간과 이념

64] ebd, (저자 강조)

65] ebd,

이 동등한 방식으로 규정하는 법칙에 따라 행동한다. 따라서 세계사적 사건들은 단순한 의지와 순수한 폭력에만 근거하는 것이 아니다. 이 단순한 의지와 순수한 폭력은 세계사의 절대정신이 사용하는 도구이다. 천재는 상황의 내재성 속에서 이러한 내적 규정성을 인식한다. 헤겔에 의하면 순수한 특수자에 대한 특수자의 투쟁은 우연적인 것이며 세계사의 공허한 진행에 지나지 않는다.

그러나 본성과의 모순에 대한 지각, 즉 기존의 생의 지양 욕구는 주관적 부정이냐 아니면 주관적 자유 의지냐 하는 양자택일의 문제로 국한되어 있는가? 이에 대한 긍정적인 대답은 모순 자체가 주관적 본성을 지닌 것에 지나지 않을 경우에만 가능할 것이다. 그러나 모순은 실재성이 순수하게 자신으로부터 산출하는 대립을 가리킬 수도 있다. 따라서 모순을 지각하는 것과 반드시 연결되는 모순 해소 문제는 객관적 인식을 통해서만, 즉 상황의 발생사에 관한 분석과(상황의 변증법적 발전 법칙에 관한 지식 안에서 그 분석과 동시에 형성되는) 통찰에 의한 상황에의 발돋움을 통해서만 대답되어야 한다. 이상과 현실의 불일치는 현실이 이상적 의식에 대해 즉자적 불변성의 형식을 띠고 있을 때에 그리고 이런 때에만 언제든 비생산적인 것일 수밖에 없다. 왜냐하면 현실적 모순 자체는 인식되지 않은 채 남아 있기 때문이다. 이러한 현실적 모순의 인식과 더불어 순수한 부정과 단순한 자유 의지의 의식 형태는 극복된다. '무의식적' 욕구가 펼치는 추구 과정 속에서 갈구되는 이념에의 본성이 자기 내면에서 산출한 동경과 갈망에 의해 포착되는 해소는 '기존의 생이 자신의 위력과 모든 가치를 상실할 경우에, 즉 그것이 순수하게 부정적인 것이 되었을 경우'[66]에 등장하게 될 것이다.

이것은 다음과 같은 내용을 함축한다.

1.'한정된 생'은 자기 형성된 현실적 폭력이 되지 않을 수 없었다. 따라서 이 생은 자신이 기초하고 있는 원리에 계기를 그 전체성에 있어서 전개시켜야만 했다.

2.동시에 이 생은 자신의 도덕적 위력을 상실할 수밖에 없었다. 그리하여 기존 현실의 타당성은 동시대인의 의식 속에서 의문에 붙여지지 않을 수 없었고 '일반성'에 대한 요구는 자신의 시대적 제약성 안에서 명백해지지 않을 수 없었다.

3.특수에 대한 부정은 특수성의 형식 안에서만 이루어질 수 있다. 그리하여 '보다 나은 생'이란 것도 이러한 특수성 안에서와 못지않게 현실적인 위력이 되었음에 틀림없다. 하지만 이러한 부정은 **'의도적인' 활동의 대상일 수 없다.** 위에서 언급된 세 측면은 기존의 정립성을 오히려 자기 자신 안에서 산출한다. 기존의 정립태는 대립을 자기 자신 안에서 산출하여 자신과의 모순 속에 정립한 뒤 해소의 과정을 일으킴으로써 자신의 역사적 규정(사명)을 완수한다.

이 마지막의 통찰은 청년 맑스에 있어서 거의 낱말 하나 바뀌지 않고 거듭 되풀이되는 문형으로 언표된다. "……한정된 것은 자신 속에 들어 있는 그 자신의 진리를 통해 부정될 수 있고 이 자신의 진리와 모순에 빠질 수 있다."67] (맑스의 다음과 같은 문구 속에서 : "우리는 이러한 석화石化된 상황에 대해 이것의 고유한 멜로디를 노래 불러 줌으로써 이 상황으로 하여금 춤추도록 몰아가야 한다."[610])

66] ebd, S. 140.

67] ebd,

그러나 '의도적' 활동에 대한 헤겔의 부정은 오해되어서는 안 된다. 물론 기존의 정립태에 저항하는 특수자는 인간의 활동에 기초한다. 이러한 활동은 맹목적인 것도 아니고 자연법칙적인 것도 아니다. 그러나 그것은 어디까지나 대상의 '고유한 진리'에 의해 제약되어 있고 이런 한에서 '의도적인 것'(absichtlich)이 아니다.

이러한 사유 과정으로부터 다음과 같은 두 가지 물음이 생겨난다. 1.기존의 정립태에 대한 부정은 어떻게 하여 시대의 의식 속에 구체적으로 현상하는가? 2.기존의 정립태의 이러한 모순 자체를 남김없이 포섭하고자 하는 인식은 어떤 과업을 안고 있는가? 즉 이런 인식은 방법상 어떻게 이루어질 수 있는가?

첫 번째 물음에 대해 헤겔의 시대 의식 자체는 최선의 대답을 주고 있다. 그의 판단은 다음과 같이 일의적으로 명백하다. "이러한 시대의 모든 현상들은 고대적 생이 누렸던 충족 상태가 더 이상 발견되지 않는다는 것을 보여주고 있다."68] 기존의 안전성(安全性)은 어디에 기초하고 있었던가? 이것은 우선 모든 개별자의 재산권을 불가침의 것으로 만든 부르주아적 안전성과 질서에 기초하고 있었다. 사유재산의 협소한 지평 및 '완전히 종속적인 자신의 소(小)세계의 정관(靜觀)과 향유 속에서' 자기 고갈된 생명 감각은 이로 말미암아 생겨났다. 그러나 이러한 자포자기 속에서 일체의 보다 높은 인간적 실현을 차단하는 제약은(인간과 그의 현세적 자기 파멸의 화해로서의) 종교적 가상 세계로의 도피에 의해 정당화되었다(맑스 : "종교는 인간적 본질의 환상적 실현이다. 왜냐하면 인간적 본질은 어떤 참된 현실도 점하고 있지 못하기 때문이다. 그리하여 종교에 대한

68] ebd,

투쟁은 직접적으로, 종교라는 정신적 **후광**을 가진 **저 세계**에 대한 투쟁이다."[606]).

두 가지 제약(현세적 제약과 초현세적 제약)은 헤겔의 확신에 의하면 오늘날에 와서 의문에 붙여진다. 인간은 현실에 대한 지배권, 즉 자기 자신에 대한 장악 능력을 획득했다. 더구나 이러한 능력은 그 경향에 비추어 보면 상호 모순되는 것처럼 보이지만 그 결과의 시각에서 보면 의미 있게 상호 보충해 주고 있는 두 가지 사건에 의해 획득되었다. "한편으로 시대의 궁경은 저 재산권을 공격했고, 다른 한편 시대의 호사스런 선물은 제약을 지양했다……."69] 시대의 곤궁과 호사스런 선물, 이러한 대립은 우선 프랑스혁명의 사건들과 이것이 다른 유럽 지역에 비친 실천적, 심리적 결과를 암시한다. 즉 인권이라는 정식으로 표현된 반항은 외양상 영원한 법률에 의해 보호되던 재산권에 대한 (일단 완수된) 공격이라는 사실을 더 이상 망각되지 않는 것으로 만들 수 있었다. 그러나 '시대의 궁경'은 '호사스런 선물'에 대한 상관 개념으로도 이해되어야 한다. 여기에서 헤겔이 나중에 그의 현상학과 법철학에서 전개한 빈부의 변증법(die Dialektik zwischen Armut und Reichtum)이 희미하게나마 모습을 드러내고 있다. 헤겔은 그가 재산권의 공격을 불길한 환상의 파괴로 간주하듯이 호사의 현상을(이것은 이 문장이 내포한, 논급할 가치가 있는 제3의 사상이다) 종교적 해방의 원인으로 파악하고 있다. 오만은 자기 파멸을 불식하고, 새로운 위험은 '사유 속에서의 승천'(昇天)을 위해 자기 자신을 상실한 인간을 구속하던, 불가침의 허울을 쓴 제약 조건을 파괴했다. 신시대의 이러한 징조, 빈부의

69] ebd,

대립, 자기 국한된 재산권의 권위의 폐지, 종교적 제약의 지양 등을 헤겔이 그 자체로서 환영하지 않았음은 의심할 바 없다. 그가 볼 때 이러한 현상들은 제약된 것이 자기로부터 산출해내는 모순이다. 이런 까닭에 그는 시대의 징표, 조인 족쇄를 돌파하는(선을 원하지만 악을 창조하는) 힘을 시인하고 있다. 나중에 그는 어렴풋이 위험을 인식했다. 그도 그물을 던져 묶인 악령들을 바다로부터 건져 올린, 저 옛날이야기 속의 어부가 당한 상황이나 다름없는 처지가 되었다.

이러한 상황은 이제 헤겔에게 정치적 변혁을 위해 활동할 권능을 부여하게 되는가? 그에게 있어서 현상은 충분한 것일 수밖에 없다. 실러의 관점에서 그는 자신의 정신적 태도에 반한 윤리적 요구를 인정할 수 없다. 왜냐하면 '보다 나쁜 생'에 대한 부정은 결코 주관적 의지의 사실이 아니라, 역사 과정 자체의 변증법적 법칙이기 때문이다. 사실의 격변은, 실러가 염려한 대로, 이 격변을 야기하는 인간의 성숙을 선행할 수 없다. 인간은 그에게 부과된 일을 완수하는 경우에 역사라는 살아 있는 시계 장치 속의 도는 톱니바퀴를 바꿔 낄 수 있을 것이다.

따라서 헤겔의 중심 문제는 그의 비판의 권능과 결론이 아니라, 기존의 정립태의 자기모순(der Widerspruch des Bestehenden mit sich selbst)을 포섭할 수 있는 비판적 방법이다.

일반적 오성이 기존 질서에 저항하고자 할 때 느끼게 되는 억압은 무엇인가? 그것은 사회 질서의 타당성 요구가 이 질서에 이해관계를 같이하는 사람들에 의해 그들의 특수 이익에 대한 명시적 지적을 통해서 방어되는 것이 아니라 법적, 국가적 '일반성'의 존엄성을 이용해서 방어된다는 사실이다. 이러한 타당성 요구는 사실적 상황에 저항하는 자연적 충동을 지닌 수난자의 양심을 억압하게 된다. 이것은 이미 그 귀결점에서 그 자체가 자기 부정당한 저 생활 형식들이 그대로 존속하는 이유의 심리학적 본질이다. 그리고 여기에서부터 비판은 시작된다. 비판은 변호적인 의식이든 논쟁적 또는 양심의 갈등에 사로잡힌 의식이든 모두 출발점으로 삼는 기존의 정립태의 실증성을, 다시 말하면 법은 원칙적으로 보존되어야 한다는 사실을 문제 삼지 않는다. 비판의 과업은 지배 영역으로부터(요청된) 일반성의 가상(假像)을 탈취하고 이러한 일반성을 그러한 인간적, 사회적 영역에 지속시키는 것이다.[70] 요청과 사실은 근본적으로 동일하다(Postulat und Faktum sind in Grunde identisch). 존재하는 것 그 자체가 이미 다름아닌 요청의 구체화인 바를 요구하고 있을 뿐이다.

그리하여 헤겔은 1802년 독일 헌정 체제에 대한 비판에서 다음과 같이 지적하지 않을 수 없었다. 1.권력과 참된 일반성이 분열되어 있다. 2.권력 영역이 고립되었다. 그리하여 이 영역은 특수자가 대립해 있는, 순수하게 특수한 계기가 되었다. 이 영역이 자신에 귀속시키고 있는 존엄성은 허구적인 것이다. 3.따라서 모든 기존의 권리는 겉보기에만 권리의 즉자적 일반성으로부터 결과하는 것처럼 보일 뿐이다. 모든 기존권은 사실상 특수한 권리들의 복합체에 지나지 않는다. 한 마디로 말해서 공권은 사권으로 변질되었다. 이러한 혼란상은 다음과 같이 묘사되고 있다. “이제 기존 현실도 승인하는 진지를 출발점으로 삼을 수 있다. 국가 전체의 개념 안에

70] ebd, S. 141.

포함되어 있는 부분 개념들은 관념 속에서 일반적 개념으로 파악되고 있고 이 부분 개념들의 일반성 또는 특수성은 현실 속에서 전체 개념 속의 부분개념들과 동등하게 취급되고 있다. 이러한 부분적 단위가 특수한 단위로 나타난다면 이 단위가 되고자 하는 것, 즉 오직 이 단위에 있어서 요청되는 것과 이 단위의 현실과의 모순이 목도된다. 또는…….”[71](원고는 이것으로 단절되고 있다.)

헤겔은 여기에서 요청과 현실 사이의 모순을 폭로하고자 하는데 반해, 나중에 국가철학 안에서는 역으로 된 과제를 연역적으로 스스로에게 부과했다. 여기에서 자신을 '자신의 유한성으로서의' 부분 개념들로 '분할하여 이 부분 개념들의 관념성으로부터 벗어나 대자적으로 무한한 정신이 되는' 그러한 정신의 '관념적 영역들'로서의 부분 개념들은 국가 이념의 사변적 일반성으로부터 도출되고 있다.[72] 그리하여 현실과 이념의 상위(相違)는 전혀 문제시될 수 없게 된다.

헤겔이 청년기 논집에서 일반성에 대한 요청을 진지하게 취급함으로써 현실과의 불일치를 폭로하기 위해 권력 영역의 정신적 요청으로부터 출발하고 있다면, 후기에 와서 그는 동일한 사변적 방법으로 특수성의 계기들을 통일성의 이념으로부터 전개시킴으로써 그러한 불일치를 메꾸고자 하고 있다. 그러나 이 후기의 법철학에서도 (그리고 동일한 문제에 대한 후기 논의를 규정지은 근원적 출발 입장은 바로 여기에서 밝혀지고 있다) 여러 상이한 영역들의 분리 상태는

71] ebd,

72] *Grundlienien der Philosophie des Rechts,* v. G. Lasson Leipzig 1930. § 262.

여전히 보존되고 있고 그 특수성이 확고한 근본 원리로서 고착되고 있다.

맑스는 그의 『헤겔 국가철학 비판』에서 바로 이 점에 관심을 돌리고 있다. 그리하여 맑스가 헤겔 국가철학에 대해, 헤겔이 1802년 독일 제국의 헌정 체제의 모순으로 폭로했던 바로 그것과 정확히 일치하는 말로써 비판을 가하게 되는 묘한 상황이 벌어지게 된다. 물론 맑스는 헤겔보다 훨씬 더 많은 내용을 말하고 있다. 즉 그는 헤겔 국가철학을 방법상 동일한 원리에 따라 극복하고(헤겔이 '공인된' 목적을 출발점으로 삼아 이것이 되고자 하는 것과 이것과 현실 사이의 모순을 밝힐 때 적용한) 현실적 모순의 인식을 위한 수단으로 활용하고자 했다.

헤겔은 그러한 모순을 밝히고자 한 사람이지만 어느덧 자신의 비판이 겨냥했던 변호적 논술의 대표자가 되었다. 그의 비판자는 그의 혼란상을 다음과 같이 간추리고 있다. "의의(die Bedeutung)를 그것의 본질로, 즉 존재해야 하는 당위의 본래적 규정으로 받아들이고 의의 자체(!)를 주어로 만든다면 그러고 나서 이른바 그것에 속한다는 주어가 그것의 현실적 술어(述語)인지, 즉 이 주어가 그것의 본질과 참된 실현을 보여주는지 비교해 본다면(!) 이러한 환상[헤겔의 '의의'와 현실의 비유적 동일시]으로부터 가장 잘 해방될 수 있다"(501).

맑스로서는 헤겔의 청년기 저작도 (헤겔이 거쳐 간) 내적 발전도 알 수 없었다. 이미 비판적 방법의 핵심을 건드리고 있는 상술된 예는 청년 맑스가 표면적으로 헤겔과 유착되어 있을 뿐만 아니라 그 자신이 의식했던 것보다 더 강하게 헤겔적 정신 속에서 철학함을 하기 시작했다는 명시적 증거로서 우리에게 잠정적으로나마 이바지할 수 있다.

헤겔의 원고를 중단하고 있는 '또는'은 다음과 같이 어렵지 않게 보충될 수 있다. "……또는 기존 현실이 되돌려받기를 요구하는 진리는 특수한 역사적 의의 속에서 파악될 수 있다. 따라서 과제는 현실과 요청의 현재적 분열성을 그 발생사의 관점에서 필연적인 것으로 입증하는 일이다"(맑스의 말을 빌리면 '독특한 대상의 독특한 논리를 파악하는 일'[510]). 따라서 이런 경우에는 상위(相違)를 입증하기 위해 기존 현실이 승인하는 진리로부터 출발하는 것이 아니라, 존재 자체의 분석을 통하여 이러한 상위를 파악한다. 따라서 두 경우 모두 현상이 자체로서 인정된다. 그러므로 이 현상의 사실적 해명 안에서는 어떤 '비진리'도 추구될 수 없다. 게다가 이 두 방법은 서로 다른 방법을 전제하고 각자 자신 쪽에서 타방을 함축하고 있다. 즉 내재적 모순의 분석은 이 모순의 역사적 관련성의 인식에 근거한다. 거꾸로 발생론적 분석은 이러한 모순으로부터 출발하여 그쪽에서 다시 이 모순의 필연성의 입증으로 나가야 한다.

그리하여 1798년 뷔르템베르크의 내부 사정에 대한 논쟁적 비판에서 시민들에 의해 요구되는 '어떤 변화가 필연적이다 라는 냉철한 확신'은 청년 헤겔에 있어서 의심할 바 없는 것이었다.[73] 그의 초기 저작에서 우리들에게 가치 있는 것은 헤겔이 이때 '모든 기존의 것에 대한 비판'을 위한 그의 방법의 풍부한 생산성마저도 논증하고 있다는 사실이다. 그러나 맑스의 비판이 헤겔철학으로부터 유래하였다는 사실은 그러한 명시적 지적 없이도 결코 수수께

73] *Schriften zur Politik u. Rechtsphilosophie.*, S. 150 ff.

끼일 수 없다. 오히려 고립적으로 분석된 후기의 국가철학 및 종교철학의 관점에서 헤겔을 이해하고자 시도한 맑스의 일면적인 해석은 헤겔에 대한 근본적 오해라고 비난될 수 있다. 그런데 다른 한편 이러한 오해는 헤겔 사상 전반의 정신에 대한 오해로 연결된다. 프리드리히 엥겔스는 그의 다음과 같은 물음 속에서 이 점을 정확하게 정식화했다. "그리고 이 교수들의 배후에, 이 교수들의 현학적이고 애매한 말의 속뜻 안에, 아니 그들의 투미하고 지루한 복합문투 속에 과연 혁명이 감추어져 있을까?"74]

후기 헤겔의 '시대적 의식'은 양의적으로 모호한 채 남아 있다. 이런 까닭에 사람들은 후기 헤겔을 (내적 근거가 없진 않지만) 두 측면에 따라 양 극단으로 갈라서 특히 시내 비판적으로 확정하려고 시도해 왔다. 그의 후기 저작에서는 시간 구속적인 열정(철학사의 끝 부분), 즉 시간과의 화해(역사철학, 국가철학, 종교철학 등의 끝 부분) 등이 예리한 시대 비판(서한집, 선거법 개정안) 및 깊은 미래 비관론(법철학 서론 끝 부분, 법철학에서의 '시민사회'에 관한 논의, 현상학의 여러 부분)과 모순된 상태에 있는 것처럼 보인다. 그런데 시대 비판은 비록 후기에 가서 어느 정도 가장자리로 밀려나고(글자 그대로의 의미에 있어서) 비의적(秘義的)인 사유 과정 배후에 숨겨져 있다 할지라도 헤겔의 사유 발전의 모든 단계를 근본적으로 끊임없이 꿰뚫고 흐른다. 왜냐하면 헤겔이 마무리 지은 체계 완결은 시대 비판이라는 사실(das Faktum)과 무관하기 때문이다. 그것은 오히려 시대 비판적 의식이 철학에 대해 느끼는 구속성의 극복을 뜻한다.

후기 헤겔의 신시대적 의식에 대한 물음은 첫째 신시대적 파토

74] Feuerbach, S. 1.

스를 시대 비판으로부터 구분지어야 한다. 완성, 즉 자기 완결적이며 모든 정신적 가능성을 포괄하는 전체성에 대한 확신에 기초한 이 파토스는 전체로서의 현재(die Gegenwart als Ganzes)로의(심리학적으로 자명한) 확대로 귀착되었다. 완성의 감정은 자명하지 않을 수 없었다. 즉 칸트에서 헤겔까지의 발전은 후기에 와서도 거듭거듭 도식적인 사상사적 구조에 영향을 미쳤을 만큼 논리적으로 일관성이 있는 것처럼 보인다. 또한 헤겔은 이러한 구조 형성에 대해 자극을 주기도 했다. 명백히 이러한 현상은 그의 철학사의 전체적 개념에 대해서 뿐만 아니라 그의 자의식에 대해서도 영향을 미쳤다. 즉 그는 철학사가 자기에게로 수렴된다고 보고 있다. 둘째, 헤겔의 시대 비판을 이해하기 위해서는 체계의 내적 필연성이 어느 정도까지 각 부분의 서술을 규정짓고 있는가, 즉 전체의 원리(das Prinzip der Totalität)가 어느 정도까지 이 원리가 지닐 계기들의(전체로부터 결과하는) 형성을 규정짓고 있는가를 거듭거듭 물어야 한다. 청년 맑스는 한 걸음 더 나아가, 다음 절에서 알 수 있듯이, 이미 그의 박사학위 논문에서 이러한 사상을 그의 헤겔 비판의 원리로 고양시켰다.

그럼에도 불구하고 헤겔에 대해 이미 동시대인들에 의해 가해진, '타협'이라는 비난은 이러한 체계상의 설명만으로써는 논박될 수 없다. 후기에 가서 비밀 외교를 추론케 하는 암시들이(특히 서한들 안에서) 발견된다. 예를 들면(1808년 10월 28일) 한 친구에게 다음과 같이 써 보내고 있다. "나는 이론적 작업이 실천적인 작업보다 세상에서 더 많은 것을 성취시킨다고 날마다 조금씩 더 확신해 가고 있다. 즉 먼저 관념의 영역이 혁명화된다면 현실은 버틸 수 없을 것이네."[75] 그러나 마지막 수년에 가서는 이러한 유보도 사라져 버리는 것처럼 보이면서, '오직 사유만 하는 인식의 정열 없는 정적', 즉 철학이 '소수인만을 위해' 존재한다는 자포자기적 통찰 속으로의 후퇴만이 남는다.

그런데 사라진 것은 청년기 철학의 정열만이 아니었다. 이것은 다음과 같은 한 실례로써 충분히 입증될 수 있다. 철학사 안에서는 프랑스인들의 실천적 행동과 '완성'(Fertigwerden)에 대한 몰두가 인정받고 있다. 이에 반해 반은 자포자기적이고 반은 자기 반어적인 대비 속에서 다음과 같이 서술되는 문구가 있다. "우리는 머리 안팎이 온통 혼란하다. 그런데 독일의 머리는 오히려 그의 잠꾸러기를 아주 소용히 앉혀 놓고, 자기 내부에서 활동하고 있다."[76] 역사철학에서는 다음과 같이 구체적으로 물음이 제기되고 있다. "프랑스인들은 왜 이론적인 것으로부터 즉시 실천적인 것으로 옮아갔는데 반해 독일인들은 이론적 추상화에 주저앉아 있는가?" 대답은 다음과 같다. "독일에서는 말하자면 내면적으로 충족된 정신의 욕망 및 누그러진 양심(!)을 지닌 구체적 세계와 현실이 철학의 형식적 원리에 대립해 있다. 독일인들은 현실 속에서 유화(宥和)되어 있음으로써 다만 조용한 태도만을 취할 수 있었을 뿐이다." "그런데 구교 세계의 자유가 지배하는 곳에는 정적이 있다." 왜냐하면 구교 교회의 나라들에는 '일어나야 마땅한 것이 통찰과 교육을 통해 일어나야 한다'는 원리 등이 현존하기 때문이다.[77]

75] An Niethammer. Briefe, S. 194.

76] *Geschichte der Philosopie,* hrsg, von K.L. Mischelet, Berlin 1833 (Ausgabe der Freunde, Bd., 13-15). Bd., 15, S. 553.

77] *Philosophie der Geshichte.* Bd., 4, S. 923/925/933.

이러한 문구들은 당시의 경제적, 사회적, 도덕적 상황에 대한 헤겔의 놀랄 만한 통찰, 즉 이러한 상황으로부터 자라나오지 않을 수 없는 제반 위험들에 대한 그의 예견과 대립될 수밖에 없다. 하지만 헤겔은 '사유를 통해서 확증되지 않는 심조(心操) 속의 어떤 내용도 인정하지 않으려고 하는 고집'이 이 사유를 현재 속에 있게 할 수 있는 '해방의 격률'이라고 언명하고 있다.[78] 이러한 해방은 자기 의식적 정신으로서의 이성으로 하여금 현존하는 현실로서의 이성 속에서 충족을 발견할 수 있도록 하지 못하는 모든 것은 '개념에로 해방되지 않은 어떤 추상 관념의 속박' 외에 어떤 것도 아니라는 지(知)의 결과이다.[79] '얼치기 철학'(halbe Philosophie)은 (헤겔의 논지에 의하면 인식 행위를 진리에의 단순한 **접근**으로 간주하는 모든 철학이 이에 해당한다) 신으로부터 이탈한다. 왜냐하면 "철학의 내용은 **신에 대한 개념적 인식** 및 물리적이고 정신적인 본성에 대한 개념적 인식, 다시 말하면 **진리의 인식이기** 때문이다."[80](헤겔은 이러한 방식의 철학적 사색을 위해 국가의 '보호와 장려'를 요구하고 있다. 이에 반해 그는 사상적 형성 정도가 아직 완전히 뒤떨어져 있고 이러한 철학을 '죄악스런 찬탈 행위'로 느끼는 그런 사상가들에게 전통적인 원리에 따라 '**관용**'과 공직 생활이 보장되어야 하는지를 헤아려 보라고 권고하고 있다…….[81])

이와 같이 심조를 개념 아래 포섭했음에도 불구하고 헤겔의 철학적 사색(das Philosophieren)은 실러와 피히테가 느꼈던 것과 유

78] Rechtsphilos. Vorrede. S. 16.

79] ebd, S. 15.

80] ebd, S. 12.

81] ebd,

사한 긴장을 거쳐 갔다. 그러나 그는 이러한 긴장도 역사적 법칙성으로 체계화했고 그리하여 독일의 운동이 지닌 근본 문제의 최종적인 귀결을 끌어냈다. 실용적 역사의 관점에서 보면 정신은 정신의 자연적 노년기(제4치세, 즉 게르만 치세)에 취약자로 나타난다.[82] 현실이 자신의 형성 과정을 끝내고 '자신을 완성한' 뒤인 지금, 철학은 세계의 사상으로 고양되고 반성적으로 자신의 완전한 휴식에 도달했다.[83] "우리는 어떤 민족이 자신의 구체적 생 일반으로부터 벗어나 모든 신분의 분열과 구분이 생겨나면 민족이 몰락기에 접어들어 내적 추구와 외적 현실 간의 결렬이 시작되는 바로 그곳에서야 비로소 철학적 사색이 이루어진다고 할 수 있다. 정신은 바로 그때에야 비로소 현실적 세계에 대해 사유의 왕국을 건설하기 위해 사유의 공간으로 도피하는 것이다. 따라서 철학은 사유가 시작한, 저 현실 세계의 부패에 대한 화해이다."[84]

청년 헤겔은 철학적 사색의 파토스와 자기의식을, '충족이 더 이상 발견될 수 없는' 현실의 변혁에 기여해야 할 신시대적 과업으로부터 창출했는데 반해, 이제 철학이 그 자체로서, 어떤 보다 나은 미래가 발하는 화해의 빛도 받지 못하는 몰락의 한 상호 작용의 지절(肢節)이라는 것을 인식하고 있다. 믿음과 책임, 작용과 원조의 힘 등은 상실되었고 그와 더불어 레싱에서 피히테에 이르는 철학적 사색의 핵심과 영혼은 종말에 다다랐다.

헤겔철학에 대한 청년 맑스의 반발은 이제 더욱 더 이해할 수

82] Philos. der Geschichte, Bd., 1, S. 137.

83] Rechtsphilos. Vorrede, S. 17.

84] Geschichte d. Philos.. S. 66. 청년 니체가 최초로 헤겔의 이 명제에 반기를 들었다(희랍 비극 시대에 있어서의 철학).

있게 되었다. 그는 다지화(多枝化)하는 발전 노선의 이러한 법칙, 비의론(秘義論) 및 헤겔철학의 현실과의 '화해' 등만을 보았을 뿐이다. 그가 '실현'이라고 부른 대낮의 요청에 대한 그의 의식은 그에게 긴 꿈으로부터의 깨어남과 같이 보였다.

이 두 사상가의 다음 명제들은 19세기 정신적 발전의 이러한 전환점에 서 있는 바, 이들의 분열과 결합은 이 전환점을 특징짓는다. 즉

헤겔 : "유한한 자기의식이 그에게 그 외부에 있는 것처럼 보이는 무한한 자기의식과 벌이던 투쟁은 끝났다."85]

맑스 : "내면적 자기 충족과 완결 상태는 와해되었다. 내면의 광명이었던 것은 외부로 향하여 모든 것을 태워 없애는 화염으로 화하고 있다."(64)

헤겔 : "Tantae molis erat se ipsum cognoscere mentum"("장하게 끝마쳤도다, 야무진 두더지."86])

맑스 : "부르주아, 귀족, 퇴보의 가련한 예언자들을 혼란에 빠뜨리는 징조 속에서 우리는 우리의 정든 로빈 후드를, 아니 땅 속에서 재빨리 일할 수 있는 오래된 두더지—혁명을 발견한다."87]

5. 청년 맑스의 신시대적 의식

85] Gesch. der Philos, Bd., 15, S. 689.

86] ebd, S. 685.

87] *Die Revolution von* 1848 *und das Proletariat* (1856) In : *Karl Marx als Denker, Mensch und Revolutionär,* hrsg. v. D.Rjazanov, Wien u. Berlin 1928, S. 42.

1838년이 1839년으로 바뀌는 때를 전후하여 맑스는 그의 학위 논문을 준비하기 시작한다. 에피쿠로스철학의 해석을 목적으로 했던 논문은 점차 에피쿠로스, 스토아, 회의주의 철학의 전반적 서술로 확대되어 갔다. 아주 포괄적으로 계획된 연구가 기대했던 것보다 더 연장되어 가자 맑스는 1841년 1월, 부분 문제에 국한시키려고 결심하여 동년 4월 그 논문 작성을 완료했다. 우리들이 불완전한 형태로 접하고 있는 학위 논문은 '데모크리토스와 에피쿠로스의 자연철학의 차이'(*Diffarenz der demokritischen und epikureischen Naturphiosophie*)를 취급하고 있다(부록 '에피쿠로스의 신학에 대한 플루타크의 논박 비판'*Kritik der plutarchischen Polemik gegen Epikurs Theologie*은 그 짧은 절편만 보존되어 있다).

논문은 헤겔이 그의 철학사에서 대강 그려놓았던 근본 특징에 의존하고 있다. 그러나 머리말에서 서술한 바에 따르면, 헤겔은 '그의 철학사의 감탄할 만한 과감하고 거대한 계획에도 불구하고' 상세히 논구하는 것은 불가능했다(9). 그리하여 이 점에서 이 헤겔 학도의 목전에 당면한 과제가 제시되었다. 따라서 이 학위 논문은 무엇보다도, 헤겔이 그려놓은 선을 구체적으로 추적하려는 시도이다. 이것은 부분적으로 헤겔의 술어 체계, 방법, 사변에 완전히 사로잡혀 이루어지고 있다["소크라테스는 실체가 주체 안에서 자기 상실하는 실체적 방식이다. 이것은 희랍철학이 한갓 실체적일 뿐인 정신과의 관계에 들어 있다는, 희랍철학 특유의 폐단이다. 우리 시대에는 두 측면의 정신이 존재하고 이 두 측면은 그 자체로서 인정받고자 한다"(109).]그러나 맑스는 자신에게 헤겔의 이념의 적용 외에 제2의 과제를 하나 더 부과하고 있다. 즉 그는 희랍철학의 역사 및 희랍 정신사의 이해에 대해 고대 후기 철학이 지닌 커다란 의의를 밝히고자 했다. 이 점에서 맑스는 자신이 헤겔과 대립해 있다고 생각했는데, 그에 의하면 헤겔은 '헤겔 자신이 탁월하게 사변이라고 지칭한 측면'에 의해 이 체계들(고대 후기 철학자들의 여러 철학 체계—역주)의 고차적인 의의를 인식하는 것을 방해받았다. 그런데 여기에서 약속된 것은(적어도 우리에게 남아 있는 논문 단편 안에서) 지켜지지 않고 있다. 그러나 맑스를 이 문제로 끌어간 동기는 두세 가지 논술로부터 파악될 수 있다. 그것은 맥락 없이 튀어나온 것이 아니다. 아리스토텔레스를 기점으로 하는 희랍철학은 헤겔을 기점으로 하는 독일철학과 유사하게 자기 완결적 전체로 완성되었었다. 즉 청년 맑스로 하여금 계승자(데모크리토스와 에피쿠로스—역주)들에게서 지식을 구하게끔 만든 것은 계승의 문제(헤겔을 계승하는 문제—역주)였다.

고대 후기의 절충주의의 의의에 대한 상세한 논평에서 반영되고 있는 것은 회의, 즉 계승에 대한 반항과 계승에의 결의성이다. "훌륭한 비극에 안겨져서는 안 되는 것, 다시 말해 무미한 종결이 그리스철학에 찾아든 것처럼 보인다. 곧 희랍철학의 마케도니아인 알렉산더나 다름없는 아리스토텔레스를 기점으로 철학의 객관적 역사는 그리스에서 종지(終止)되는 것처럼 보이고(원래의 본문에는 "미네르바의 부엉이는 날개를 접는 것처럼 보인다.") 당당한 스토아학파마저도 스파르타인들이 그들의 신전에서 성취했던 것, 즉 아테네 여신을(그리스신화에서 지혜와 예술의 여신. 아테네 도시의 수호신, 로마 신화의 미네르바에 해당) 헤라클레스에게 묶어둠으로써 날아갈 수 없도록 하는 일에 성공하지 못한 것처럼 보인다"(13). 물론 흥기, 번영,

몰락의 순환 철칙은 사소한 진리로 여겨지고 있다. “그러나 영웅의 죽음은 자만심에서 자기의 배를 부풀린 어떤 개구리의 파열이 아니라, 태양의 몰락과 동일한 것이다”(ebd).

이러한 그리스 후기 체계들의 의의는 두세 가지의 매우 흥미로운 논평 안에서 강조되고 있다. 자신이 처해 있던 상황과의 평행적 유사성으로 인해 이러한 의의는 가장 특기할 만하다. “에피쿠로스 철학, 스토아철학 및 회의주의는 특수한 현상들인가? 이것들은 로마 정신의 원형(原型)이 아니란 말인가? 그리스가 로마로 이주하는 현상인가?”(14).

여기에서 역사적 평행성을 결정한 동인이 드러나고 있다. 로마는 거대한 분열의 통일성이었다. 즉 마지막 그리스 사상가들은 최초의 로마인들이다. 위대한 미래의 여신들은 또다시 운명, 즉 ‘순수한 빛 또는 순수한 어둠’의 어두운 형상 속에 숨어 있는가? 이 물음은 청년 헤겔이 선택한 주제를 납득할 수 있게 해준다.

동시에 이 물음은 그의 신시대적 의식이 어떻게 헤겔과 더불어 그리고 헤겔을 거쳐서 역사적 반성의 뚜렷한 형태, 즉 역사적 구조 대비에 도달했는지를 보여준다.

역사적 구조 형태들 중의 한 체계에 대한 확신은 두 가지 자명한 귀결을 낳는다. 즉 이 확신은 우리가 청년 맑스에 있어서 이미 그의 철학적 정향(定向)의 단초 안에서 발견하는 저 보편사적 연관성을 보다 손쉽게 밝혀 준다. 그러나 동시에 이 확신은 역사적 상황의 개인적 제약성과 상대성을 새로운 강세로 받아들이도록 해준다. “어떤 철학이 자신의 당대적 세계를 넘어선다고 언급하는 것은 어리석은 일이다.” 이 말은 이미 헤겔에게서 발견되고 있다.[88]

이러한 역사적 결정성의 특유한 형식들은 맑스에게 있어서도 결정적인 문제가 되지 않을 수 없었다. 헤겔에 의하면 토대(die Basis)가 특정한 철학적 의식'의' 역사적 상황에 대한 분석까지도 결정한다는 것은 명백하다. 그러나 맑스에 있어서는(헤겔과 반대로) 이러한 문제 설정의 개인적 충동이란 무엇보다도 특히 그의 출발 상황의 **계승적** 제약성의 인식이다(Aber für Marx in Gegensatz Hegel der persönliche Impetus dieser Fragestellung vor allem die Erkenntnis der *epigonalen* Bedingtkeit seiner Ausgangssituation).

우리는 청년 헤겔이 앞에서 언급된 단편에서 쓴 모토, 즉 자유와 운명(Freiheit und Schicksal)을 기억하고 있다. 이 두 단어가 청년 맑스에 대해 지녔던 의미를 비교해 본다면, 갈등이 일단 지적인 차원에서 재현된다는 것은 분명해진다. 청년 헤겔도 그의 시대 특유의 현실 의식과 고투했다. 그가 문제삼은 것은 '불행한 의식', 즉 역사적 운명과 정신적 자유의 불합치성의 극복이다. 이러한 역사적 운명은 '험난한' 현실의 모습을 하고서 정신적 자유를 위협한다. 그러나 청년 맑스에게 있어서 운명은 바로 헤겔이었다. 헤겔이 벗어날 수 없었던 역사적 제약은 무엇보다도 시대를 특징짓던 **정신적 한계**였다. 즉 그는 우선 먼저 현실의 노년기이면서 동시에 정신의 노년기인 지점에 처해 있었다. 이러한 상황 속에서 철학과 현실의 상위(相違)는 위협적인 부자유에 대한 **속죄**(die Erlösung)를 뜻했다.

청년 맑스는 얼마간 개선적(凱旋的) 의식 속에서 '절뚝거리며 뒤처져가는 세기'의 현실을 환영했으나(이것을 심리학적으로 이해하는 것도 중요하다) '한 세계의 창조를 위해 강화된 심장'을 지닌 행동가의

88] Rechtsphilos., Vorrede, S. 15.

프로메테우스적 파토스를 갖추자마자 자신의 전 학창 시절을 특징짓던 가슴 죄는 정서 상태로부터 벗어나게 된다(131).

이러한 예비적 규명 후에 우리는(청년 맑스에게 제일 먼저 제기될 수밖에 없었을 것이고 또 그가 자신의 신시대적 의식의 문제를 어떻게 마무리 지었는가 라는 물음에 답을 주는) 여러 가지 물음을 정치하게 제기할 수 있다. 즉 (1) 후기 헤겔주의적 철학은 거대한 체계의 원리들이 사라진 뒤 어떠한 상황에 처해 있어야 했는가? 이 철학은 그 자신의 의식에 어떻게 도달할 수 있었는가? 즉 (2) 어떻게 헤겔을 통해 헤겔을 넘어설 수 있었는가? 이러한 자기 이해로부터, 철학과 현실의 새로운 관계는 어떻게 형태화되었는지에 대한 통찰이 밝혀질 수 있어야 한다.

(1) 첫 번째 물음의 논의는(우리는 뒤에서 학위 논문의 원고에 여기저기 산재된 글귀를 인용하게 될 것이다) 헤겔의 방어로부터 시작한다. 맑스는 헤겔 체계의 그 어느 규정이든 '타협'으로 설명하려는, 다시 말하면 도덕적 관점에서 설명하려는 여러 헤겔 제자들의 무식에 반대했다. "어떤 철학자가 이러저러한 타협의 차원에서 이러저러한 외관상의 비일관적인 입장을 취한다는 것은 생각할 수 있다. 그리고 이 철학자 자신도 이것을 자신의 의식 속에 지니고 있을 수 있다. 그러나 그가 그의 의식 속에 지니고 있지 않은 것은 이러한 외관상의 타협의 가능성이 자신의 원리 자체의 불충분성 또는 불충분한 형태 속에 그 뿌리를 두고 있다는 사실이다. 따라서 어떤 철학자가 현실적으로 타협을 했다면 그의 제자들은 그 철학자 자신에게도 명시적 의식의 형태를 지니고 있는 바로 그것을 그의 내적인 본질적 의식으로부터 설명해내야 할 것이다. 이런 관점에

서, 양심의 진보로서 나타나는 것은 동시에 지식의 진보와 동일하다 할 것이다(Auf diese Weise ist, was als Fortschritt des Gewissens erscheint, zugleich ein Fortschritt des Wissens). 의심을 받아야 하는 것은 그 철학자 특유의 양심과 관련될 성질의 것이 아니다. 오히려 (그 철학자에게는) 그의 본질적 의식 형태가 구조적으로 구성되어 있어서 일정한 형상과 의미로 고양되어 있고 동시에 이것을 넘어서 있다는 사실이다"(64).

헤겔의 제자들에 의해 범해진 오류는 맑스에 의하면, 현상과 본질이 상호 관련되지 않고 어떤 철학의 우연적 측면이 그 자체로서 이해된다는 것이다. 따라서 맑스는 도덕적 비난을 **비본질적인 것**으로서 배격했다. 왜냐하면 첫째, 이 비난이 최상의 것에만 매달려 있어서 조금도 인식의 진보라는 면을 보이지 않고 있고, 둘째 심리학적인 이유에서 도덕적 결함이(제자들이 출발점부터 반성적으로 헤겔 체계에 대립해 있는 점에서) 오히려 그 제자들에게 속하는 것이기 때문이다.

한편 '대가'(大家)를 그의 통찰 뒤에 숨겨진 의도 때문에 비난하는 것은 비양심적인 것이다. 왜냐하면 학(學)은 그 대가 자신에게 있어서 "결코 명령을 받는 학이 아니라, 오히려 그 자체 생성되어 가는 학이었던 까닭에……, 이 학의 가장 지엽적인 부분에까지 그 자신의 극히 고유한 심장의 혈맥이 고동쳤기 때문이다."

그러나 여기서 명시적 의식과 구별되는 '내적인 본질적 의식'은 무엇을 뜻하는가? 이에 관해서도 명백한 정식화가 제시되어 있다. 맑스는 학위 논문에 관한 예비 연구에 나오는 한 글귀에서 철학사 서술의 과제에 대한 물음을 제기하고 있다. 그는 철학적 역사 서술이란 철학자의 개인적 측면에 대한 일체의 심리학적 설명(과 또한 정신적 설명)을 뒷전으로 밀쳐놓아야 한다고 주장했다. 다시 말하면 논증, 증명, 서술 등을 '전반적인 현실적 결정화(結晶化)'로부터 분리시켜야 한다. 즉 '철학적 지(知)를 지니고 끊임없이 활약하는 두더지를 주체의 수다스럽고, 명시적이며 다양하게 자기 산출되는 현상학적 의식'으로부터 구분지어 놓아야 한다고(143) 요구하고 있다. 요컨대 내적인 본질적 의식이란 헤겔의 철학사 계획이다.

철학의 현상 형태들은 비본질적인 것이고 그 형태들이 철학의 이념을 지시해 주는 이유에서만 관심의 대상이 된다. 철학사가(史家)가 어떤 체계의 역사적 실존을 비판적으로 떼어내어 이 체계를 그 원리로부터 전개시킬 줄 모른다면 그는 한 가지 형태의 복제품을 베껴내는 복제사(複製士)에 불과하다. 본질의 전시를 통한 '매개'는 철학사 서술의 본래적 과업임과 동시에, 권위와 돈독한 믿음을 꿰뚫고 들어갈 수 있는 탐침(探針), 즉 사상 체계 일반이 철학이라고 불려질 수 있는지를 판가름하는 시금석이다. 그러므로 어떤 철학의 원리는 철학적 정신 일반의 전개라는 관점에서만 이해될 수 있다. 이것으로부터 왜 맑스가 헤겔철학에 매개의 원리를 적용하는 것으로부터 지(知)의 진보를 도출할 수 있었는가는 이해할 수 있다. 왜냐하면 헤겔의 내적인 본질적 의식이 철학적 정신의 전개과정 속에서 일정한 의식 형태로 형상화되어 나타난다는 것은 헤겔에게 있어서 최초의 '즉자적'(an sich)이었던 것이 철학적 의식에 '대해서'(für) 객관화된다는 것을 뜻하기 때문이다. 그러나 개념적으로 포착된 객관적 형태로서의 개인적 특성의 이러한 편입과 동시에 개념적 인식 행위 자체는 그러한 형태를 넘어서고 그리하여 제자는 스승을 넘어선다. 그런데 보다 더 논리적으로 필연적인 것은 우리가(이론적으로) 헤겔을 통해서 헤겔을 극복할 수 없다는 것이다.

하지만 이러한 '극복'은 맑스가 헤겔철학을 정신적으로 자기 극복적인 의식 형태로서, 즉 맑스 자신의 고유한 철학적 의식의 발생사의 계기로서 개념적으로 파악할 수 있게 되는 순간에만 비로소 구체적인 의의를 획득한다. 우리는 맑스가 그것을 현실적으로(일단은 형식적인 수준에서지만) 완수하게 되는 과정을 이미 살펴보았다. 그는 청년 헤겔주의자들의 체험을, 헤겔 이후 철학의 사상적 가능태들을 헤겔로부터 도출하는 하나의 사상사적, 정신사적 법칙으로 주조해냈다.

공식은 다음과 같다. 철학이 구체적 형태를 얻어 내재적인 발전을 완결하는 매듭 점들이 철학 안에 존재한다. 철학적 정신의 이러한 자기 완결적 전체가 등장한 뒤에 비의성(秘義性)이 꿰뚫려 투시되는 시대가 개막된다. 즉 인식 작용 속에서 요구하고 변혁시키면서 철학은 현상적 세계에 저항하는 것이다. 이 후자의 형식(즉 현상적 세계—역주)은 전자의 형식에 의해 제약당한다. "스스로 자유로워진 정신이 에너지로 화하여 **의지**로서 세속적인, 이 정신 없이 현존하는 세계에 저항하는 것은 심리학적 법칙이다"(64).

따라서 맑스는 헤겔 비판 및 철학사 서술의 원리를 동일한 논리적 일관성으로써 자기 자신에게 적용한 셈이다. 청년 헤겔주의자들의 심리적 상황은 그들에게 자유로운 결단의 환상을 안겨줄 수 있었으나 이 환상은 헤겔의 완결성에서 결과하는 **법칙** 외에 달리 이해될 수 없다. 하인리히 하이네가 세계를 '말의 압인'(押印)으로,

후기 헤겔주의자들을 헤겔철학의 집행 기관으로 묘사했지만, '득의 만만한 실행가들'에 대한 이러한 조롱은 청년 맑스를 적중시키지 못했다.

맑스에게 있어서 관심 대상이었던 것은 다름이 아니라 스승의 구성적 수단을 써서 그가 나아가는 새로운 세계의 개념화를 추구하는 것이었다. 그러나 이를 위한 첫 번째 전제는 자신의 예비 조건과 가능성의 분석이 되지 않을 수 없었다. 이 분석은, 우리가 이미 살펴보았듯이, 강세가 후기 맑스에 의해 중시되는 사상에 두어지더라도 철두철미 헤겔적 관점에서 수행되었다. 즉 명시적 의식은 혐의스런 것으로 간주된다. 그것은 자신의 유래(由來)에 관하여 심리적으로 호도(糊塗)하기 때문이다. 그러나 이것은 '후기의 이데올로기 비판의 프로그램'이 이미 제시되고 있는 것으로 간주될 수 없다.

맑스가 학위 논문 안에서 "철학자가 세계와 사상 사이에 부여하는 일반적 관계 안에서는 철학자의 특수한 의식이 현실 세계와 어떠한 관계를 맺고 있는가만이 객관화된다"는 명제를 기술하고 있다 할지라도 그것은(후기의 이데올로기 비판의 시각에 비추어 볼 때) 아직 '성숙한 정식화'라고 볼 수 없다.89] 왜냐하면 바로 다음과 같은 물음, 즉 학위 논문을 쓸 당시의 맑스의 그 특수한 의식이 현실 세계와 어떠한 관계를 맺고 있었던가 라는 물음이 제기될 수 있기 때문이다.

대립은 '심리학적 법칙'을 제시하고 있다. 이 법칙은 순수하게 사상사적으로(rein geistesgeschichtlich) 결정된다. 구체적으로 말하면, 맑스 자신의 '현실 세계'와의 관계는 원칙적으로(그 자신의 언어를 빌리면) '현실'에 의해서가 아니라 헤겔철학에 의해서 결정되어 있었다. 그러나 물론 나중의 이데올로기 명제로 나아가는 최단 코스는 그러한 일반적 '의혹'(Verdacht)으로부터 시작된다.

간추려 보자. 헤겔은 첫째 그의 전체의 체계(System der Totalität) 안에 내포된 전반적인 사상적 발전의 시각에서 파악되어야 한다는 것이다. 둘째 그의 철학 특유의 현시 내용(顯示內容)은 이 체계의 본질적 의식 형태로부터 도출된다.

맑스는 다시 헤겔적 원리의 토대로 되돌아가, 첫째 이 토대로부터 비롯되고, 둘째 내적 규정성으로 뿐만 아니라 심리학적 전제로 여겨지는 필연적인 결론을 완성하고 있다. 여기에서 이미 분명해진 것은 그 순수한 '법칙'이 우리를 변증법적 목적론의 모든 계기에 어떻게 연결시킬 수 있는가 하는 점이다. 따라서 이론적으로 헤겔철학의 '궁극적인' 구축(構築)은 어떤 본질적인 장애에도 부딪힐 수 없었다. 후기 헤겔주의자들의 의식에 대해서 규정적 힘을 발휘하게 되는 철학사의 헤겔적 시대 구분의 토대 위에서, 변증법을 새로운 차원에서 다시 받아들이기 위해 필요한 것은 다음과 같은 하나의

89] Konrad Bekker, *Marx Philosophische Entwickelung, Sein Verhältnis zu Hegel,* Diss. Basel 1940, S. 15.

전제밖에 없었다. 즉 헤겔의 전체는 그 자체가 다시 추상태로 파악되지 않을 수 없었다는 것이다.

(2) 헤겔의 체계 구축의 필연적 귀결에 대한 서술 : 개별적 실존을 그 '본질'에 비추어 보아 측정하는 비판, 즉 이념을 포기하는 것이 아니라 특수한 현실의 척도로 고양시키는 비판을 청년 맑스는 자신의 개인적인 사상적 과제로 간주했다. 왜냐하면 후기 헤겔주의자들의 전반적인 당혹과 사면초가적 궁경 한복판에서도 그는 스스로를 위대한 전통의 진정한 계승자요 담당자로 여기고 있었기 때문이다. 이러한 소명(召命) 의식이 그를 얼마나 지배하고 있었는지는, 그가 첫발을 내디딜 때 의지했던 법칙에 입각해서 그가 어느 정도 자신의 사상적 이력을 구성해 나가고자 시도하고 있는 그의 학위 논문의 몇몇 사유 과정 안에서 명시적으로 밝혀지고 있다. 이러한 사유 과정은 헤겔철학과의 관계에 관한 비교적 형식적인 교도 방향(教導方向)에 따르고 있다. 종종 그렇듯이 청년 맑스는 여기서도 개인적인 문제를 언뜻 보면 자연법칙으로 오인될 수도 있는 최고의 객관성을 갖춘 사변적 구성물 뒤에 감춰두고 있다. 즉 철학과 현실의 장래 관계는 후기 헤겔주의적 철학의 '본질적 의식형태'의 내재적 법칙성으로부터 도출될 수 있어야 한다는 것이다.

이 문제에 관해 그의 학위 논문에서 발견되고 있는 청년 맑스의 사상을 간략하게 간추려 보고, 맑스의 논제를 상세히 밝혀 주고 자발적으로 보충해 주고 있는 현상학의 '마음의 법칙과 자만심의 망상'(Das Gesetz des Herzens und der Wahnsinn der Eigen-dünkels)이라는 절[90]에서 전개되는 헤겔의 서술로써 맑스의 그 사

90] 헤겔이 일반성 및 법칙을 개인으로서의 자신 속에 지니고 있다고 생각하는

상을 보충해 보자.

맑스 : 철학은 직접적인 실현을 시도함으로써 자신의 성격을 변모시킨다. 철학의 전체성은 이제 포괄적인 것이 아니라 현실에 대립되는 것이다. 따라서 철학은 자신에 대해 외적인 한 대극(현실—역주)과 긴장 관계를 맺고 있고, 따라서 자기 자신을 다시 한 대극의 위치로 격하시킬 수밖에 없는데, 이런 위치에 있는 철학이란 불가피하게 자신의 반대편에 있는 다른 대극을 부정하는 가운데 이 대극과 떼려야 뗄 수 없는 관계에 들어 있다. "그리하여 세계의 철학화는 곧 철학의 세속화라는 것, 즉 철학의 실현은 곧 철학의 상실이라는 사실, 다시 말하면 철학이 외부를 향하여 투쟁을 통해 극복하고자 하는 것은 그 자신의 고유한 내적 결핍이라는 사실, 즉 바로 이 투쟁 속에서 철학 자체가 그 자신이 손실 상태로서의 반대편에 서서 투쟁을 통해 극복하고자 하는 바로 그 손실 상태에 빠지게 된다는 사실과 철학은 이러한 손실 상태에 빠짐으로써야 비로소 이러한 손실 상태를 지양한다는 사실이 필연적 귀결로서 입증된다. 철학에 대립하는 것이요 또한 철학이 투쟁을 통해 극복코자 하는 것은 전도된 경우를 제외하고는 언제나 철학 바로 그 자체이다"(64/65).

이러한 전도성이 실현되어야 하는 체계에 달라붙어 있듯이, 전도성은 이 체계의 사상적 담당자에게 있어 주관적인 것으로 나타난다. 이 담당자의 요청과 행위는 필연적으로 양분되고 이중적인 것,

---

자기의식('마음의 법칙')을 서술하고 있는 데 반해 맑스는 자신을 즉자적으로 존재하는 본질의 기관(器官)으로 삼고 있는 까닭에 두 사람의 서술은 근본적으로 구별된다. 하지만 두 경우 모두 개인의 목적은 법칙의 실현에 있다.

자기 모순적인 것이다. 그는 세계를 비철학성으로부터 해방시키고자 시도함과 동시에, 자신(맑스)을 철학(헤겔)에 대해 저항시켜, 자신을 이 철학으로부터 해방시키고자 시도한다. 철학과의 모순은 체계의 담당자에 의해 감지되는데, 그 까닭은 그가 실현의 행위 중에 있는 한 이론적 관점에서 아직 철학을 극복하지 못했기 때문이다.

그리하여 근원적으로 승인된 체계와의 이론적 대립이라는 단순한 관념은 이 체계의 개별적인 계기들이 행위로 전환되는 바로 그 순간 생겨나게 된다. 실천하는 철학적 자기의식에게 떠맡겨지는 철학-현실 관계의 이러한 이분성 내지는 내적 전도성은 확고하게 고수되는 한 극단을 고정시킴으로써 극복을 시도할 수 있다. 즉 철학의 원리가 수락되고 현실의 결함이 전면에 부각되든지, 아니면 거꾸로 철학의 결함이 내재적인 것이라는 판단 속에서 철학적 사색의 시도가 모색되든지 해야 할 것이다.

맑스는 물론 분명하게 그가 '진보적인 쪽'의 원리로서 묘사한 첫 번째 극단에 찬표를 던졌다(따라서 특히 자기 자신에 대해서도 진보적이다). 이것은 다음과 같은 논증으로써 제시되고 있다. "진보적인 쪽은 자신의 내적 모순 속에서 원리 전반을 자각하고 자신의 목적을 자각한다"(65). 이에 반해 두 번째 극단(즉 '실증적' 철학)에 있어서는 눈먼 전도성 자체가 나타난다. "내용에 있어서 진보적인 쪽만이 성공한다. 왜냐하면 개념의 쪽은 현실적인 진보를 이룰 수 있는데 반해, 실증적인 철학은 기껏해야 자신의 의의와 모순되는 형식을 취한 요청과 성향만을 얻을 수 있을 뿐이기 때문이다"(ebd).

의문의 여지없이 맑스는 자신의 청년기 철학의 갈등상을 여기에서 적확하게 미리 특징지었다. 그는 시대의 사상적 제약성을 넘어서 있었던 것이 아니라 그 속에 처해 있었다. 그는 내적 모순을 피할 수 없었으나, 이 모순의 원인과 필연성을 자신에게 의식되도록 만들 수 있었던 것이다. 물론 여기에서는 변증법적 서술로부터 다시 **심리학적** 규정 측면도 도출되는데, 이 측면은 필연성에 대한 지에 의해서도 극복될 수 없었다.

맑스는 헤겔철학의 계기를 실현하려고 하는 한 '필연적으로' 체계의 유형적(有形的) 자기 동일성과의 모순을 감지하지 않을 수 없었고, 따라서 이론적으로 이 체계를 극복하지 못했다손 치더라도 자신을 '필연적으로' 그러한 모순으로부터 해방시키려고 모색할 수밖에 없었다. 우리는 이에 대해 다음과 같이 덧붙일 수 있을 것이다. 따라서 그는 실현을 위한 투쟁 내지는 행동 속에서도 그러한 초기의 통찰을 망각하고 해방의 환상 속에서 그 자신의 고유한 원리를 집행하지 않을 수 없었다는 것이다.

통일('자기 충족감', '완결')과 이분화('분열', '결함')의 형식적 범주로부터 도출된 이 독특한 별자리는 칸트의(『Streit der Fakultäten』에서 뽑은) 명제를 상기시킨다. "그러나 역사는 **선험적으로** 어떻게 가능한가?—답 : 점쟁이가 자신이 미리 예고하는 사건들을 몸소 **일으킨다면**."91]

하지만 문제는 좀더 깊숙한 곳에 자리잡고 있다. 왜냐하면 변증법적 서술은 의식을 포함할 뿐만 아니라 본질적으로 '사실의 법칙'으로부터 출발하여 이 의식을 역(逆)추리해내기 때문이다.

여기에서 우리는 헤겔주의적 변증법과 맑스주의적 의식 비판의

91] W. Bd., 7, S.392.

관련성을 명시해 주는 또 하나의 실례와, 또한 변증법적 방법이 어느 정도까지 직접적으로 주어진 사실의 구조적 상술(詳述)을 위해 적합한가 라는 물음을 향한 발판을 얻는다. 헤겔철학 안에서 이러한 계기가 현실 역사의 차원에서 이루어지지 못한다는 것은 헤겔철학의 본질에 속하는 것이지만, 동시에 그 철학이 자기 자신으로부터 이러한 가능성(현실 역사의 차원에서 직접적으로 주어진 사실을 구조적으로 서술하는 가능성—역주)을 지시해 주고 있다는 것은 헤겔적 방법의 본질에 속한다. 이러한 서술이 전체 역사의 목적론적 구성의 포기 하에 이루어질 수 있는가 라는 물음은 나중에 제기될 것이다.

우리는 헤겔 현상학의 해당절92]을 얼마간은 주관적 주석을 가해 인용하겠다. 개인은 자신의 '마음의 법칙'이기도 한 일반자를 실현시키고자 한다. 그의 객체는 실현되어야 할 대립자로서 그와 대립해 있다. 따라서 객체는 그에게, 고난당하는 인류가 예속되어 있는 세계의 난폭한 질서 내지는 소원한 필연성으로 나타난다. '마음의 법칙'은 개별적인 인물의 경박성과 환락이 아니라 고차적인 목적의 진지성을 대변하고 있는 까닭에 그것은 인류의 복지를 위해 현존하는 고난을 철폐하려고 기도한다. 개인은 이러한 행위를 완수한다. 그리하여 그의 믿음의 법칙은 일반적 질서가 된다.

그러나 **존재**의 형식을 얻은 이러한 법칙은 이제 자립적인 현실이 되고 그 자체로서는 이제 더 이상 '마음의 법칙'이 아니라 소원한 현실 세계의 법칙이다("……그것은 일반성의 형식을 취해 계속 독자

92] *Phänomenlolgie des Geistes,* hrsg. v. J. Hoffmeister, Leipzig 1949, 5. Aufl. '마음의 법칙과 자만심의 망상'절 S. 266ff.

적으로 자라나 개별성으로부터 자신을 정화시켜 이것으로부터 탈피한다"93]). 그리하여 행위는 자신의 실현과 더불어 일반적 질서와 모순됨과 동시에 현실을 자기의식의 본질로 인정한다는 전도된 의미를 획득한다. 그리하여 양면적인 경험이 성립한다.

즉자적으로 일반적인 것으로서의 존재자에 의존하는 의식의 개별성은 이러한 직접성 속에서 소멸된다. 그 개인은 전술(前述)된 '죽은' 듯이 보이는 '필연성' 안에서 자신을 인식할 수 없었듯이 자신에 의해 실현된 일반성 안에서도 자신을 인식할 수 없음으로 인해 개인은 현실이 즉자적으로 생명성을 지닌 질서(die an sich *belebte Ordnung*)라는 경험을 한다.

따라서 의식은 자기 자신과 모순되어 있다. 왜냐하면 양자, 즉 마음의 법칙 및 현실은 의식에 대해 절대적 일반성이면서 의식에 대해 통합 불능한 것으로 나타나는 자기 특유의 본질이요 자기 특유의 현실이다. 의식의 본질은 의식에게 직접적으로 비본질로서, 그리고 그의 현실은 직접적으로 비현실로서 나타난다. "그리하여 인류의 복지를 위한 심장의 고동은 미친 자만의 광란으로, 즉 파멸로부터 자신을 보존하려는 의식의 분노로 변하는데, 그 까닭은 바로 그 자신이 된 전도 상태를 자신으로부터 뿌리쳐 버림으로써 이것을 어떤 타자로서 간주하고 또 그와 같이 표명하려고 애쓰는 데서 빚어지는 결과이다.

따라서 의식은 보편적인 질서를 마치 광신적인 승려들이나 갖은 전횡을 일삼는 폭군들, 그리고 이들에게서 당하는 굴욕에 대한 보상을 받을 심산으로 그 이상의 굴욕과 압력을 가하는 시종들에 의

93] ebd, S. 268.

해서 조작되어 기만당한 인류의 이루 말할 수 없는 불행으로 취급되는, 마음의 법칙과 마음의 불행의 전도로 표명하게 된다."94](이와 관련해서는 1802년 씌어진 다음과 같은 구절이 비교될 수 있겠다. "구속태에 대한 활력 주입은 이 구속태 자체에게 가공스런 계기인 바, 이 계기 속에서 구속태는 자기를 상실하고 자신의 의식을 망각하되 죽지 않은 규정태들 안에서만 재발견한다."95])

유사한 서술들이 현상학 안에서 자주 발견된다. 역사적 실례들은 여기에서 지엽적인 테두리에 불과하고, 핵심은 다양한 형태로 변형되어 나타나고 있는 청년 시대 특유의 문제이다. 우리는 '자기 자신을 통한 이성적 자기의식의 '실현'으로부터 한 예를 선택했다. 왜냐하면 여기에서 의식 현상의 다른 측면은 맑스의 논술에 보충적으로 덧붙여지고 있기 때문이다.

맑스는 실천적 개인과 자신의 원리와의 관계로(즉 이론적으로 극복되지 않은 추종 상태에서 비롯되는, 철학의 실천적 심리적 해결책으로) 재현된 자신의 형태만을 근본 모순의 귀결 현상으로 강조하고 있다. 이 개인이(거꾸로 뒤바뀐 요인들과 더불어 그 자신에게 속하는) 손실과 결핍을 극복하기 위해 투쟁한다는 사상으로써 암시되고 있는 상응하는 모순의 서술을 그는 종결시키지 못했다. 왜냐하면 이것으로부터 논리 필연적으로 두 번째 심리적 반응, 즉 개인의 이러한 모순을 현실 의식 그 자체 속으로 재투영하는 현상이 생겨나지 않을 수 없겠기 때문이다.

헤겔은 이러한 현상을 위에서 재현된 논술 속에서 상술하고 있

94] ebd,, S. 271f.

95] Schr. z. Politik u. Rechtsphilos., S. 139.

다. 따라서 실현의 행위는 헤겔이 심리적 귀결을 보다 강하게 부각시키기 위하여 서술하고 있듯이 이미 완수되어 있을 필요가 없고, 오히려 상호 작용이 과정 자체 속에서도 마찬가지로 이루어질 수 있다. 따라서 헤겔의 사유 과정은 동일한 구조적 차원에서 청년 맑스 특유의 진단을 적확하게 보충해 주고 있다. 즉 철학적으로 만들어져야 할 '세계의 결함'은 자기 특유의 갈등상태의 재현을 통한 발전 과정('자기의 전도성轉倒性을 폐기하는') 안에서 점점 분명한 형태를 취해 갈 것이다.

청년 맑스의 자기 이해에 대한 이러한 분석(과 그 분석의 보충)을 그의 철학적 발전 과정에 대한 서술의 토대로 삼는 것은 당연한 것일 것이다.

이러한 유(類)의 해석은 대개 부분적 진리만을 서술해 주지만 이 진리는 사상적 구조물의 내용이 아니라 뼈대와 관련되는 것이다. 이러한 특수한 측면들은 칼 맑스의 사상적 형상의 이해를 위해 별로 충분한 것이 되지 못한다. 그러나 이러한 측면들은 우리가 이 절에서 여러 가지 시각에서 다각적으로 조명한 사실, 즉 청년 맑스의 사상적 상황 및 심리적 상황은 그의 철학적 사색의(어떤 관계 속에서든 계승적인) 분위기가 인식되지 않는 한 이해할 수 없는 것으로 남아 있을 수밖에 없다는 사실에 대한 보다 상세한 명시를 내포하고 있다. 이 점을 바탕으로 출발할 때 그의 현실적인 중요성이 이해될 수 있다. 혹자가 모든 역사적, 문제사적 시각을 떠나서, 계명적(啓明的) 정신이란 결코 '계승자'가 아니다 라는 논지를 주장한다 하더라도 이것은 그러한 통찰과 모순되지 않는다. 청년 맑스의 철학적 단초의(위에서 서술된) 필연적 귀결이 적확한 것이라

할지라도 이것은 이러한 귀결이 반드시 그의 사상적 활동의 특수한 의의를 특징지어야 한다는 것을 뜻하지 않는다. 그런데 이러한 귀결은 물론 이러한 의의를 가리킬 수도 있고 또 마땅히 그것은 일단 이러한 상대적 시각에서 이해되어야 할 것이다.

우리는 청년 맑스가 직면했던 사상적 상황에 대한 분석으로부터 출발했었다. 이러한 분석은 새로운 철학적 사색에 부과되어야 했던 과제를 형식적이나마 적극적으로 시사해 주었다.

철학적 자기의식에 싹터 오른 근본적 궁경의 개념적 해결은 맑스에게 있어 가능하지 않았다. 그러나 모든 합리적 연역의 저편에 있는 영역에서의 한계 극복은 물론 가능했고 또 이러한 사실은 당초부터 모든 여타 고찰의 전제이기도 했다. 말할 것도 없이 합리적 통찰은 이러한 극복의 파토스 속에서도 확증되는 것이다. 즉 뿌리쳐야 될 자기 완결적 완전성 및 부담스런 장애를 지닌 철학은 동시에 '천상천하의 온갖 신(神)들'을 거느린 현실에 도전할 힘을 준다.

우리가 여러 규정의 원환을 점차 더 좁게 그린 후에 이 '그럼에도 불구하고'라는 양보적 성격은 맑스의 철학적 전제에 입각해서, 그러나 그의 위대성을 인정하면서 이해 가능하게 되었다. "흔해빠진 하프는 아무 손에 의해서나 소리를 내지만 풍주금(風奏琴, Aeolsharven)[1]은 폭풍이 휘몰아쳐 때릴 때만 소리를 낸다. 그런데 위대한 철학, 즉 세계 철학은 뒤이어 일어나는 이러한 폭풍에 의해 길을 잃어서는 안 될 것이다"(132). "또한 우리는 이러한 파국 뒤

* 풍주금 : 그리스 신화에서 바람이 불면 저절로 울리던 하프. Aeolus(바람의 신)의 하프—역주.

에 나타나는 시대가 철기시대(독일어에서 '말세'를 뜻함—역주)인데, 거물들 간의 투쟁이 이 시대를 지배한다면 행운의 시대이고, 이 시대가 위대한 예술 시대의 절뚝거리며 뒤처져가는 세기와 같은 것이라면 개탄할 만한 시대라는 사실을 망각해서도 안 된다. 왜냐하면 이 세기는 팔라스 아테네 여신(전쟁의 여신—역주)이 부신(父神) 제우스의 몸통에서 뛰어 나온 것과 똑같이 카라라산(産) 대리석에서 생겨난 것을 밀납과 석고와 구리로 찍어내는 데 열중하고 있기 때문이다.

그러나 자기 전체적인 철학 및 이 철학의 주관적 발전 형태들에 뒤따라 전개되는 이러한 시대는 거인 시대의 특성을 지니고 있다. 왜냐하면 이 시대의 통일성이나 다름없는 분열은 거대하기 때문이다"(132/33). "우리가 데우칼리온*이 세계를 건설할 때 돌들을 내던졌다는 애기를 들었듯이 철학은 자신의 눈을 일고의 가치도 없는 것으로 알고 내던지고 있다. 철학의 심장이 세계의 창조를 위해 강해진다면(철학의 어머니의 해골은 앞길을 밝혀주는 눈이다). 그러나 하늘로부터 불을 훔쳐온 프로메테우스가 집을 짓고 지상에 자리잡고 살기 시작하듯이, 세계로 자신을 확장시킨 철학은 현상적 세계에 저항하게 된다."(131)

"άπλω λόυω τούς πάcατας εχcaίρω Θεούc."

6. 독일 관념론의 에필로그

* 프로메테우스의 아들. 아내인 퓌라와 함께 대홍수를 견뎌내어 인간을 후세에 퍼뜨림.—역주

청년 헤겔에 의해서 근원적 과제로 감지된, '시대'와의 대결은 청년 헤겔주의자들에게 있어서 단지 거대한 체계의 그늘 아래서만 수행된 것이 아니라, 이 중 가장 뛰어난 자인 칼 맑스에 의해서 그 특유의 형식에 입각하여 사상적 규정으로서 개념화하려는 시도로 이루어졌다.

새로운 철학적 사색의 특징으로 이해되는 실현 사상은 일단은 순수 형식적인 반발로 남아 있었다. 그러나 이러한 형식적 반발의 방식 자체까지도 이 방식을 밑받침해 주고 있는 철학 체계의 내재적 규정성으로부터 설명했다면, 반전(反轉)조차도 이러한 시각에 근접해 있는 것처럼 보인다. 즉 '피와 살로의 성체 변질(聖體變質)'이 자신의 탄생의 흔적을 몸에 지니고 있듯이, '전환'의 일정한 방식으로부터도 한 철학의 내재적 규정성과 세계사적 성격이 역추론될 수 있어야 한다.

맑스는 이러한 과제를 에피쿠로스철학과 그리스철학 전체의 관계의 예로써 수행코자 했다. 이러한 입지점은 예를 들면 그가 그 이전의 그리스철학들의 계기들을 에피쿠로스철학의 생 속의 여러 조건으로 부각시키는 대신 오히려 이 철학으로부터 거꾸로 저 그리스철학을 추론하고 그리하여 '그것(에피쿠로스철학)이 자기 고유의 위치를 표명하도록' 만든다는 것을 확증하는 데 이바지했다(133). 따라서 여기에서도 고대 후기와 현재, 즉 후기 아리스토텔레스주의자와 후기 헤겔주의자의 평행선은 자기 특유의 상황의 해명으로 이끌어지고 있다. "우리는 여기에서 어떤 철학의 이력(das curriculum vital)을, 사람들이 어떤 영웅의 죽음으로부터 그 영웅의 생애를 추

정해낼 수 있듯이, 집약점으로, 즉 주관적 중핵점으로 옮겨 놓고 있음을 알게 된다."(ebd)

따라서 청년 맑스의 자기 분석은 놀랄 만큼 명쾌하고 무자비하게 특유의 가능태들의 포괄을 이룬, 구조적으로 자기 완결적인 묘사로 마무리되었다. 이 점에서 청년 헤겔주의자들과의 차이가 시초부터 나타나고 있다. 즉 청년 헤겔주의자들은 모두 많건 적건 자기들 특유의 역사가들이었으나 맑스는 징 치고 막 내린 뒤 확인을 위한 역사가였던 것이 아니라, 미래에 대한 전망을 지니고 자기 이해를 모색하기 위한 역사가였다.

맑스 자신은 자기의 사유를 얼마간은 독일 관념론의 에필로그로 여겼고, 자기 자신을 독일철학 발전의 '주관적 중핵점'으로 간주했다. 그러나 엄밀히 말해서 이것은 다음과 같은 간략한 공식으로 옮겨질 수 있다. 즉 독일철학의 '세계사적 성격'은 그 자신의 궁극적 귀결(보편적 혁명을 통한 보편적 해방의 예고)에서 베일이 벗겨졌다.

이러한 명제의 부정적 측면을 논증한 자는 셸링이었고, 긍정적 측면을 논증한 자는 하인리히 하이네였다. 셸링이 1841년 거물급 독일 관념론자의 마지막 주자로서 베를린대학 교수로 초청받았을 때, 초기에 관심을 보이던 키에르케고르는 그를 경멸하기만 했고 맑스는 애초부터 그에게 조소적 배격의 자세를 취했다.

셸링의 이러한 베를린 대학 취임은 너무 때늦은 것이라서, 영구하게는 아니지만 아무튼 '그 순간에' 어떤 '통일점'을 예고할 수는 없었다.97] 헤겔철학의 예기치 못한 귀결을 방지하고 '상처를 입히

97] Erste Vorlesung in Berlin(15. Nov. 1841). *Sämtliche Werke* hrsg. v. K.F.A. Schelling. Stuttgart u. Augsburg 1856. ff. Bd., 14, S. 359ff.

는 것이 아니라 상처를 치료해야 했던' 그 '평화의 사도'는 그 보람 없는 과업이 당초부터 예시해주던 운명을 겪었다. 하지만 셸링은(그가 해 왔던 것처럼) 어떻든 분명히 철학의 변명서를 제시하기에 적합한 인물이었다. 그도 "단순히 습관적으로 그렇기는 하지만 아무튼 세계를 통합시켜 유지하고 있는 도덕적, 사상적 힘이 진보하는 과학에 의해 붕괴되리라"는 확정적 사실로부터 출발하고 있다.98]

청년 헤겔주의자들이 승리를 확신하고 예고했던 것은 자기 자신을 '최후의 인물'로 느낀 그 사상가에 의해 전율과 함께 예견되고 있다. "이러한 전반적인 격동 속에서는 장기간 이제 어떤 고정된 것도 존재하지 않을 것이다." '체계들의 파산'뿐만 아니라 철학이 방금 획득한 결정적인 새로운 과제도 확증되고 있다.

철학의 역사는 당초부터 독일 민족의 역사와 긴밀히 얽혀 짜여져 있긴 하지만 지금에 와서야 비로소 철학 그 자체는 일반적인 용무 사항, 즉 '민족의 사(事)'가 되었다.99] 왜냐하면 셸링도 맑스처럼, 철학이 비로소 그 결과에 있어서 세계에 대한 결정적인 의의를 획득했다고 결론짓고 있기 때문이다. 그러나 이러한 의의는 불길한 것이 되었고, 철학은 건설하는 대신 파괴했고, 형성하는 대신 혼란시켰고, 새로운 믿음을 제시하기는커녕 의심을 불러일으켰다. 튀빙겐과 예나 시대의 파토스는 흔적도 없이 사라져 버렸다. 마지막 말은 다음과 같은 물음으로 남아 있다. "이러한 기나긴 영광의 운동이 굴욕적인 파산으로, 즉 온갖 위대한 확신 및 철학 자체의

98] ebd, 361.

99] ebd, 363.

파괴로 끝나야 할 것인가?"100]

셸링은 실제로 생기(生起)된 것의 합계를 도출해내고자 했다. 그러나 그는 우화적 교훈을 만지작거리며 허구의 이야기만을 되풀이했을 뿐이다. 그는 지금까지 불가능한 것으로 여겨지던 새로운 학(學)을, 참된 기초의 강화를 위해, 즉 '철학이 이제부터 안전하게 들어가 살 새로운 성을 축조하기' 위해 정신의 왕국에 부가시킬 것을 약속했다.101]

두 번째 에필로그는 아주 달리 울려 퍼졌다. 그도 철학 체계의 붕괴를 확증하고 있다. 그러나 셸링에게 있어서 여전히 의문으로 남아 있던 것은 여기서 다음과 같은 확신이다. 허황된 만큼 종종 공론(空論)으로 비난받던 체계로 된 철학으로부터 파괴의 원리가 생겨날 것이고 이 원리와 더불어 정치 혁명이 일어날 것이다.

하인리히 하이네는 어떤 판단도 내리지 않았다. 그는 귀결을 다음과 같이 예언하고 있다. "독일철학은 전인류에게 해당하는 중요한 용무 사항이고, 가장 뒷날의 후손들만이 우리가 일단 우리의 철학을, 다음은 우리의 혁명을 완수했다는 이유로 비난받을 것인가 칭찬받을 것인가를 결정할 수 있을 것이다."102] 그러나 혁명은 가장 깊숙이 감춰진 가장 내적인 성격을 백일하에 드러낼 독일철학에 의해 주조되게 된다. "스스로 터져 나와 세계를 경이와 경악으로 채울 수 있는 날만을 고대하는 혁명적 힘들은 이러한 이설(理說)들에 의해 발전되었다. 그리하여 현상 세계에서도 경건성에 관

100] ebd, 367.

101] ebd, 366.

102] W. Bd., 4, S. 103.

해 조금도 알려고 하지 않고 과거의 마지막 뿌리를 뽑아버리기 위해 무자비하게 칼과 도끼로 우리의 유럽 생활의 지반을 파헤쳐놓는 칸트주의자들이 나타날 것이다. 그리고 자신의 의지에 대한 광신 속에서 공포에 의해서도 그리고 사리사욕에 의해서도 제어되지 않을 무장된 피히테주의자들이 등장하게 될 것이다. 왜냐하면 그들은 정신속에 살면서 물질에는 완강히 저항하기 때문이다." "……그리하여 자연철학자는 자연의 근원적인 물질력과 결속됨으로써, 즉 고대 게르만적 범신론의 악마적 힘을 주문으로 불러낼 수 있게 되고 우리가 고대 독일인들에게서 발견하는, 섬멸하거나 승리하기 위해서 투쟁하는 것이 아니라 단순히 투쟁하기 위해 투쟁하는 저 투쟁욕이 그의 마음속에 일깨워짐으로써 가공스런 존재가 될 것이다."[103]

그리고 프랑스인들에게 대해서 : "정신의 영역에서 벌어진 이러한 혁명을 현상의 영역에서 기대하는 환상가들을 비웃지 마라. 번개가 천둥을 앞서듯이 사상은 행위를 앞서는 법이다!"[104] "당신들은 당신들의 지금의 낭만주의에도 불구하고 타고난 고전주의자들이기 때문에 올림푸스산을 알고 있다. 당신들은 거기에서 미주(美酒)와 불로불사의 음식을 먹으며 서로 즐기고 있는 벌거숭이 남녀 신(神)들 가운데서, 이러한 기쁨과 오락에 심취해 있을지라도 항상 갑옷을 입고 머리에 투구를 쓰고 손에 창을 쥐고 있는 한 여신을 보게 된다." "그것은 지혜의 여신이다."[105]

하이네의 이러한 경고를 단순히 암울하고 불길한 예언으로만 여

103] ebd, S. 103/104.

104] ebd, S. 104.

105] ebd, S. 105.

긴다면 우리는 이러한 경고를 잘못 이해한 것이 된다. 동시에, 프랑스 혁명 이래(그리고 하이네도 거론하고 있는 철학의 '완성' 이후 다시 새로운 첨예성을 띠고) 거대한 내면적 대결을 아직 벌이고 있는 것처럼 보이는 나라에서 감지되는 긴장이 풀리게 되는 해방의 희망과 같은 어떤 것이 거기에는 담겨져 있는 것이다. 하이네가 간취하고 있는 민족적 위험은 그가 만족감이 없지 않게 가공스럽지만 필연적인 정화(靜化)로서 파악했던 저 독일적 '천둥'과 '젊은 자유 도취감'보다 오히려 그가 질타했던 저 부르주아적 자기 고립화와 경직화 안에 들어 있다. 개혁, 철학, 혁명의 연속 계열을 그는 '질서 있는 민족'의 유기체적 발전으로 보고 있다. 특히 그가 철학에 귀속시킨 중개자 역할—이미 독일 관념론의 시원으로부터 존재해 온 사상은 언급할 만한 가치가 있다.

하이네의 글에서와 유사하게 정신적 발전의 귀결은 '예감과 현재' 속에서 눈앞의 일처럼 선명히 보여졌다. "왜냐하면 마법의 영역으로부터 전쟁 유령이 갑옷을 입고 창백한 사자(死者)의 얼굴과 피에 젖은 머리카락을 한 채 모습을 드러낼 것이다. 즉 고독에 단련된 눈을 가진 자는 지금 안개의 불가사의한 헝클림 속에서 유령의 자태가 두둥실 풀려나와 부드럽게 모습을 드러내는 것을 보게 된다. 시대를 느닷없이 그리고 준비 없이 맞는 사람은 길을 잃었다. 그리고 세계와 화합되고 싶은 많은 사람들처럼, 아니 햄릿 왕자처럼 다음과 같이 혼잣말을 할 것이다. 세상을 정돈하기 위해 세상에 나왔음이 한스럽도다! 왜냐하면 세상의 이음매가 또다시 풀려나서 낡은 것과 새로운 것 간의 전대미문의 투쟁이 시작되고, 지금 변복을 하고 살금살금 움직이고 있는 열정은 가면을 벗어던지게 될 것이고 타오르는 광기는 마치 지옥의 악귀가 풀려난 양 불처럼 혼돈에 빠지고 합법과 불법이 쌍방 간에 눈먼 광포 속에서 상호 뒤바뀌게 될 것이기 때문이다."106]

여기에서도 '우리의 교양의 마법적 영역'은 '전대미문의 투쟁'의 궁극 원인으로서가 아니라, 마치 프랑스 혁명이라는 대대적인 갈등을 탈바꿈시켜 끌어안고 있다가 배가된 힘으로 다시 터뜨리는 매체로서 간주되고 있다. 아이헨도르프처럼 하이네도 사상적 발전의 핵심과 본질적인 역사적 의의를 벗겨 보이기 위해 이러한 발전의 기만성과 환상을 폭로하려고 시도했다.

낭만주의와 관념론이, 그 대표자들이 맡고 있는 것처럼 보이는 역할은 그들이 그들의 사유의 가장 내면적인 성격과 모순되는 사회와 국가의 도구 노릇을 하게 되더라도 결정적인 것이 아니다. 그리하여 하인리히 하이네는 1840년대에 독일에 관한 한 서한에서 '대가'(大家)에 관해 다음과 같이 조롱조로 쓰고 있다. "그는 나를 무척 사랑했다. 왜냐하면 그는 내가 그를 배반하지 않을 것이라고 확신했기 때문이다. 그런데 나는 그 당시 그를 심지어 비굴하다고까지 생각하고 있던 참이었다. 내가 언젠가 한번은, '존재하는 모든 것은 이성적이다'라는 말에 대해 불쾌하게 생각했을 때 그는 야릇하게 웃음을 지으면서 다음과 같이 말했다. 그것은 '이성적인 모든 것은 존재케 되지 않을 수 없다'는 것을 뜻할 수도 있다고."107]

하이네와 아이헨도르프는 바로 이러한 힘의 정체 속에서, 즉 작동하는 원리의 환상적인 위장 속에서, 그들이 기만적인 베일을 분

106] W. Bd., 2, S. 363/64.

107] W. Bd., 4, S. 110

쇄할 수 있게 해주는 배가된 힘의 원인을 간파하고 있다. "……그리고 너희들은 어느 날엔가 우르릉 쾅 하고 우레 치는 소리를 듣게 된다면, 아직 세계사 안에서 한 번도 이러한 소리가 들려오지 않았던 만큼, 독일의 천둥이 드디어 자신의 목표에 도달했음을 알게 될 것이다."108]

1794년 이미 실러에게 있어서도, 최후의 심판이 정치적으로 내려진다는 것, 즉 철학이 도구요 과정과 같은 것에 지나지 않는다는 것은 확실시되었다. 어떤 원리도, 어떤 부분적 개혁 시도도 이러한 발전을 저지할 수 없다. 사람들은 다른 대륙의 흑인들을 인간으로 존중하고 유럽의 사상가들을 인간으로서 모욕줄 것이다. 옛 원리는 존속할 것이지만, 금세기의 의상을 걸칠 것이다. 그렇지 않으면 철학은 교회가 인가했던 억압을 위해 그의 이름을 빌려줄 것이다. 그리하여 언제나 최초의 시도 속에서 적으로 알려지는 자유에 놀라, 거기에서는 편안한 노예 제도의 품 안에 몸을 내던지고, 여기에서는 현학적인 후견으로부터 절망으로 떨어져 자연 상태의 야만적 자유분방성 속으로 달아날 것이다. 궁극적으로 모든 인간사의 위대한 지배자, 즉 맹목적 강력성이 끼여들어 원리들 간의 헛된 투쟁 및 야비한 완력 투쟁을 심판할 때까지 강탈은 인간적 본성의 취약성에 기인하고 반란은 인간적 본성의 존엄성에 기인할 것이다.109]

그리하여 맑스가 전반적으로 정신사적 법칙으로 파악한 것은 여기에서 그 자신이 자신의 사유 발전 속에서 입증해야 했던 구체적인 내용을 획득했다. 독일 관념론의 싹을 트게 한 혁명적 파토스는

108] ebd, S. 104.

109] W. Bd., 12, S. 26.

새로운 위력과 힘을 얻어 다시 그 관념론으로부터 생겨났던 것이다.

헤겔의 시각에서 볼 때도 칸트, 피히테, 셸링 등의 철학 안에서 '혁명을…… 포기하고 마감했던'110] 사유의 형식은 프롤레타리아의 프로그램적, 혁명적 이론을 주조해내게 된다. 그리하여 민족 혁명은 세계 혁명의 이론적 기초가 되었다. 즉 정치적 해방은 인류의 해방이 되었고 역사적 상황에 대한 논박은 '지금까지의 전인류 역사'와의 결별이 되었다. 혁명 이념은 독일 관념론과 휴머니즘의 이상을 받아들이고 이상의 전체적 요구에 발맞추어 '세계로 관심을 확대함으로써' 현상적 세계에 저항하게 된다.

헤겔이 '철학의 궁극적 목표요 관심'으로 기술하고 있는 '개념과 현실'의 유화 내지는 화해라는 헤겔의 말111] 안에서는 이러한 철학적 발전의 이중적 의미가 극명하게 밝혀지고 있다. 이 명제의 존재론적 측면은 맑스에게 현실의 전체적 인식을 위한 이론적 기초를 마련해 주었다. 한편 이러한 유화 또는 화해의 비의성(秘義性)은 그에게, 그를 한정짓고 있던 전통의 해소를 위한 사상적 자유를 주었다.

이 화해로 표현된, 사상적 생성 과정의 완결은 마침내 동일한 강도의 힘을 간직하고서 현실적 실현을 위한 의지로 바뀌게 된다. "정신이 자기 내면 속으로 더 깊숙이 들어가면 갈수록 대립은 그만큼 더 격심해진다. 말하자면 깊이는 대립, 즉 욕구의 크기에 비추어 측정될 수 있다. 즉 정신이 내면으로 깊이 들어가면 갈수록

110] Gesch. d. Philos. Bd., 15, S. 534.

111] ebd, S. 684.

외부를 지향하여 자신을 발견하려는 정신의 욕구도 그만큼 더 깊어진다…….”112]

112] ebd,

제II장

1844년까지의 청년 맑스

1. 최초의 헤겔 비판
2. 사회 비판의 출발점
3. 보편적 혁명의 이념

제II장 1844년까지의 청년 맑스

청년 맑스가 학위 논문 이후 쓰게 되는 최초의 비교적 큰 논문은 헤겔 국가철학에 대한 비판이다. 우리는 제I장에서 헤겔에 대한 논의의 심리적 전제와 그 이론적 귀결을 이해할 수 있게 하기 위해 노력했었다. 맑스 자신이 획득한 통찰에 따른다면 그의 사상적 발전이 비교적 작은 단계로 나뉘어 이루어졌다는 것, 즉 무엇보다도 먼저 헤겔에 대한 구체적 해석을 통하여 촉진될 수 있었다는 것은 필연적이다.

그가 부친에게 써 보낸 상당히 긴 편지를 통하여 우리가 알 수 있는 베를린 학창 시절의 포괄적인 철학적 초안[1]은 이제 너무 때

1] 1837년 11월 10일의 베를린발 편지. MEGA Bd., 1,2, S. 213ff.

이 편지는 일찍이 알려졌고 따라서 다각적으로 해석되었다. 이 편지는 청년 맑스의 실재론적 성향이 일단 다름아닌 헤겔의 범논리주의(Panlogismus)에 의해 충족된다는 사실을 밝혀 준다. 그러나 이 편지는 우리가 위에서 서술했던, 헤겔에 대한 심리학적으로 난해한 입장까지도 확증해 준다. 청년 맑스는 시대를 풍미하던 헤겔의 철학으로부터 벗어나려고 거듭 시도하고 있다. 즉 그는 자신의 세 번째 철학적 초안에 관해 다음과 같이 쓰고 있다. "달빛에 감싸인 나의 이 사랑스런 어린이가 기만적 사이렌(Sirene : 그리스신화에서 고운 노래로 뱃사공을 도취시켜 뱃길을 방해, 오도하던 요정-역주)처럼 나를 적의 품 안으로 데리고 갑니다." "저는 제가 혐오하는 입장을 저의 우상으로 만들어야 함에 대한 타오르는 분노로 괴로웠습니다……." "저는 제가 탈피하려고 생각하는 지금의 세계 철학에 점점 더 공고하게 저를 묶어 놓고 말았습니다"(S. 21ff). 오랫동안의 저항 후의 '하지만 현재의 이 가증스런 세계 철학에 대한 의존 상태'에 빠져드는 것에 대한 이러한 환멸에 관한 설명은 청년 맑스의 성격에 대한 얼마간의 이해를 위해 상당히 일목요연

이르고 결실을 맺을 수 없는 것으로 여겨지지 않을 수 없다. 이러한 초창기의 겁 없는 시도에 대한 반동은, 논의 대상의 소화가 최초의 전진적 극복 시도와 직결되고 있는 헤겔 국가철학의 개개 문단에 대한 아주 면밀한 분석으로 이끌어졌다.

맑스는 극히 자연스런 이유에서 헤겔의 국가철학을 가장 가깝게 접할 수밖에 없었다. 즉 그가 출발점으로 삼은 헤겔철학은 바로 이 국가철학에서, 그의 비판이 이바지해야 할 현재와 결합되어 있다. 여기에서 청년 맑스의 시대 의식은 스승의 한계를 간취하지 않을 수 없었다.

헤겔 국가철학에서 현재의 국가는 마침내 그 본질에 따라 원리로 격상되었던 것이다. 그리하여 청년 헤겔이 출발점으로 삼고자 했던, 회복이 요청되는 일반성은 직접적으로 파악될 수밖에 없었다. 그래서 현재와 철학을 매개하는 헤겔의 국가철학은 1802년 헤겔 자신의 고유한 통찰에 따르면 비판의 출발점이 되어야 하는 일차적 분석을 수행한 셈이다. 따라서 제자는 이 국가철학을 활용했다.

물론 맑스의 원고는 헤겔의 원전에 밀접하게 관련되어 있다. 즉 모든 문단에 낱낱이 주석이 가해지고 있다. 그리하여 전체에 대한 시각은, 말해진 것의 의미보다는 그 문법의 관점에서 내재적 비판을 규명하려고 시도하는 부자연스런 자구(字句) 해석 안에서 종종 자취를 감추고 있다. 그런데 이렇게 시도되고 있는 내재적 비판은 추론 내용의 고의적인 언어적 은폐를 폭로하는 경우에 이르러서는 때때로 헤겔에 있어서 본질적인 것을 적중시키는 곡예사 같은 재

한 자료가 된다. 그는 헤겔철학을, 그것이 '세계 철학'이라는 바로 그 이유 때문에 '혐오'했다.

치 있는 말재간을 발휘하고 있다. 바우어, 슈티르너, 슈트라우스 등에 대한 나중의 논박에서 이것은 물론 지루한 말장난과 미세하게 조제된 빈정댐으로 타락하였다. 그러나 여기에서 상세한 세목에까지 파고 들어가는 헤겔 논의는 현실적인 의의를 지니고 있다. 왜냐하면 그것은 맑스로 하여금 비판적 통찰 말고도 근본적인 방법적 방향 설정을 가능케 해주고 있기 때문이다.

물론 이러한 방법적 방향 설정으로부터 이것에 따라 천편일률적으로 해명되는 어떤 성과를 기대해서는 안 된다. 엥겔스도 쓴 적이 있는 '체계'로부터 '변증법적 방법'의 분리, 즉 개념적 화해의 개념적 비판으로의 전환이라는 공식으로써는 헤겔의 '극복'이 이루어질 수도, 의도될 수도 없다.

헤겔은 그 어떤 사상가들과는 달리, 그의 철학의 전체로부터 거리낌없이 분리될 수 있는 그런 방법을 이용하지 않았다. 이론적으로 고정될 수 있는 도식은 무엇보다도 헤겔에 있어서의 '그' 변증법이 아니다. 그러나 다른 한편 변증법은 사유 도구(思惟道具)로서, 실질적 논리 필연성을 함축하고 있는 내재적 성향을 점하고 있다. 바로 이런 이유에서 맑스의 헤겔에 대한 결정적인 비판은 그가 물질적 토대를 포착한 후에야 비로소 수행될 수 있었던 바, 이 물질적 토대에 대한 인식은 그로 하여금 개념적 침투의 과업을 깨닫게 했다. 그가 이전에 다른 길을 갔고 추상에 대한 추상적 비판을 시도했었다는 사실은 원리적 이해를 위해 풍부한 결실을 가져다주었을 것이다. 그러나 이 원리적 이해는 일단 성취된 전진적 극복에 대한 과대평가로 이끌어졌다.

다음에 이어지는 소절에서는 맑스가 그의 최초의 헤겔 비판에서 자신의 직접적인 경험을 충분히 활용할 수 있었으나 일단은 형식상, 많은 청년 헤겔주의자들에게 수년 동안 위대한 체계의 구속으로부터의 해방자로 여겨졌던 사상가, 즉 루드비히 포이에르바흐의 명제들과 관련을 맺고 있었다는 것이 밝혀질 것이다.

1. 최초의 헤겔 비판

a. 포이에르바흐와 맑스의 사변 비판

청년 맑스의 발전에 대한 포이에르바흐의 중요성은 맑스 자신에 의해 나중에 명시적으로 부각되었기 때문에 간과될 수 없다. 그렇지만 지금까지 그의 현실적인 영향은 낱낱이 지적될 수 없었을지라도 (또는 그랬기 때문에) 과대평가되어 왔던 것으로 여겨진다. 또한 맑스-엥겔스 연구소의 공간물이 나오기 전에 입수될 수 있었던 자료들은 잘못된 상(像)을 심어 주기에 안성맞춤이었다. 즉 사실상 청년 맑스의 논문들 가운데(원고들에서 뽑은 별로 중요하지 않은 발췌록을 제외하면) 『독불연보』에 실린 몇 편의 논문, 『신성가족』, 엥겔스가 공간한 맑스의 『포이에르바흐에 관한 테제』 등만이 알려져 있었다.

『신성가족』에서 포이에르바흐는 '현실적인 비밀'의 '발굴자'로서 격찬된다. 그는 철학을 일단 사변적 경험(Spekulative Empirie)으로 규정했다. 즉 그에게 있어서 철학은 현실적 인간의 직관을 향해 돌진하는 것이었다. 프랑스와 영국의 사회주의가 실천적인 분야에서

휴머니즘과 일치하는 유물론을 서술했듯이, 포이에르바흐는 이론적인 분야에서 그러한 유물론을 서술했다.[2]

그런데 『포이에르바흐에 관한 테제』에서 맑스는 포이에르바흐의 '추상적' 유물론을 날카롭게 공격했다. 따라서 『포이에르바흐에 관한 테제』로써 종료된, 청년 맑스의 포이에르바흐 영향 기간을 구성하는 것은 손쉬운 일일 것이다. 이러한 가설은 엥겔스의 서술에 의해 그의 훗날의 『포이에르바흐론』에서 뒷받침된다. 여기에서 그는 『기독교의 본질』이 청년 헤겔주의자들에게 미쳤을 영향을 묘사하고 있다. "그것은 단도직입적으로 유물론을 왕좌에 올려놓음으로써 일격에 모순을 분쇄해 버렸다……. 구속은 풀렸다. 즉 '체계'는 파괴되고 내팽개쳐졌으며, 모순은 상상 속에서만 현존하는 것으로서 해소되었다……. 감격은 전반적인 것이었다. 즉 우리는 모두 한순간 포이에르바흐주의자였던 것이다."[3] 이것은 그에게 적중할 수 있고 또 그의 철학적 헤겔 극복을 적확하게 서술해 줄 수 있다.

그러나 엥겔스는 동시에, 맑스에 대한 이 같은 영향을 증명하기 위해 『신성가족』을 지적하고 있다. 따라서 그는 잘못된 지적을 한 셈이 되고 말았다. 맑스는 1845년 기껏해야 술어에 있어서 포이에르바흐와 일치해 있었을 뿐, 엄밀히 말하면 파리 시대에 포이에르바흐에 대한 강력한 인정에도 불구하고 그로부터 거리를 취하고 헤겔과의 직접적인 대결을 재개했었다. 그러나 이보다 이른 시기에도 포이에르바흐의 영향은 제한적이었다.

포이에르바흐는, 오늘날에는 이해하기 어렵지만 엥겔스가 아주

2] MEGA, Bd., 3, S. 226/209 f.

3] Feuerbach, S. 4.

잘 재현시키고 있는 사상사적 영향력을 발휘했다. 즉 무장 해제된 채 요구 사항만 많은 천진성에 기초한 사상적 성과가 생겨난 것처럼 보인다. 모든 발전을 가로막는 구속은 분쇄되어 그 불가침성과 안하무인성을 벗어던졌는데, 이러한 성격의 독특한 특징을 후세인이 인식한다는 것은 다만 어려울 뿐이다. 따라서 포이에르바흐는 실제로, 그의 시대의 모든 사상적 가능태가 전개될 수 있는 길을 제시한 셈이다. 그는 스스로, 그가 헤겔의 사변(思辨, Spekulation)에 대한 비판을 위해 그의 기독교 비판에 사용된 방법 외에 어떤 다른 방법도 사용하지 않았음을 강조했다.[4] 이 두 비판은 모두 어휘의 풍부성과 헤겔 이후의 정식화 욕구로, 또한 원리의 간결성으로 특징지어진다. 물론 이 두 비판은 청년 맑스에게도 일단 의미는 있지만 피상적인 영향을 끼쳤다.

이 비판들은 앞으로 밝혀지게 되는 바와 같이, 헤겔에 대항하는 맑스의 엄폐물로서 이바지했는데, 그는 이것의 엄호 속에서 포이에르바흐와는 완전히 거리가 먼 문제에 대범하게 접근했다. 맑스가 본격적인 사상가로서 어디서부터 첫발을 내디디고 있는지를 명백히 분별하기 위해 포이에르바흐의 이러한 영향을 밝힐 필요가 있다. 우리는 청년 맑스의 구체적 문제들을 다루어 나가면서 그때그때 그러한 분별을 수행해 나가고자 한다.

먼저 『헤겔 국가철학 비판』의 **방법적 원리**를 고찰해 보자. 출발점은 헤겔의 사변에 대한 비판이 되고 있다. 여기에서 맑스는 루게에 의해 편찬된 전집 『최근 철학과 평론의 일화집(逸話集)』(*Anekdota zur neuesten Philosophie und Publizistik*)에 포함되어 1843년 초 세

4] W. II, S. 246.

상에 나온 포이에르바흐의 『철학의 개혁을 위한 잠정적 테제』 (*Vorläufige Thesen zur Reform der Philosophie*)에 거의 전적으로 의존하고 있다.

포이에르바흐의 이 잠정적 테제는 전체에 손상을 입히지 않고 몇 개의 원리로 환원시킬 수 있다. 포이에르바흐는 스피노자를, 신학을 자신의 '비밀'로 하는 근대 사변철학의 '본래적 창시자'로 보고, 셸링을 근대 사변철학의 재건자로, 헤겔을 그 완성자로 보았다.[5] 이러한 사변철학의 원리는 추상적인 것으로부터 구체적인 것을 연역해내는 것이다.

사변의 방법은 **첫째**, 가상적 내용이 추상적 절대자에게 요구된다는 사실에 기초했다. "그러나 절대자는 존재로서 다만 사유될 뿐이므로 존재 외에 다른 어떤 것도 아니다." 오히려 이 절대자는 그것이 사유되는 규정성과 범주로 해소된다. "그리하여 이 절대자는 그런 것을 제쳐 놓을 때 단순한 이름뿐이다."[6] 이와 마찬가지로 맑스는 '현실적 이념'이란 절대자 자체로부터 전개되어 나온 현실이 아니라 관습적 경험을 현존재로 취한다고 설명한다. "현실적인 것은 현상으로 되어 나오지만, 이념은 이 현상 외에 어떤 다른 내용을 지니지 않는다."(406/408)

둘째, 포이에르바흐 사변의 방법에 의하면 절대자는 규정하는 주어가 된다. 그리하여 실재성이 이차적으로 도출된 술어(述語)로 격하되는 결과가 초래된다. "헤겔은 객체를 다만 자율적으로 사유하는 사유의 술어로만 간주했을 뿐이다."[7] 맑스에 의하면 헤겔은

5] ebd, S. 244f.

6] ebd, S. 246, 252, 267.

"이념의 주어를 이념의 생산물, 즉 술어로 만들었다. 그는 자신의 사유를 대상으로부터 전개시키는 것이 아니라, 대상을 자기 완결된 사유에 따라 전개한다"(414f). 맑스는 현실의 평가절하의 필연적 귀결을 세목별로 보다 강력하게 부각시키고 있다(Vgl. bes. 407, 447, 473/77, 537).

포이에르바흐가 일반적으로 시사하는, 이념의 주체화의 두 번째 귀결도 강조되고 있다. 현실의 전말이 뒤집힌 해석 때문에 이 현실로부터 추상화된 범주의 술어로 왜곡됨으로써 절대자는 자기법칙적 **활동성**의 가상(假像)을 획득한다. "형이상학은 비의적(秘義的) 심리학이다."[8] 이에 따라 맑스는 헤겔의 소위 '현실적 이념'이 마치 일정한 원리에 따라, 즉 일정한 '의도'에 따라 행동하는 것처럼 서술된다는 점을 밝히려고 시도하고 있다. 그리하여 명시적 측면의 전개는 비의적 전개로 뒤집혀 해석되고, 이러한 비의적 전개로부터 연역된 실재성은 거꾸로 추론되어 나온다. 이념의 이러한 '공상적 활동'(포이에르바흐에 의하면 '인간 외부에 정립된' 초월적 사유)은 사변적 사상가에 있어서 자기 목적으로 격상된다.

맑스는 국가철학으로부터, 예를 들면 마찬가지이지만 물리학으로부터 이끌어진(따라서 비본질적이라고 생각되는) 구체적 규정을 배제함으로써 헤겔의 국가철학은 논리학의 한 장(章)을 서술하고 있다고 주장한다(419). "논리학이 국가의 증명에 기여하는 것이 아니라, 국가가 논리학의 증명에 기여하고 있다."(418)

셋째, 포이에르바흐는 헤겔이 자연 및 인간과 그의 사유의 본질

7] ebd, S. 262, 246, 253.

8] ebd, S. 248.

을 추상화함으로써 인간을 자기 자신으로부터 소외시켰다고 강조하고 있다. 헤겔의 사변은 "그것이 분리한 것을 다시 동일화시키기는 하지만 분리 가능한 간접적 방식으로 그럴 뿐이다. 헤겔철학은 직접적인 통일, 직접적인 확실성, 직접적인 진리를 결여하고 있다."9] 맑스는, 나중에 밝혀지겠지만, 이러한 사상을 직접 논의의 실마리로 삼고 있다. 그러나 그는 소외를 헤겔철학의 일차적 내용으로 간주하고 있지 않다.

헤겔은 경험적 존재를 무비판적으로 수용하여 사변적으로 매개하려고 시도하는 계기에 있어서만 소외를 원리로 고양시키고 있다. 그리하여 맑스에 있어서도 다만 모순 가상적 지양을 뜻하는 헤겔의 매개 범주들에 있어서는 실재적 소외가 다시 나타난다. 그리하여 소외의 개념은 헤겔로부터 포이에르바흐를 거쳐 마크르스에 이르기까지 의미 내용의 부단한 확대를 이룩하게 된다. 즉 헤겔에 있어서 소외는 정신이 그 자신의 인식에 도달하는 한 특수한 현상학적 단계를 나타낸다. 포이에르바흐는 그 어휘를 모든 사변적 사유에 대해 포괄적으로 사용하고 있다. 최종적으로 맑스는 1844년 당시까지의 전 역사 속의 인간의 상황을 인간의 '참된 본질'로부터의 '소외'로 묘사하고 있다.

포이에르바흐는 사변적 '소외'의 극복이 이러한 사변의 서술보다 더 분화된 것이라고 보지 않고 있다. 사변철학의 술어는 주어로 그리고 주어로서 철학의 원리로 만들어지기만 하면 된다. 즉 사변철학은 새로운 철학에 의해 '전복되기만' 하면 된다. "그리하여 우리는 은폐되지 않은 진리, 순수하고 탁 트인 진리를 얻게 된다." '유

9] ebd, S. 249.

한자'를 '무한자'의 범주로 옮겨 놓으면, "참된 철학의 과제는 무한자를 유한자 속으로 정립하는 것이다." "무한자는 유한자의 참된 본질, 유한자이다."10] 맑스는 보다 더 구체적이다. "이것은 헤겔이 일반자를 현실적-유한적인 것의 현실적 본질로, 즉 실존자, 규정태로, 또는 현실적 존재자(das wirkliche Ens)를 무한자의 참된 주체로 간주하지 않는다는 이원론이다."(427)

그리하여 맑스는 우선적으로 포이에르바흐의 전반적인 인간학적 전회(轉回)를 논의의 실마리로 삼고 있다. 여기에서 헤겔 국가철학에 대항해서, 근대국가에 대한 그의 해석 방법을 설명할 수 있을 뿐만 아니라 헤겔이 일깨우고 있는, 국가 전체 안에서의 개인의 실현이라는 가상도 설명할 수 있는 적극적 논증을 견지할 수 있는 가능성이 제시된다. 국가이념-개체의 이원론은 추상-실재의 이원

10] ebd, S. 246, 252, 253. 모름지기 '적극적인 철학' 그 자체란 무엇인가를 포이에르바흐는 무한히 다양한 어법으로 묘사할 줄 알았다. 이러한 어법들은 물론 대개, 그런 철학은 무엇이 아니고 무엇을 부정하는가에 관한 지식을 주고 있다. "어떤 종교도-나의 종교가 아니다 ; 어떤 철학도-나의 철학이 아니다."라는 표현은 가장 간결한 대답이다. 이 새로운 철학은 '어떤 암호도, 어떤 특수한 언어도 어떤 특이한 명칭도, 어떤 특수한 원리도' 지니고 있지 않다. 적극적인 정식화는 '인간'과 '본질'이라는 두 단어를 다양하게 결합시키고 있다. 새로운 철학은 "사유하는 인간 그 자체(존재하고, 자신을 자연의 자기 의식적 본질로, 역사의 본질로, 국가의 본질로, 종교의 본질로 아는 인간), 즉 존재하고 자신을 모든 대립과 모순, 즉 모든 능동적 특질과 수동적 특질, 정신적 특질과 감성적 특질, 정치적 특질과 사회적 특질의…… 현실적인(공상적이지 않은) 절대적 동일성으로 아는 인간이다." "인간은 국가의 ευ χαι πᾶυ이다."(ebd, S. 414, 264, 267) 이것은 전반적으로 그 이후에도 핵심적 문구로 계속 쓰인다. 이 중 어떤 것은 헤겔에 관한 노골적인 오해를 담고 있는 포이에르바흐의 초기 논문인 '헤겔철학 비판'에서 전개되는 사변 비판을 보충해 주었다. 그러나 이 점과 관련해서는 청년 맑스의 논문 안에서 어떤 평행성도 발견되지 않고 있다. 포이에르바흐는 인간학적 원리를 이미 『기독교적 본질』에서 상세히 서술했었고 『미래 철학의 원리들』에서는 인간에 대한 묘사가 다른 경우와 마찬가지로(비록 매우 근소한 양이지만) 맑스에게 영향을 미친 약간의 내용도 얻고 있다.

론에 대응한다.

헤겔은 현실적인 주어, 즉 국가의 '현실적' 본질로부터 출발하는 것이 아니라, 국가가 자신을 '외화시켜'(entäußern) 현실로 만든 초개인적 국가이념으로부터 출발한다. 인간적 생명력의 실현(die Verwirklichung der menschlichen Lebenskräfte) 대신 헤겔의 국가론 안에서는 개념의 모든 계기들이 '자신들의 본래적인 진리에 따라 현실로 된다.' 즉 인격체들이 국가로 되는 것이 아니라, 국가가 개별적인 경험적 인격체로, 즉 '개별성'과 '자기의식'의 계기인 군주로 된다. 그리하여 헤겔은 실체와 주체, 즉자와 대자를 분리시키고 있다. 왜냐하면 주관적 자유는 객관적 자유에 의하여 확증될 뿐만 아니라, 형식적이고 무의식적인 것으로도 현상하기 때문이다. 포이에르바흐의 사변 비판의 원리에 적용하면 헤겔은 인격을 인격체로부터, 주체성을 주체로부터 분리시키고 현실적인 인격체로서, 즉 주체로서의 군주를 국가이념의 여러 계기로서의 이러한 개념들로부터 도출하고 있다. 그러나 인격과 주체성은 인격체와 주체의 술어들이고 추상화를 통해서만 자립화되어 범주로서 포괄적으로 실재적 주체와 관련맺을 수 있었을 뿐이다.

그러는 한 국가 비판은, 맑스가 세목에 대한 실천적 적용에 있어서 독자적으로 처리하여 포이에르바흐의 이념을 자기 특유의 목적에 유익하도록 만들 줄 알지라도 포이에르바흐의 방법적 원리로부터 도출되었다.

그러나 이러한 사변 비판으로부터 얻어지는 것은 무엇인가? 포이에르바흐의 비판은 헤겔에 관해 특별한 아무것도 말하고 있지 않다.11] '실존'은 진리의 기준이다. "현실적인 것만이 참되다." "진리, 현실, 감성은 동일하다." "심장은 어떤 추상적, 형이상학적 또는 신학적 대상과 본질도 원하지 않고 **현실적, 감성적 대상과 본질**을 원한다."12] 긍정적으로는 감격을 일깨운 활달성을 지닌 어떤 분위기의 자유로운 표현이고, 부정적으로는 존재의 '직접성'을 탈각시키는 사변철학의 우회로에 대한 이론(異論) 제기이다. 이러한 우회로는 사변적 신학으로부터 자유로워질 줄 모르던 지금까지의 철학자들의 편협성으로부터 결과할 뿐이다. 왜냐하면 '사상(事象)은 현실 속에서 나타나는 방식 외에 달리 사유되어서는 안 되기' 때문이다.13]

맑스는 포이에르바흐의 '폭로'가 '철학적 변증법과의 비판적 대결'을 불필요한 것으로 만들지 못했다는 점을 좀 뒤에 통찰하게 되었다. 그의 판단은 최초의 영향이 부정되지 않을지라도 훨씬 더 강경해진다. 우리는 여기에서도, 이러한 사실에 복잡하지 않고 간결하게 이름 붙이기를 잘하는 엥겔스를 다시 인용할 수 있다. 포이에르바흐는 "헤겔을 비판적으로 끝냈던 것이 아니라, 그를 쓸모없는 자로 단순히 내팽개쳤을 뿐이다."14]

헤겔의 국가철학은 포이에르바흐의 원리에 의존해 있는 청년 맑

11] 헤겔과의 밀접한 관계는 포이에르바흐가(개별적 논제 안에서 어렵지 않게 입증될 수 있는 바와 같이, 거의 자구(字句)대로) 현상학으로부터 '불행한 의식' 및 '신앙과 순수 통찰'의 의식 형태에 관한 헤겔의 논술을 인용하여 헤겔에 대해 비판적으로 적용하고 있는 한에 있어서만 존재한다. 그런데 이것도 포이에르바흐가 헤겔의 '개념'의 개념을 '이념'의 개념과 동치(同置)시키는 까닭에서만 가능하다. 헤겔은 일종의 반(反)비판을 이미 '계몽주의'라는 절에서 선취하고 있다.

12] W. Bd., 2, S. 319, 321, 324.

13] ebd, S. 334.

14] Feuerbach, S. 36.

스의 비판에 의해 조금도 흔들리지 않고 남아 있었다. 물론 헤겔의 사변의 연역적 계기가 필연적으로 가장 강하게 등장하는 국가철학은 맑스에게 『철학의 개혁을 위한 잠정적 테제』의 가치를 직접적으로 인정할 수 있는 좋은 기회를 주었다.

이러한 잠정적 테제의 도움으로 맑스는 헤겔이 왜 그의 국가 철학을 경험적 프러시아 국가 속에 집어넣어 해석할 수 있었는가 라는 사실 관계를 스스로 설명할 수 있었다. 이제 남은 일은 마크르스가 어떻게 그러한 국가철학과의 독자적인 대결로 돌진하여 헤겔의 매개(Vermittelung) 개념 자체를 방법적으로 비판하기 시작하는가를 묻는 일이다.

b. 국가이론 비판

맑스가 헤겔 국가이론의 지향 내용을 국가적 실재와 동일시하지 않았던 데 반해, 헤겔은 19세기 자유주의자들이 시도했던 바대로 그것이 그러한 실재 속에서 실현된 것으로 보았다. 맑스는 헤겔 국가 이론 안에서 국가 공동체의 파멸을 저지하려는 숨은 의도를 읽어냈다.

그런데 이러한 적극적인 기도(企圖)의 기원(따라서 헤겔 국가철학의 본질적 내용)은 말할 것도 없이 국가이론의 관점에서만 이해될 수 있는 것은 아니다.[15] 이 국가이론의 기원과 내용은 헤겔의 독자적인 현재 체험(Gegenwartserlebnis) 속에서 찾아져야 하는데, 이 체험은 그의 시민사회 이론 속에서 부정적으로 침전되었다. 법철학의

15] Vgl. K. Löwith, a.a. O., S. 325.

변증법적 서술 전개는, 우리들의 생각으로는, 방법적으로만 제약되었을 뿐만 아니라, 국가이론은 헤겔이 서술했던 근대사회의 문제로부터 직접적으로 생겨난 것이다. 물론 근대사회에 대한 문제의식은 표면적인 것이 아니라(여타의 저작에서도 나타나고 있는 후기 헤겔의 현재 비판 및 비관주의와 마찬가지로) 상세하고 주의 깊게 예시되고 있어서 여러 가지 문제 제기의 조합을 통해서만 그 중요성이 파악될 수 있을 것이다. 맑스가 나중에 이러한 문제들을 받아들이고 있기 때문에, 우리는 다음에서 이미 예시된 물음들을 좀더 상세하게 취급할 것이다.

맑스는 헤겔이 국가이론에서(단순히 형식적인 종합의 관점만이 아닌) 시민사회의 극복을 위한 시도를 전개시키기 위하여 시민사회에 관한 절을 끝맺으면서 남겨 두고 있는 논리적 궁경의 첨예화를 인식하지는 못했으나, 헤겔의 법철학이 정치적 국가와 시민사회 분열로부터 출발하고 있다는 점과 헤겔이 이러한 분열의 위험을 간파했었다는 점을 인식했다.

헤겔은 대립의 경험적 사실을 은폐한 것이 아니라, 이 대립을 그것이 현실적으로 현상하는 바대로 서술하고 있는 바, 맑스는 이 점을 헤겔의 '심원성'으로 보고 있다(473). 그러나 한편으로 헤겔은 이러한 분열을 이념의 필연적 계기로 파악하고 그리하여 정치적 국가와 시민사회를 '현실적으로 서로 다른 영역들'로, 즉 두 개의 확고하고 구분된 원리로 간주하고 있다. 다른 한편 그는 두 영역을 (특히 입법권에 관한 이론에서) 순수하게 개념적으로 매개시키려고 시도하고 있다. 따라서 그는 첫째, 실재적 이분화 현상을 인정하고, 둘째, 시민적 의회를 정치적 의회로 만들고자 한다.

그러나 맑스에 의하면 헤겔은 프로이센 국가의 현실로부터 출발하고 있기 때문에, 그 일에 순수 형식적으로만 성공할 수 있다(맑스는 헤겔의 그 매개 시도를 '순수한 반성적 관계' '두 대립적 의사의 거래' '혼합적 조합' '신비의 변형' 등으로 규정하고 있다). 그리하여 헤겔은, 맑스에 의하면, 공민(citoyen)과 시민(bourgeois)의 루소식 이원론을 관념적으로 극복하려고 시도하고 있을지라도 아직 이것을 탈피하지 못하고 있다. "이것은 낡은 세계관을 새로운 세계관의 시각에서 해석하는 무비판적, 신비적 방식인데, 이로 말미암아 낡은 세계관은 형태가 의미를, 의미가 형태를 기만하는 기구한(생선도 수육獸肉도 아닌) 중간물 외에 다른 어떤 것도 되지 못한다."(500)

이러한 비판은 이미 형식적인 반론의 수준을 넘어서고 있다. 근대적 세계 구조에 대한 가치판단에 있어서의 독자적인 입장은 이 비판을 뒷받침해 주고 있는데, 이런 입장은 헤겔 국가이론에 대한 새로운(뿐만 아니라 본질적인) 논박으로 나아가고 있다.

맑스는 헤겔이 마치 경험론자인 것처럼 근대국가를 '국가형식주의'(Staatsformalismus)로 서술하고 있을 뿐만 아니라, 근대적 시민의 일반적 국가 의식을(이것은 물론 의도하지 않은 바이고 부수적인 것이지만) 적합하게 재현시켰다고 생각한다. 국가가 본래적 주체로 나타나고 있는 데 반해 민족이 자신의 여러 현존 방식 중의 하나인 정치 체제 아래 포섭되어 있다는 사실은 근대국가와, 특히 이러한 관계를 '적나라하게' 표현하는 군주정을 특징지어 주고 있다.

그러나 정치 영역의 이러한 자립화는 첫째, 필연적으로 그 헌정 체제 자체 속에서 표현되는 하나의 이원성(二元性)을 낳는다. 이러한 자립화는 이질적인 권력 간의 계약이요, 정치적 국가와 비정치적 국가 간의 타협의 산물이다. 둘째, 이러한 이원성은 개별적인 인간 자체의 현존재(시뜨와엥-부르주아) 속에 다시 반영되어 나타난다. 셋째, 이 이원성은 근대 시민의 의식 속에서도 나타난다. 정치 영역은 근대 시민에게 '그의 현실의 세속적 현존재에 대립되는 그의 일반성의 천상'(天上) '스콜라철학' '종교' '의식'(儀式), '민중 생활의 썩은 미각'(美覺, haut goût)이다.(436/478)

근대사회에 대한 이러한 비판의 의의는 현상적 측면에 따라서뿐만 아니라 형식적 측면에 따라서도 밝혀져야 할 것이다. 그러나 헤겔로부터 거리를 취하는 것은 여기에서 이미 분명해지고 있다. 헤겔은 국가로부터 출발하여 분열된 영역인 일반성과 개별성을 매개시키려고 하고 있다. 그런데 맑스는, 헤겔이 서술했던 바와 같이 개별자가 일반적 영역에 '다가가는 것', 즉 개별자의 '참여 자격'을 부정하고 있다. 그는 인간 안에서 그리고 인간으로부터 출발하여 (개별성과 일반성의—역자 삽입) 직접적인 통일을 의도하고 있다. 헤겔은 헌정체제 속에서 통일을 구하고, 맑스는 개인 그 자체 속에서 인간적 본질 능력의 통일을 구하고 있다. 이것은 실러가 칸트에 대항해서, 헤겔이 플라톤과 루소에 대항해서, 이제는 맑스가 다시 헤겔에 대항해서 쓰고 있는 '완벽한 인간학적 평가'의 오래된 논법이다.

맑스가 참된 공동체를 '인간적 본질 능력이 그 특유한 진리성에 따라 현실성에 도달하는'(431) 전체로 규정하고 있다면, 독일 관념론과의 대립이 아니라 무엇보다도 먼저 직접적인 연관이 돋보인다. 그러나 맑스는 이러한 명제의 두 대극적(對極的) 해석에 반대하고 있다. 국가 사회는 단순한 수단, 즉 그 구성원들의 본질 능력의 전개에 대한 보장 수단(칸트, 빌헬름 폰 훔볼트)도 아니고, 관여하거나 그 안에서 소멸하는 개인에게 특수한 가치를 부여하는 자기 목적(피히테)도 아니다. '일반성'은 주체에게 내재해 있는 본질 능력인데, 주체는 만약 이 본질 능력이 없다면 그의 인간적 본질의 전체성을 전개시킬 수 없게 된다.

특수한 인격은 그의 사회적 본질과 동일하고 인간의 사회적 실존 방식은 그의 본질의 주관화(Versubjektivierung)로서의 실현이다.16] 이것으로써 희생 사상(der Aufopferungsgedanke)도 그리고 자기 자신에 기초한 객관성과 주관성 간의 매개도 배척된다. 일반성과 개별성의 침투적 통일, 즉 하나의 일반적 궁극 목적 속에서의 외적 필연성과 내재적 목적의 통일은 국가적 유기 조직을 통해서 완수되는 것이 아니라, 개인의 본질 능력의 내재적 구조 안에 기초한다. 당위(Sollen)의 요구, 즉 정치적 의무의 사상은 맑스에 의하면 인간의 본질, 따라서 인간적 공통체의 본질을 부정하는 이 이원성의 전제 위에 올라서 있는 것이다.

헤겔도 개인의 유적 성격(類的性格)을 전개시키려고 시도하고 있지만, 개인의 일반성과 개별성의 이원성은 그를(동기에 있어서는 대립되지만) 결과적으로 현재의 국가적 현실과 일치하는 그런 오류로 이끌었다. 근대 정치 국가는 개인적 이익의 보호를 위한 추상화된 특수 권력으로서의 인간의 일반적 본질 능력이다. 개인적 이익은 근대 정치 국가의 실존이 지닌 핵심이요 의미이다. 따라서 인간적 본질의 통일성의 현실적 분열 상태는 일반성이 자립화된다는 측면

16] 이에 관해서는 다음을 참조하라. S. 421, 423, 426, 431, 446, 467, 473 ff. 540.

에 따라 현상한다. 왜냐하면 개인들의 개별성은 직접적 규정성으로 가라앉아 있기 때문이다.

이에 반해 헤겔은 일반자를 인륜적 이념의 현실성으로서의 국가 속에서 개별적 실존과 매개시키려는 철학적 요청과 함께 일반자로부터 출발하고 있다. 그러나 이러한 매개는 개별자에게 있어서 형식적으로 그리고 무의식적으로 현상한다. 그것은 여전히 상징적인 것에 머물러 있다. 공민(Staatbürger)의 개체성의 추상성은 지양되지 않는다. 따라서 결과는 마찬가지다. 헤겔의 구성물도 현재의 국가적 현실태도 다 같이 인간적 본질의 분열상의 표현물이다. 그러나 헤겔은(비록 이원론적-매개적인, 직접적이지 않은 형식이지만) 본질의 의식, 즉 본질의 이념을 지니고 있다. 이런 까닭에 그는 이 이념을 척도로 하여 현재의 국가에 적용할 수 있었고 이 때문에 법철학에서의 실재성의 특수한 본질이 그렇게 손에 잡힐 듯한 것이 된다.

매개적 통일 사상은 이것과 부합되지 않는 현실 안에서 관철시키려고 모색된다. 그리하여 헤겔은 근대국가에 대해 가장 구체적이고, 가장 원리적이며, 가장 세밀한 비판을 가하고 있는 셈이다. 따라서 맑스가 헤겔을 무엇보다도 방법론적 측면에서 비판했음이 이해되어야 할 것이다. 왜냐하면 그는 헤겔의 사변적 매개를 지양함으로써 헤겔 법철학에 나타난 근대국가의 구조를 해부하여 발가벗겨 놓았으며 목전에 드러나도록 개념적으로 고정시켰기 때문이다.

물론 맑스는 아직 적극적인 정식화에 이르지는 못하고 있다. 즉 통일 사상은 아직 추상적으로 나타나고 있다. "**일자**(一者)는 단적으로 수많은 **일자**로서만 진리를 지닐 뿐이다. 술어, 본질은 그의 실존의 영역들을 하나의 **일자** 속에서가 아니라 **수많은 일자** 속에서 충분히 드러낸다"(430). "인격체는 유적 현존재(Gattungsdasein) 속에서의 인격성의 현실적 이념으로서만, 인격체들로서만 존재한다"(431). 두 개의 토대가 이미 예시되고 있으나, 불충분하게 서술되고 있다. 맑스는 첫째 자기의식의, 공동체와의 근본적 결합(이러한 반성의 가능성과 조건으로서의 공동체와의 관련성을 통한 개별자로서의 자기 자신과의 관련성)을 지적하고 있다. 둘째 그는 연출 사상을 다시 취급하고 있다. 모든 규정된 사회적 활동은 '유적 활동으로서 모름지기 유(類), 즉 개별자 자신의 규정을 연출할(repräsentieren) 뿐이다.'17]

그러나 여전히 강조되어야 할 것은 이 문제들에 관한 어떤 명시적인 철학적인 논의도 제시되고 있지 않다는 사실이다. 전면에 부각되고 있는 것은 국가 비판의 방법론적 원리로서의 대립 개념의 사용 및, 개인적 존재와 개별자의 사회적 특질의 동일성이라는 형식적 명제를 토대로 정치 현실의 헤겔적 이상화(理想化)를 극복하려는 시도이다.

미래의 인간 공동체에 관해 발견되고 있는 몇 가닥의 사유 안에서도 맑스는 '시민사회'의 비정치적이고 고립적-개인적인 사적 영역(私的領域)의 순수한 부정을 아직 넘어서지 못하고 있다. 다만

17] 참조. S. 430, 433, 447, 460 f., 477, 529, 539 ff. 헤겔 사유의 낭만주의적 요소의 이러한 특수한 강제는 청년 맑스에 있어서도 발견되고 있다. 맑스가 학위 논문에서, $\mu\eta\ \varepsilon\ \nu\alpha\iota$를 '가장 경악스런 것'으로 여긴 플루타크에 대해 비판할 때가 그것에 해당한다. "그러나 생은 사라져 가는 것이 아니라, 개별적인 존재가 사라지는 것이다. 이 개별적인 존재는 이 지속적인 일반적 생으로부터 배제될 것으로 간주되는가? 즉 그것은 자신의 극소성(極小性)을 영구히 계속 견디어 나감으로써 더욱 풍부하고 온전해질 수 있는가? 오늘 생과의 이러한 무관한 관계 속에 처해 있든, 이런 상태가 100년이 지속되든 동일한 것이 아닐까?"(115f.)

언급할 만한 가치가 있는 것은 그가 스스로 '민주주의'라고 부른 참된 공동체에 군주정을 대립시키고 있을 뿐만 아니라 지금까지의 모든 '추상적' 국가형태를 대립시키고 있다는 사실이다. 단순히 정치적인 해방과 보편적-인간적 해방의 후기의 구분은 이것으로써 이미 예시되고 있다. "군구정과 공화정 간의 상쟁(相爭)은 그 자체가 아직 추상적 국가 내부의 상쟁이다."(436)

이에 반해 "민주주의는 모든 헌정체제의 해결된 수수께끼이다. 여기에서 헌정체제는 **즉자적으로**, 즉 본질에 입각해서 존재할 뿐만 아니라, 현실의 **실존**에 입각해서 항상 그것의 현실적 **토대**, 즉 **현실적 인간**, **현실적 민중**으로 되돌아가 그들 자신의 **고유한** 작품으로 정립되어 있다"(434). "그리하여 민주주의는 **특수한** 국가체제로서 모든 **국가체제의 본질**, 즉 사회화된 인간이다"(435). "따라서 민주주의는 일반자와 특수자의 참된 통일이다"(ebd). 따라서 이것은 거꾸로 뒤바뀐 형태의 헤겔 비판의 되풀이다.

국가 비판의 정치적 이념은 사회 현상에 대한 묘사 안에서야 비로소 좀더 분명한 모습을 드러내는데, 맑스는 헤겔 원전으로부터 좀더 탈피한 개별적인 사유 과정 안에서 그러한 묘사를 제시하려고 시도하고 있다. 여기에서도 또한 헤겔의 정식(定式)들은 가끔 이용되고 있으나, 위에서 언급된 이유에서 이런 정식들은 어디까지나 그러한 현상들의 형식적 파악을 용이하게 하는 수단밖에 취급하고 있지 않다.

그러나 맨 먼저 물음에 붙여져야 하는 것은 헤겔 비판의 두 가지 근본적 시각(사변 비판, 매개 비판)으로부터 청년 맑스의 방법적 입장(eine methodische Position)이 해명될 수 있는가 라는 것이다.

c. 방법적 입장

방법적 토대는 일단 비판적 과업과 모순되는 것처럼 보인다. 당위와 존재의 이원론의 헤겔적 극복은 이 존재의 비판을 배제하지 않는가? 청년 헤겔은 '자연의 관점에서 부정적이고 의지의 관점에서 긍정적인 것'에 대한 지양 작용이 말할 것도 없이 순수한 의지 작용에 의해서, 즉 주관적-의도적 폭력에 의해서는 가능하지 않다는 대답을 주고 있다. 그러나 기존의 것과의 모순의 의식은 존재 자체의 내재적 모순을 지시해 줄 수 있다. 의식은 주관적 요청자로서 현실적 실재와 대립할 필요가 없고 오히려 이 존재의 '본질적' 구조의 적합한 표현은 그 실재를 서술해 줄 수 있다.

맑스는 다음과 같은 사상을 받아들일 수 있었다. 역사적 존재의 비판은 생성되어 가는 것으로서 이미 절대적인 것인 이 존재 자체의 진리를 드러내 준다. 그리하여 맑스는 '현상 속의 대립성'과 '본질의 통일성'에 관하여 말할 경우에도, 존재와 의식의 상위(相違)를 표현함으로써 새로운 이원론을 정초하고 있는 것이 아니다. '본질의 통일성'은 '현상 속의 대립성'과 같이 동일한 현실로부터 그에게 해명되어 드러난 것이다. 바로 이 점에 역사적 존재의 비판적 분석은 기초해 있다. 그런데 말할 것도 없이 이러한 분석으로부터 다시 의식 비판이 탄생하고 그리하여 이러한 방법적 요청에 뒷받침된 모든 입장을 궁극적으로 난공불락의 것으로 만들고 있는 것처럼 보이는 전형적인 악순환이 생겨날 수밖에 없다.

우리는 맑스가 그의 국가 비판에서 사용하고 있는 대립 개념의 도움으로 아직 간접적으로만 밝혀지고 있는 그의 방법을 좀더 치밀하게 해명하고자 한다.

헤겔의 국가철학의 §302에 대한 주석에는 다음과 같은 귀절이 나온다. "대립 속에 처해 있는 것으로 한 수단의 입장을 취하고 있는 일정 계기가 그로 인해 한 극단이기를 그치고 **유기적** 계기가 된다는 것, 즉 그것이 동시에 **중심**(Mitte)이기도 하다는 것은 극히 중요한 논리적 통찰에 속한다." 그리하여 입법권 안에서 통치부라는 극단과 '특수한 영역과 개인들로 해체된 시민사회'라는 극단은 **중심**으로서의 의회와 '매개적 기관(器官)'을 통해 민중 전체의 유기적 계기로 화한다.

맑스는 우리가 살펴보았듯이, 이러한 매개 작용을 추상적-논리적 본성으로 간주하고 있다. 그는 이성 추리의 전개 속에서 헤겔체계의 선험성과 신비적 이원성을 첨단에까지 내몰린 것으로 목도하고 있다. 그러나 이러한 논리적 매개는 어떠한 전제 위에 기초한 것인가? "헤겔이 일반성과 개별성, 즉 추리의 추상적 계기들을 본질적 대립자들로 취급한다면, 이것은 그의 논리학의 근본적 이원성이다."(506) 논리학의 비판은 여기에서 더 상세히 규정되고 있지 않았으며 끝내 맑스의 수행되지 못한 계획으로 남아 있었다. 그러나 이러한 논급은 위에서 서술된 헤겔 비판을 넘어서고 있다.

맑스 자신은(군주정 안에서뿐만 아니라) 근대국가 안에서의 일반성과 개별성이 대립자임을 강조하고 있다. 이에 반해 그는 참된 공동체의 '사회적 본질' 속에서의 두 계기의 통일을 요구하고 있다. 이제 그에게 있어서 '현실적인 대립'은 무엇이고 '본질적 대립'은 무엇인가? 현상적 대립성은 어떻게 설명되어야 하는가? 하지만 이상적 요청은 실재적 현실과 대립되지 않는가?

맑스는 물론 모든 계기가 다른 계기를 배제하는 대립 관계를 인지하고 있다. 그가 특히 파리초고에서 그의 인간학적 규정들의 구획을 위해 인용하고 있는 그의 가장 통상적인 예(例)는 인간과 동물의 대립이다.18] 실존의 구별은 여기에서 단지 정의상(定義上)으로만 대극(對極)으로 갈라서 파악될 수 있는 두 상이한 본질의 구별에 기초해 있다. 이에 반해 예기적(豫期的)으로 통합될 수 있는 (예를 들면, 남성과 여성의) 실존적 대립은 구별된 규정으로서, 즉 분화된 본질로서 **현상하는** 본질의 공통성을 지시해 준다(507). 현상적 대극들(또는 극단들)은 여기에서 본질에 내재하는 규정의 실현(현실화)을 뜻한다. 즉 이 대극들은 '본질적' 대립자들이 아니라, 본질적 **대립자들**이다.

예기(豫期)는 본질 규정이 극단들로 전개되는 것의 귀결 및 목적이다. 그러나 여기에서 자연적으로 주어지는, 본질에 기초한 예기적 필연성은 그에 못지않게 자의적인 추상화 과정의 귀결일 수 있다. 이것은 유심론 및 유물론의 절대화에 대한 맑스의 근본적 입장의 기초로서 나중에 '인간적 자연주의'(das humane Naturalismus)의 이념, 또는 '실재적 휴머니즘'(das realen Humanismus)의 이념으로서 되풀이되는 사상이다.19] 통일적인(그리고 통일로서 현상하는) 본질로부터의 어떠한 추상화든 본성상 그의 추상적 대립의 원리를 함축하고 있는 순수한 형식으로서, 이러한 대립 못지않게, 지향되는 내용과 부합되지 않는 것이다.

18] 참조. S. 499, 526, 540, 561.

19] Materialismus-Spiritualismus 참조. S. 446, 407, 557, 539, 545, 590.

그리하여 맑스의 일원론 입장에서 유심론은 정신의, 물질로부터의 추상화로 환원될 수 있다. 이에 따라 맑스의 일원론은 사람들이 그를 비난하면서 둘러씌우는 추상적 유물론으로부터도 역시 동일하게 먼 거리를 두고 떨어져 있다. 맑스에 의하면, '유물론적' 요소들을 통한 정신적 규정의 수락은 본질적 통일성을 자의적으로 극단들로 분열시키는 형식론적 추상화에 기초해 있다. 일단 형이상학의 순수 논리적인 기원에 대한 설명이 시도되는 논증은 나중에 사회학적 연역의 뒷면으로 후퇴한다.

그러나 맑스는 유물론과 유심론의 상호적인 함축 관계를 다시 한 번 『신성가족』의 논평할 가치가 있는 장(章)에서 역사학적으로 논증하려고 시도한다. 이 세 가지 대립 유형(상이한 본질의 현상으로서의, 분화된 통일적 본질類의 현상으로서의, 그리고 논리적인, 나중에 가서는 이데올로기적인 추상화 과정으로서의 실존적 대립)에는 본질적으로 불평등한 극단들의, 가끔 쓰이는 가상적(假像的) 대립성 개념이 하나 더 최종적으로 보충될 수 있다.

하나의 예 : "신이 주권자인가, 또는 인간이 주권자인가. 두 명제 중의 하나는 실존적 비진리일지라도 하나의 비진리임에 틀림없다"(433). 또는 "……기독교 또는 종교 일반과 철학은 대립적 극단들이다. 그러나 실은 종교는 철학과 참된 대립을 이룩하지 못한다. 왜냐하면 철학은 **종교를 환상적** 현실로 파악하기 때문이다. 따라서 철학의 입장에서 종교란(그것이 하나의 현실이고자 하는 한) 자기 해체되는 것이다."(508)

인용된 첫 번째 대립 개념의 예에서는 매개가 불가능할 것이다. 또한 나머지 세 경우에 있어서도 매개는 분명히 무의미할 것이다. 실재적 발전은 독자적으로 예기, 함축 또는 지양(*Antizipation, Implikation oder Aufhebung*)으로 이끌어지고, 따라서 통일적 '본질'은 도처에 두루 자신을 관철하고 있다. 따라서 맑스는 본질의 이원성을 인정하지 않고 있다.

그렇다면 이제 국가 안에서의 '일반성'과 '개별성'의 분리, 즉 인간의 본질 능력의 현상적 분열은 어떻게 이해되어야 할까? 여기에서 중시되는 것은 맑스가 '본질적 모순'으로 기술하고 있는 실재적 추상화 과정과 유사한 이론적 추상화의 한 형태이다(510). '본질적인 것'은 통일적 본질의('본질적' 대립자들이 아니라) 현상적 극단들의 대립이며, '모순'은 '현실적 대립자들의 결정적 성격, 즉 대립자들의 극단들로의 성장'은 '결전을 위한 점화일 뿐만 아니라 다름아닌 대립자들의 자기 인식'이다(507). 따라서 그것은 방지되어야 하는 것도 논리적으로 매개되어야 하는 것도 아니다.

두 개의 예 : "의회(die Stände)는 국가와 국가 속의 시민사회 간의 확정적인 모순이다. 동시에 그것은 이러한 모순의 해소의 요청이다"(481). 그것은 '……정치적 국가와 시민 사회의 이율배반, 즉 추상적인 정치적 국가의 자기 모순'(509)이다. 그리하여 통일적 본질의 극단적 추상태들의 대립성은 이 추상태의 발전의 최고 단계에서 자신의 진면목(das, was sie eigentlich ist)으로서, 즉 자기 자신과의 모순으로서 현상한다. 이것은 자기 해체로 이끌어지는, 보다 악한 생(生)의 헤겔적인 '고유한 진리성'과 일치한다.

우리는 '모순'의 범주를 분명히 확정하기 위해 맑스의 여러 다른 대립 개념들을 인용했다. 왜냐하면 이것으로써 청년 맑스의 중심범주가 개념적 측면으로부터 명확해지기 때문이다. 통일적 본질의 현상적 대립성은 그것이 본질에 부합되지 않는 존재일 때 어떻게 파악되는가? 그것은 바로 본질의 '소외'이다.

우리가 여기에서 앞질러 지적하고 있는 소외 개념을 순수하게 방법론적으로 파악하려는 시도가 있었다. 우리는 개념적 연역으로써 이 명제를 뒷받침하고자 하는 것이 아니라, 방법론적 이해의 한계를 명확히 하려고 했다. 왜냐하면 남은 물음은, '소외'의 인식이라는 사실은 어떠한 전제 위에 기초해 있는가라는 물음이기 때문이다.

소외는 인간적 본질의 소외로 이해된다. 따라서 이러한 판단을 밑받침해 주는 것이 있어야 하는데, 그것은 바로 인간의 '참된 본질'이라는 하나의 척도이다. 그렇지 않다면 상실의 측면에서 본 소외(*Entfremdung*)가 입론된 것이 아니라, 현상적 관계만이 확인될 수 있을 것이다.

맑스는 이러한 적극적인 척도를 어떻게 획득했는가? 사람들은 다음과 같이 대답할 수 있을 것이다. '참된 본질'의 확증은 현재의 상황이 참된 본질의 실현의 직접적인 준비 단계(이러한 상황 자체의 내재적 필연성이 이것을 지시해 준다)를 뜻하기 때문에 가능하다. 분열로부터 통일이 추론될 수 있는 것은 이 통일이 동시에 분열의 경험적 결과이기 때문이다. 우리는 이러한 방법적 주장으로부터 출발했다.

맑스는 현실적으로도 '지금까지의 세계 질서의 해체'의 경험적으로 불가피한 필연성을 입증하려고 시도했다. 그러나 맨 먼저 제시된 것은 결코 분석이 아니라 가치 평가였는데, 이 가치 평가의 개념적 정식화는 바로 분석을 마련하기 위한 것이었다. 민주주의적 공동체의 표상은 현재의 사회적 현실에 추상적으로 대립하고, 비실현된 본질은 현상에 대립한다.

그런데 맑스 해석자들이 대개, 소외 개념의 이상적이고 가치 평가적인, 궁극적으로 비합리적인 기원을 확정하는 것을 왜 꺼려하는지는 올바로 통찰되지 않고 있다. 뒤에서 밝히겠지만, 맑스는 후기에 가서 스스로 이 비합리적 계기를 '극복하려고' 시도하기도 했다. 그러나 그의 방법론적 원리는 경험적 인식이 근원적 체험과 이상적 평가를 따름으로 인해 가치를 잃고 있는 것이 아니다. 왜냐하면 그는 그의 다음과 같은 명제를 중시하고 있기 때문이다. "……그리하여 지금의 국가 체계에 대한 참된 철학적 비판은 모든 현존하는 모순을 증명하는 것일 뿐만 아니라 이 모순들을 **설명하고** 그 발생사를, 그 필연성을 개념적으로 파악하는 것이다. 즉 참된 철학적 비판은 그 모순들을 그것들의 **특유한** 의미에서 파악하는 것이다. 그러나 이러한 개념 파악(Begreifen)은, 헤겔이 의도했듯이, 논리적 개념의 모든 규정을 도처에서 재인식하는 것이 아니라, 특유한 대상의 특유한 논리(die eigentümliche Logik des eigentümlichen Gegenstandes)를 포학하는 것이다"(510).

이것으로써, 맑스가 현실적으로 밟아 간 길이 특징화되고 있다. 그러나 개념적 구조는 출발점을 이룰 뿐만 아니라, 경험적 분석의 길잡이 노릇도 한다. 그리하여 통일적 본질로부터 현실적으로 추상화된 각 극단의 현상적 대립성을 자기내(內) 모순으로 파악하는 것은 이미 만년의 혁명 이론의 중핵(中核)을 내포하고 있다. 헤겔적 사변(思辨)에 대항하여 대상적 영역의 '내적 법칙성' 쪽으로의 강세 이동을 뜻할 뿐만 아니라 변증법적 방법의 요청을 근본적으로 변혁하는, 경험적으로 정초된 규정과 진단의 체계가 생겨난다. 사변적 이성 확실성(die spekulative Vernunftsgewißheit)의 체계로부터, 증명된 진리의 과학적 정초를 위한 합리적 요소가 해방되어 독자적 토대를 굳히게 되는 것이다.

2. 사회 비판의 출발점

a. 근대사회의 발생과 구조

헤겔 비판의 최초의 방법적 방향 정립을 통해 예시된 과업은 다음과 같이 간추려질 수 있다. '특유한 대상의 특유한 논리'는 분석적으로 해명되어야 하고, 그리하여 대상의 '내적 발생사'가 밝혀져야 한다는 것이다. 참된 비판은 이 비판의 대상과 싸우는 것이 아니라 대상의 특유한 의미, 즉 대상의 생성 작용 및 대상의 내재적 발전 방향을 개념적으로 파악한다. 참된 비판은 발생론적 분석을 여러 현상의 '본질'의 해명과 결합시킨다.

이 분석과 해명은 맑스에게 있어서 먼저, 비판되는 사실 관계를 헤겔의 변증법적 범주로 환원하는 것을 의미한다. 따라서 맑스는 자신이 헤겔을 비난하면서 지적했던 바로 그것을 하고 있는 셈이다. 즉 그는 논리적 개념의 규정들을 도처에서 재인식하고 있다. 다만 그는 이 규정들을 사변적으로 도출하는 것이 아니라, 헤겔 논리학을 말하자면 서언(緖言)으로서 전제하는 점에서 다를 뿐이다.

즉 구성적 구조는 이미 무엇보다도 사회학적으로 본질적인 해명을 담고 있는 중요한 사실 자료로 채워지고 있다. 한 걸음 더 나아가 소외론의 기원을 지시해 주는, 인간적 본질의 전개사의 최초의 단초들이 밝혀진다.

우리는 국가철학의 개별적인 단락에 대한 비교적 상세한 주석 안에 여기저기 흩어져 있고 또 소외 개념의 토대를 이루고 있는 현상에 관해 적절하게 묻고 있는 아주 중요한 논술들을 종합해 보고자 한다.

중세에 모든 사적(私的) 영역은 동시에 예외 없이 정치적 영역이었다. 재산, 무역, 결사는 직접적인 정치적 의미를 지녔다. 민중생활과 국가 생활은 동일했고, 인간은 국가의 현실적인 원리였다. 즉 인간의 신분은 그의 국가였다. 모든 신분(Stände)의 일반적인 입법 활동은 정치 활동에의 '접근'(Kommenzu)이 아니라 정치 활동의 일반적 의미와 권력의 보충물이었다(참조. Hegel, *Rechtsphilosophie*, §§273, 278).

그러나 사회적 기능과 개별적 기능의 종합은 그것으로써 성취된 것이 아니었다. 정치적 의미가 단지 신분적 질서의 보충물에 지나지 않았기 때문에, 공무(die allgemeine Angelegenheit)는 사무(私務, Privatsache)가 되었고, 모든 신분은 사적 신분이면서 정치적 신분이었다. 그러나 신분은 개인의 생활과 활동을 사회의 한 지절(肢節)이나 기능으로 만드는 것이 아니라, 개별적 기능의 배타성을 대자적인 결사체(結社體)로 바꿔 놓는다. 신분은 인간을 그의 일반적 본질로부터 분리시켜, 직접적으로 그의 피규정성과 합치되는 '동물'로 만든다.

이때 인간은 유적 본질로서의 자신과 '관계하지' 못하고 그의 사회적 본질은 그에게 대상적으로 되지 못한다. 그리하여 궁정 고위 관직, 관할권 등은 특권적 신분들의 '사유재산'이었고, 여러 지방 영토는 영주들의 '사유재산'이었으며 정신(der Geist)은 성직자 계급(Geistlichkeit)의 '사유재산'이었다. 따라서 신분적 비자유의 체계는 사적 신분처럼 그렇게 아직 독자적으로 발전하지 못한 정치적 영역에 내맡겨졌다. 개별자는 그의 직접적인 피규정성과 활동(seine unmittelbare Bestimmtheit und Tätigkeit) 속에서 소멸되었다. "중세는 인류의 동물적 역사, 인류의 동물학이다"(S. 499 f., 436 f., 487 f., 497, 530, 547).

사적 영역들이 독자적 실존을 얻었을 때야 비로소 정치적 영역도 독자적으로 발전할 수 있었다. 그러나 정치적 영역은 '피안'으로서, 즉 다른 영역의 건너편에 있는 '일반적 이성'으로서 발전했다. 절대 군주정에 있어서 발전되었던 시민사회와 정치 생활의 분리는 프랑스 혁명에서 완성되었다. 즉 이 혁명과 더불어 정치적 평등이 탄생한 것이다.

그러나 맑스는 이와 동시에 시민 사회 내부에서도 중요한 변혁이 이루어졌다는 것을 인식하고 있다. 즉 중세적 의미에서의 '신분'은 이제 더 이상 자립적 조직체로서 욕망의 일정한 정도와 노동의 고정 수준을 틀어쥐지 못한다. 가변적인 집단들이 형성되고, 자유분방하고 신속하게 화폐와 교양의 기준에 따라 구성되는 대중들이 여기저기로 분화하지만 공동체적인 것, 즉 개인들을 결속하는 자연적 조직체를 이루지는 못한다. 그리하여 '사회적 지위'는 '신분'으로부터 해방되었고 따라서 시민사회의 조직 원리가 되었다. "지금의 시민사회는 개인주의가 관철된 원리이다. 개인적 실존이 궁극 목적이고 활동, 노동, 내용 등은 수단일 뿐이다."(498)

이러한 근대 개인주의자의 자기 확신과 환상주의에 대한 최초의 예리한 공격들은 산발적으로 나타나고 있다. 첫째, 그는 정치적 국가의 추상화와 정치적 권리의 평등을 그의 개인적 생존의 확증 수단으로 간주함으로써 자기를 왜곡시키고 있다. 왜냐하면 이러한 추상화는 인간의 개체적, 감성적 실존으로부터의 유적 활동의 추상화와 동의(同義)이고 '그 자신의 소외의 긍정'이기 때문이다(436). 둘째, 그는 그의 '대상적 본질'(활동, 노동, 직업)을 외적인 물질적 수단으로 간주함으로써 스스로를 기만하고 있다. 왜냐하면 실은 그는 자기 자신을, 그의 실체적 활동이 봉사하는 사유재산의 도구로 만들고 있기 때문이다. 노동의 분석에서 나중에 전면에 부각되는 이러한 최종적인 사상이 일단 예시되기만 하고 있다.

하지만 개인주의와 '사유재산의 지배'에 대한 후기 비판의 기원을 밝혀 주는 논술들이 이미 나타나고 있다. 맑스가 장자 상속권의 정치적 의미에 관한 헤겔의 이설(理說)로부터 다음과 같은 결론을 이끌어내고 있는 경우가 한 예이다.

"장자 상속자, 즉 소유자는 본질적으로 우연에 불과하다. 토지 재산은 여러 혈족들 속에서 의인화한다. 토재 재산은 말하자면 언제나 가문의 속박된 자로서의 가문의 장자(長子)만을 존중한다. 주어는 사물이고, 술어는 인간이다. 인간적 의사(意思)는 소유물의 소유물이 된다"(527). "독립적인 사유재산의 조야한 무감성(無感性)에 반해서 생업의 불안전성은 슬프고, 이윤 욕구는 격정적(극적)이며, 소유물의 가변성은 심각한 사실(비극적)이고, 국유

자산에 대한 예속은 인류적이다. 간단히 말해서, 이 모든 특질들 안에서 **인간적 심장**은 소유물을 뚫고 겨우 살아 있는데, 이것은 인간의 인간에 대한 예속이다. 이 예속이 어디까지나 즉자대자적으로 지니는 성질대로, 이 예속은 자신을 한정시키는 영역이 결사(結社)가 아니라 **땅**(die Scholle)이라서 자신을 자유롭다고 생각하는 노예에 비해 **인간적**이다. 이러한 의사의 자유는 **사유재산**의 내용 외의 다른 내용의 공허성이다."(522)

종합적으로 맑스는 국가론 비판을 쓴 지 몇 개월 후에 집필된 논문 「유태인 문제에 관하여」(*Judenfrage*)에서, 국가의 '관념론'의 완성이 동시에 시민사회의 '유물론'의 완성이라고 설명하고 있다. 여기에서 그는 소위 '인권'(人權)의 어떤 것도 이기주의의 원리를 넘어서지 못하고 있다는 것을 입증하려고 시도하고 있다. liberté(자유)는 그 실천적 이용에 있어서 '사유재산의 인권'이고, sûreté(안전)는 이기주의의 보증이고, égalité(평등)는 시민사회의 개개 구성원을 자족적인 단자(eine in sich ruhende Monade)로 동일하게 평가하는 것이다.(592 ff.)

이것은 청년 맑스의 최초의 사회 비판적 논지(論旨)의 근본 특징이다. 이 사회 비판적 논지는 아직 모색적이고 윤곽적인 성격을 벗어 던지지 못하고 있는데, 이것은 부분적으로 당연히 최초의 논문의 기본 설계에 의해 외적으로 제약되어 있는 까닭이다. 그러나 간추려 보면 대략 1843년 여름의 맑스의 견해와 통찰에 부합되는 상(像)이 짜맞춰질 수 있을 것이다.

형식적인 역사철학적 구조는 즉각 투시될 수 있다. 즉 직접적인 비반성적 통일로부터 인간적 본질 능력이 일단 추상화되어 그것의 완벽한 발전에로 '고양되며' 그리하여 도달된 절대적, 자기 의식적 통일 속에서 모든 계기가 자신의 근원적 규정에 이르게 되는 것이다. 개별적인 범주와 장식들('동물적 직접성', '피규정성과의 합치', '추상적 이원론' 등)은 다시 헤겔주의적이다. 역사적 개념에 있어서 중요한 것은 그의 공동체 이념이 그리스의 사상 세계에 대한 초기의 논파로부터 궁극적으로 영향받지 않았을지라도 그리스 세계의 역사적 이상이 맑스에게 부재(不在)하다는 사실이다. 그러나 그리스 국가에 관해 발견되는 몇몇 논술은 헤겔의 예시적 설명만을 단순히 재현시키고 있을 뿐, 그리스 세계와의 특수한 관계에 관해서는 한 마디도 증언하고 있지 않다.

또한 맑스가 서술하고 있는 변증법적 발전은 아직 독자적인 역사철학적 의의를 얻지 못하고 있다. 인간적 본질 능력의, 극한적 극단들로의 추상화와 고립된 발전에 관한 이론은 명백히 휴머니즘적 문화 개념과 부합된다. 마찬가지로 근본 특징에 있어서 그러한 해석은 '직접성'과 대립해서 소질들의 개발된 전체를 통합하는 통일의 이념으로부터의 전개와 부합된다. 현재의 상황은 필연적인 과도적 단계이다. 모든 대립의 해소, 인간의 존엄과 부합되는 완전성의 실현, 인간의 '분열성', '죄악성' '소외'의 극복 등에 대한 확신과 기대—독일 휴머니즘의 이러한 이상과 이념은 맑스의 사상 속에서 살아 움직이고 있다.

역사는 그에게 있어서도 참된 공동체에의 조정, 참된 인도(人道)에 이르는 과정이다. 이것과 부합되는 것은 근원적인 비판적 자세이다. 즉 현재의 부르주아적(시민적) 개인주의자, 개인적 단자(單子)들의 추상적 실존을 위한 일련의 보호 범위 외에 다른 것을 뜻하지 않는 이러한 사회, 은폐된 이기주의의 체계 등은 인간의 규정과 부합될 수 없다. 이것은 헤겔이 넘어설 수 있었던 의식이다.

하지만 맑스에게 본래 현상적인 인간 본질의 '소외'의 표현을 매개해 주고 있는 것은 어떠한 현상인가? 우리는 그가 구체적 인식 이전에 이미 그 표현을 쓰고 있음을 목도했다. 그러나 이러한 최초의 비판의 일차적인 대상은 무엇인가? 대상은 그의 이상이 끝까지 개념적으로 남아 있기 때문에 근본적으로 주어지기 어려운 반면, 그의 비판 대상에 대한 논술은 구체적이다. 이 비판은 출발부터 자유주의의 정치 논쟁을 넘어서서 이 최초의 초안에서 명확하게 지향되고 있으나 아직 획득되지 않은 보편사적 토대를 마련하려고 시도하고 있다.

여기에서 분명해지는 것은 맑스가 진정 처음으로 프롤레타리아 —즉 그가 여기서 비판하고 있는 그 사회의 파리아(Paria, 최하층 천민)— 편에 가담함으로써 '현존하는 것에 대한' 근본적인 '공격'을 위한 토대를 얻었을 뿐만 아니라, 바로 그 공격의 고발적, 가치 평가적, 범주적 성격이 정의의 파토스와 더불어서야 현실적인 내용을 얻고 있음이 분명해진다.

b. '소외'의 현상

이 최초의 사회 비판의 가장 커다란 중요성은 청년 맑스가 역사적 발전의 규정적 핵심을 은폐하고 있는 장막, 즉 시민사회의 bellum omnes contra omnes(만인의 만인에 대한 투쟁)를 투시하려고 생각한다는 사실이다. 이 일반적 변형은 이미 그 이상의 발전, 즉 소외 개념에 대해 중요했던 한 현상, 즉 '외화' 현상의 토대를 이루고 있다(외화 개념 자체는 아직 술어로서 사용되지 않고 있다).

특수한 독자적 실존으로서의 정치적 국가는 인간의 일반적 본질 능력의 '외화'에 기초해 있다. 개별자의 노동과 활동은 그의 육체적 실존의 수단, 즉 이러한 활동과 단지 간접적인 관계만을 맺고 있을 뿐인 향유의 수단이 된다. 여기에서도 인간은 자기 자신을 통해서가 아니라 사유재산을 통해서 의미를 유지하는 직업 속에서 자신을 '외화한다'. 이 두 추상화물은 모두 이것들의 참된 성격에 관한 개인적 의식을 기만한다. '일반성의 천상'(Himmel der Allgemeinheit)으로서의 국가는 가상적으로만 규정자일 뿐이다. 즉 개인적 의식은 국가의 영광을 찬미하고, 외견적으로 보면 애국심과 '일반적 사실'(즉 공무公務—역주) 속에서 소멸되는 것으로 여겨진다. 그러나 근본적으로 보면 개인적 실존은 여전히 궁극 목적임에 변함이 없다. 의식은 이상적인 구실을 만들어내는 것이다.

이와 동시에 개인과 사유재산의 관계도 형성된다. 이 사유재산은 개인에게 봉사하는 것처럼 보이고, 향유와 개인적 생이 전면에 부각되어 있는 것처럼 보인다. 하지만 여기에서도 표면적 관계는 재차 기만한다. 즉 수단과 도구는 실은 독자적 의미(eine Eigenbedeutung)를 획득하고 궁극적으로는 그 자체가 주체를 자신에게 예속시키는 규정자가 된다. 그리하여 사유재산은 개인과 직접적으로 그리고 국가와 간접적으로 관계하는 궁극 목적으로 나타난다. 그런데 이러한 사실 관계는 일반적 인권(人權)이라는 이상을 통하여 이러한 사실 관계의 기원과 의미를 은폐하는 환상적 일반성의 하늘 속으로 높여져 호도된다.

시민적(부르주아적) 의식에 대한 이러한 최초의 비판과 더불어 두 번째로 중요한 것은 외화 개념의 토대를 이루는 인간학적 명제이다. 외부와의, 공동체와의, 객체 세계와의 관계는 그 전체성에 있어서 인간의 본질 표현을 형성한다. 그의 본질은 본질 능력, 즉 관계, 작용, 결정의 능동적, 역동적 산출의 필연성이다. 그러나 이러한 능력(힘)은 자신을 외화함으로써 자기 자신도 주조한다.

부르주아적 개인주의자는 그의 사회적 관계를 추상화함으로써 자신의 개인적 실존을 주조한다. 즉 그는 그의 직업 속에서, 그의 활동 속에서 그의 본질의 실현을 얻지 못함으로써만 자신의 개체적 생존을 만들어 나갈 수 있을 뿐이다. 이때 그의 본질의 실현이란 바로 그의 인간적 빈곤성을 감지하지 못하도록 기만하는 그의 환상이다. 즉 그는 모든 인간적 관계들을 집중시켜 그의 추상적 자아로 환원시킬 수 있다고 믿고, 이로 인해 그의 본질을 구성하는 공동체 및 자연과의 저 참된 관계를 상실한다. 그는 자신을 해방하려고 추구하는 가운데 자신을 속박에 빠뜨린다. 그는 그가 무언가 지향하는 때마다 바로 그 지향하는 것의 반대를 얻는다. 왜냐하면 그는 아직 그의 '참된 본질'에 대한 의식을 획득하지 못했기 때문이다.

셋째, 모든 사회적 현상들을 인간적 본질의 표현(이것은 다시 이러한 '본질'의 일정한 역사적 현상 형식으로 환원된다)으로 환원시키려는 의도는 이미 확정적이다. 이러한 환원을 단지 요청하기만 할 뿐인 포이에르바흐에 대항해서 맑스는 후기에 풍요로운 결과를 낳는 것으로 입증된 일정한 시각을 이미 갖추고 있다. 그는 모든 사회적 사실을 인간의 본질 능력의 능동적 표현으로 이해하고 생산자에 대한 '국가'라는 생산물의 소원성을 '추상화'로 묘사하고 있다.

우리는 이러한 관념이 모순(현상의 자기모순)으로 귀착되지 않을 수 없는 극단적 대립성의 사상에 개념적으로 의존해 있다는 것을 입증하려고 시도했다. 이러한 사실의 중요성은 이제 부각되고 있다. 왜냐하면 이러한 사실은 맑스에게 이러한 모순의 전개를 경험론적으로 입증해야 하는 규정된 과업을 부과하고 있기 때문이다. 그러나 외화 사상은 이러한 탐구의 기초를 이루고 있다. 인간은 그의 소외를 자기 '밖으로'(aus) 투사한다. 인간의 소외는 한 시대의 사회적 구조 속에서 분석을 통해 포착된다. 왜냐하면 여기에서 인간의 소외는 그 개별적 계기와 규정들 안에서 말하자면 증폭적으로 '전개되어 있는' 것으로 나타나기 때문이다.

이러한 관계는 당연히 반전되어 맑스와 반립(反立)하게 된다. 즉 그는 특정의 사회적 관계를 비판하고 이것을, 그가 '인간적 본질'이라고 부르는 무규정적 중심으로 환원시키고 있다. 이 인간적 본질은 경험론적으로 확정된 관계의 개념적 기체(基體)인데, 이것은 헤겔로부터 보편타당한 것으로 물려받은 변증법적 법칙성에 따라 전개된다.

맑스의 말대로 헤겔이 국가철학에서 단지 그의 논리학만을 전개하고 이것을 객체 속에 집어넣어 해석하고 있을 뿐이듯이, 맑스도 사회적 모든 현상의 밑바닥에 변증법적 도식화(ein dialektische Schematismus)가 놓여 있는 것으로 치고 이것을 인간적 '본질'의 발생사를 통하여 입증하려고 시도하고 있다. 따라서 이 변증법적 도식화는 헤겔의 세계정신 및 민족정신의 역할을 하고 있다. 이 최종적인 추정은 옳다. 왜냐하면 맑스는 포이에르바흐에 발맞추어 유한자를 '무한자의 주체'로 만들고자 하기 때문이다. 이와 마찬가지로, 이미 강조했듯이, 변증법은 여전히 추상적 범주들의 조직(組織)임에 변함이 없다. 이에 반해 '인간적 본질'(반론의 핵심적 내용은 이것 속에 들어 있을 것이다)이 모든 사회적 현상을 무차별적인 기체(基體)로 환원시키는 보조 수단인가 라는 물음은 외화 개념의 상세한 해석을 통해서야 비로소 결정된다. 일단 이 개념은 맑스 자신에 있어서도 아직 무규정적 상태로 남아 있다.

하지만 헤겔의 국가철학에 대한 비판 속에는 후기 이론의 단초들을 일반적 개념보다 더 명백히 드러내주는 한 예, 즉 근대 관료주의에 대한 비판이 들어 있다. 이 비판은 맑스가 헤겔 원전에 대한 주석식 해석의 수준을 분명히 넘어서서 하나의 현상을 자기의 사물관으로부터 설명하는 이미 언급된 사유 과정에 속하는 것이다. 그는 여기에서 어떤 이론적 의도를 지니고 있지 않다. 그러나 한 현상에 대한 완전히 직접적이고 근원적인 묘파 속에서, 역사적 사실을 자기 자신을 통하여 반박되도록 하는, 즉 대상의 내적 패러독스를 발굴해내는 그 특유의 방식과 방법이 잘 표현되고 있다.

관료주의는 그의 소유물을 국가의 본질, 즉 사회의 정신적 본질로 지닌다. 즉 그 본질은 관료주의의 **사유재산**이다. 관료주의의 일반적 정신은 **비밀**, 즉 불가사의이고 위계 조직을 통하여 자기 자신의 내부에 보존되고, 외부에 대해서는 자폐적(自閉的) 단체로서 보존된다. 따라서 분명한 국가 정신, 즉 뚜렷한 국가관(Staatsgesimmung)은 관료주의의 입장에서 볼 때 자신의 불가사의성에 대한 일종의 반역으로 간주된다 이런 까닭에 권위는 관료주의의 지식의 원리이고, 권위의 숭배는 관료 체제의 정신자세(Gesinnung)이다. 그러나 관료 체제 내부에서 유심론(Spiritualismus)은 투박한 유물론(ein krasse Materialismus), 즉 수동적 복종, 권위 숭상의 유물론, 말하자면 틀에 박힌 형식적 행위, 틀에 박힌 원칙, 사고방식, 전통 등의 기계역학(Mechanismus)의 유물론이 된다. 개개 관료에 관한 한, 국가 목적은 그의 사적(私的) 목적이 되고 보다 높은 직위를 향한 추구요 출세(Machen von Karriere)가 된다. 첫째, 관료는 현실적인 생활을 물질적 생활로 간주한다. 왜냐하면 이 생활의 정신은 자신의 고립된 실존을 관료 체제 안에서 지니고 있다. 따라서 관료 체제는 생활을 가능한 한 물질적으로 만들지 않을 수 없게 된다. 둘째, 생활은 관료 자신에게 있어서, 즉 생활이 관료주의적 논의의 대상이 되는 한 물질적이다. 왜냐하면 그의 정신은 그에게 미리 처방되어 주어져 있고, 그의 목적은 그의 외부에 자리잡고 있고, 그의 현존재는 사무실의 현존재이다. 국가는 이제 앞으로 상이하고 틀에 박힌 사무실 정신으로서 실존하고, 이 사무실 정신들의 관계는 예속이고 수동적 복종이다. 그러므로 관료는 현실적 국가에 대해 제주이트교도 같은 태도를 취할 수밖에 없다. 이 제주이트주의1]가 의식적인 것이든 무의식적인 것이든 그렇다. 그러나 관료가 자신의 대립물이 지식이 되는 순간 동시에 자기의식에 도달하고 그리하여 어느덧 고의적인 제수이트 교도가 된다는 것은 필연적이다.(457/57)

청년 맑스의 방법(또는 보다 더 좋게 표현한다면 그의 비판 의식이 직접적으로 반응하는 방식)은 여기에서 특출나게 구체적으로 부각되어 있다. 그는 새로운 반명제를 끊임없이 정식화하고 각 대립이 어떻게 다른 대립을 함축하고 있는가를 보여주고 있다.

관료의 생활의 '정신'의 추상화는 관료에게 있어서 순수 형식적

---

* Jesuitismus : 목적은 수단을 신성시한다는 기독교 교의—역주.

인 중요성만을 지닌 것이 아니다. 관료의 모든 현존재는 이러한 추상화에 의하여 규정 당한다. 예속의 정신 태도와 순수 형식적인 것, 즉 위계 조직의 체계로서의 제도를 '불가사의'로 만드는 권위 숭배는 그의 사적 목적, 즉 '출세'의 구실로 그치는 것이 아니다. 그러한 정신 태도는 물질적 영역에 대해서도 역작용하는데, 이 물질적 영역은 다름 아닌 바로 '그런 이유에서' 가능한 한 물질적으로 만들어진다. 그리하여 그의 형성 행위의 대상뿐만 아니라, 이러한 형성 행위 자체도 물질적으로 만들어진다.

'투박한 유물론'은 '정신'의 추상화와 동의(同義)인 유심론의 논리적 귀결이다. 여기에서도 특기할 만한 것은 다시 사회적 제도(관료제도)의 그 구성원들, 즉 관료들의 인간적 상황과의 유사성이다. 국가와 시민사회의 분열이 공민에 있어서 나타나듯이, 관료주의의 추상적 이원론은 그의 의식 속에서와 마찬가지로 관료의 생활 속에서도 다시 반영된다. 관료는 정신의 추상화가 그 자신의 소외에 대한 긍정이라는 사실—형식적으로 말하면, '본질'의 한 계기의 추상화가 다른 계기의 추상화를 함축하고 있다는 것을 의식하지 못하고 있다. 그러므로 그의 개인적 활동 및 물질적 생활에 대한 그의 사고방식은 독자적 현존재를 획득한 '그의 생활의 정신'의 외화에 의하여 규정된다. 관료 체제와 현실적 국가의 관계는 이와 마찬가지로 설명된다.

헤겔 국가철학에 대한 비판으로부터 청년 맑스의 본질적 사상을 간추려내려는 이러한 시도는, 맑스가 그의 분석에 의도적으로 명백한 실질적 방향을 결정해 주고 있는, 시민사회의 사회적 동학(動學)과의 저 결정적인 관련성을 밝혀내지 않았다면 보다 발전된 형태로 심화된 '소외' 현상이 그를 한갓 현실을 떠난 추상 개념의 구성적 체계로 이끌었을 것이라는 사실을 호도해서는 안 된다.

다음에서는, 맑스가 이러한 영역에서도 어떻게(외화의 체계의 결정적인 역사적 정점을 도출해낼 수 있도록 해 주는) '외화'를 밝혀내고 있는가가 입증되어야 할 것이다. 다시 맑스는 시민사회의 구조가 인간적 '본질 능력'의 추상화에 기초해 있다는 사실을 밝히고 있다. 이러한 현상의 작용 계기는 프롤레타리아 노동이다. 그러나 이제 그가 문제 삼게 되는 것은 사실(das Faktum)일 뿐만 아니라, 행위를 통해 주조되어(마치 인간의 소외의 대상적 양심처럼) 주체에 저항하는 '외화된' 본질 능력 자체의 내적 귀결이기도 하다.

그러나 이러한 분석의 관철을 위해 필요했던 것은 맑스의 시대비판 전체에 결정적인 영향을 미쳤을 것으로 얘기되는 경제학적, 사회학적 통찰이다. 이러한 통찰이 처음 선보이는 곳은 헤겔 국가철학 비판이다. "특징적인 것은 오직 **무산성**(無産性)과 **직접적인 노동의 신분**, 즉 구체적 노동의 신분이 시민사회의 한 신분을 이룬다기보다는 이러한 원환(圓環)이 정지하고 운동하는 토대를 이룬다는 사실일 뿐이다"(498).

3. 보편적 혁명의 이념

1843년 10월 말 맑스는 아르놀드 루게와 공동으로 『독불연보』를 발간하기 위해 파리로 갔다. 처음이자 마지막이 된 창간호는

1844년 2월에 출간되었다. 이 창간호에는 맑스의 다음과 같은 기고문들이 실려 있다. 그것은 루게, 포이에르바흐, 바쿠닌 등의 서한과 나란히 이 연보지의 서두를 장식하고 있는, 아르놀드 루게에게 보내는 세 통의 프로그램적 서한, 브루노 바우어에 대한 두 편의 논전적(論戰的)인 논문 중의 하나(「유태인 문제에 관하여」), 맑스가 철학과 프롤레타리아의 공통 투쟁을 논증하고 있는 유명한 「헤겔 법철학 비판 서론」이다. 이 논문들은 이전에 예시된 것을 간결하게 종합하고 있는 일련의 중요한 정식들을 담고 있다. 예를 들면 방법적 과업은 다음과 같다.

이성은 항상 실존해 왔는데, 다만 항상 이성적 형식으로 실존한 것이 아닐 뿐이다. 그러므로 비판가는 이론적, 실천적 의식의 모든 형식을 논의의 실마리로 삼아 실존하는 현실의 **특유한** 모든 형식으로부터 참된 현실을 실존하는 현실의 당위요 궁극 목적으로 전개시킬 수 있다. 현실 생활에 관한한, **정치적 국가**는 사회주의적 요청에 의해 아직 의식적으로 실현되지 않은 곳에서도 그것의 모든 **근대적** 형태 안에 이성을 요청하고 있다. 그리고 정치적 국가는 이 정도에 머물러 있는 것이 아니다. 정치적 국가는 도처에서 이성을 실현된 것으로 간주한다. 그러나 이 정치적 국가는 이에 못지않게 도처에서 그것의 관념적 규정과 실재적 전제 사이의 모순에 빠진다(서신교환, 574).

1802년 헤겔의 문제 설정은 이 구절 속에서 다시 한 번 되풀이되고 있다. 맑스는 이미 방법적 논의의 개시를 헤겔 비판으로써 완수했고, 그것도 이러한 일반적 정식화 속에서 요청되는 동일한 방법적 목표 설정을 통해 완수했다.

맑스가 종교적 의식의 추상화를 정치적 국가와 시민사회의 일반적인 세속적 모순의 일부로 설명하고 있는 것은 추상화 이론의 시각에서 논리적 일관성을 벗어나지 않은 것이다. 맑스는 인간이 그의 특수한 갈등과 상황을 일반성의 천상으로 투사하여 신의 속성으로 고양시킴으로써 "종교를 만든다"라는 포이에르바흐의 명제만을 논의의 실마리로 삼고 있다. 그리하여 그는 종교의 추상화가 인간의 현실 세계, 즉 그의 국가와 사회 단체 속에서 발견되는 추상화와 일치한다고 결론짓고 있다.

'전도된 세계의식'은 '전도된 세계'의 반영이다(607). 한 걸음 더 나아가 맑스의 종교 비판은 종교적 영역에 대한 구체적인 사회학적 인식의 전용(傳用)에 근거하고 있다. 따라서 종교는 변증법적 유물론의 유명한 '등등'(etc.)이라는 말이 따르는 나열 안에서 국가, 도덕, 법 외의 한 지절(肢節)을 이룬다. 여기에서 특유한 문제 논의를 구성하려고 시도한다면 이것은 맑스를 부당하게 취급하는 것이 된다. 일반적으로(그가 가끔 강조했듯이) 종교의 '비판'은 포이에르바흐와 더불어 끝났다. 종교의 '극복'은(일반적인 추상화 비판 속으로 통합된 후) 최초의 사회 비판의 결과를 종합하는 정식 안에서 이미 전제되고 있다.

현실적 인간이 추상적 공민을 자신 속으로 복귀시키고 개인적 인간으로서 그의 경험적 생 속에서, 그의 개인적 노동 속에서, 그의 개인적 관계 속에서 **유적 본질**이 되었을 경우에야 비로소, 즉 인간이 그의 'forces propres'(고유한 힘)을 **사회적** 힘으로 인식하고 조직하여 사회적 힘(능력)을 자신으로부터 더 이상 **정치적** 힘의 형태로 분리시키지 않는 경우에야 비로소 인간 해방은 완수된다(「유태인 문제에 관하여」, 596).

망명자의 상황은 궁극적으로 독일과 '근대적 여러 민족'의 비교를 용이하게 만들어 주었는데, 이러한 비교는 서한식 논문 및「헤겔 법철학 비판 서론」의 상당히 긴 단락들의 내용을 규정짓고 있다. 이러한 비교 시각으로부터 맑스는 헤겔 국가철학에 관한 그의 논의의 종결어를 구하고 있다. 헤겔 국가철학은 '액면가격 그대로의(al prai) 공식적인 근대적 현재와 더불어 존립하는 유일한 독일사'이다. 따라서 맑스의 결론에 의하면, 그가 헤겔과의 대결을 통해 성취한 것은 이중적인 과업이었다.

헤겔에 의하여 가장 일관성 있고 풍부하며 최종적인 형태를 얻은 독일 국가철학 및 법철학에 대한 비판은 두 가지이다. 즉 근대 국가 및 이것과 관련된 현실의 비판적 분석이면서, 사변적 법철학 자체를 자신의 가장 탁월하고 보편적이며 학으로 고양된 표현으로 보는 지금까지의 독일적인 정치의식과 법의식의 모든 방식에 대한 부정이다(「법철학 비판 서론」, 613/14).

a. 해방 사상

그리하여『독불연보』에 실린 논문들은 많은 관점에서, 최초의 헤겔 비판에서 맑스를 몰두시킨 모든 문제의 종합을 이룩하고 있다. 이런 관계로 이 논문들은 일종의 잠정적인 종결의 성격을 지닌다. 나아가 이것들은 초기 저작에서 발견되지 않거나 또는 맹아적 형태로만 발견되고 있는 경제학적, 사회학적 물음들을 취급하고 있다. 하지만 이 물음들은 『연보』 안에서 최초로 분명하게 묘사되고 나중의 저작에서처럼 여기에서 모든 문제 설정을 지배하고 모든 개별적 분석을 이끌고 있는 사상 세계의 첫 번째 초석(礎石)들만을 마련하고 있다. 즉 보편적 인간 해방의 이념은 현재 비판의 규정자가 된다.

실러는 그의 시대를 대신해서 정치적 고양의 이념을 비난했다. 왜냐하면 이 정치적 고양의 이념은 인류를 해방으로 이끌 수 없기 때문이었다. 계몽주의의 전통에 의해 강력하게 규정받은 시대 비판적, 혁명적 의식을 지닌 맑스에게 있어서도 장래의 혁명에 대한 확신은 변함없이 당초부터 인류의 보편적 '해방'의 개념과, 즉 인간 역사의 시간 내(內)적, 종말론적 해석과 결합되어 있다.

이미 최초의 시대 비판은, 우리가 살펴보았듯이, 일차적으로 정치적인 시대 비판이 아니라 근대적 인간의 비판이다. 그것은 사회 구조 자체를 겨냥했을 뿐만 아니라, 이 사회 구조를 사회 내의 개인의 상황에 관련시켰다. '유적 본질'의 실현은 개인의 인간적 생의 실현으로 (또는 『연보』에서 밝히고 있듯이) 인간의 '인본화'(人本化)와 세계의 '인간화'('Humanisierung' des Menschen und 'Vermenschlichung' der Welt)로 이해되었다. 해방 사상은 의심할 바 없이, 한 세계의 창조를 위한 굳은 마음을 지녔던 헤겔 학도의 이러한 비판에 깔린 암묵적인 전제였다. 해방 사상은 이제 명백히 주제로 만들어졌고, 더더구나 동시대적인 자유주의적 비판과 어떤 공통점을 지닌 것이 아니라, 세기의 시대 비판으로, 즉 실러, 노발리스, 피히테, 청년 셸링과 헤겔로 직접 거슬러 올라가는 사유 과정 속에서 주제로 만들어졌던 것이다.

맑스는 '단지 정치적일 뿐인' 해방에 '인간의 해방'을 대립시키고 있다. 이러한 구분은 아직 '추상적 국가' 내의 갈등으로 기술되는 (국가 비판 안에서 언급된) 군주정과 공화정의 차별과 부합된다(585). 맑스가 부연 설명하고 있는 바에 의하면 시민적 국가의 형성은 동시에 공동체와 사적(私的) 인간의 분열의 완성, 즉 그가 국가 비판에서 무엇보다도 먼저 비판했던 군주정의 저 필연적인 결과의 완성이다.

예로서 인용되고 있는 것은 특히 북미와 프랑스이다. 이 두 나라에서 종교는 극복되지 않았다. 왜냐하면 인간적 해방이 아직 완수되지 않았기 때문이다. 그러나 종교는 필연적으로 시민사회의 나머지 요소들과 더불어 추방된다. 즉 '지배의 종교'요 '불완전성의 신성화'로서의 종교의 지배는 지양된다는 것이다. 그리하여 정치적 해방은 맑스의 판단에 의하면, 위대한 진보를 뜻하기는 하지만, 인간 해방의 궁극적 형태 일반인 것은 아니다. 하지만 그것은 '**지금까지의 세계 질서 안에서의** 인간 해방의 궁극적 형태'이다(573).

맑스를 여타 청년 헤겔주의자들과 구별시키는 것은 혁명적 의식 그 자체가 아니다. 그러나 이 혁명적 의식은 비판적 논박의 근본성과 더불어, 차돌처럼 굳은 확신, 즉 청년 헤겔주의적 '비판'의 합리주의를 폭넓게 물려받고 있는 내적 확신과 정신적 힘으로 고양되고 있다.

『연보』의 논문들에서는 혁명적 원리의 인식에까지 도달하는 순수하게 혁명적인 요청의 점진적 발전 과정이 상세히 추적될 수 있다. 학위 논문 안에서 맑스를 몰두시켰고 또 이 논문 안에서 그가 그의 사상적 운명으로 인식했던 갈등은 새로운 차원으로 옮겨져 여기에서 다시 한 번 현상한다. 세계화된 철학을 통하여, 의식이 외적으로 뿐만 아니라 내적으로도 '투쟁의 고통' 속으로 끌려들어가 있음이 밝혀지고 있다(573). 새로운 세계는 구세계의 비판으로부터 구해져야 한다. 그러나 바로 이 수수께끼의 해결이라는 과업은 헤겔과 마찬가지로 맑스가 극복하려고 시도하는 저 주관적 고립, 즉 현실적인 것의 저 순수한 부정으로 이끌어진다.

혁명적 의식은 지금 프로그램상 요청되는 '무자비한 비판'(die rücksichtlose Kritik)이 구세계로부터 새로운 세계를 도출해낼 수 없는 한 이러한 현실과 추상적으로 그리고 소원하게 대립해 있다. 헤겔 국가철학 비판 안에서 전개된 방법적 설명은 이러한 통찰과 더불어 비로소 실천적 의미를 얻게 된다 할 것이다.

지금까지 방법적 설명은 맑스가 자기 자신에게 돌렸고 자기의 상황의 분열성만을 항상 새로이 의식하도록 만들었을 뿐인 그런 요청만을 서술해 왔을 따름이다.

이러한 전환점에 있어서 특징적인 것은 다음과 같은 편지 구절이다. 맑스는 아르놀드 루게에게, 폴란드를 가로질러 여행하는 동안 아무리 작은 폴란드인도 가장 큰 독일인과 대비되는 어엿한 공민이었기 때문에 민족적 긍지가 아니라 '민족적 수치'를 느꼈다고 털어놓고 있다. 프로이센의 전제주의는 '새로운 학파'에 의해 전세계의 목전에 소개되었다. "그들은 내가 웃는 것을 보고 묻는다 : '그 수치심을 느낌으로써 뭐가 얻어졌단 말이오? 수치심으로부터는 어떤 혁명도 만들어지지 않소.' 나는 대답한다 : 수치심은 이미 하나의 혁명이오. 즉 그것은 독일의 애국심에 대한 프랑스 혁명의 승리(프랑스 혁명은 1813년 독일의 애국심에 패했었다)란 말이오. 수치감은 자기 내면으로 기어든 일종의 분노요. 전민족이 현실적으로 수치심을 느꼈다면 전민족은 도약을 위해 자기 내면 속으로 물러난 사자일 것이오." 그러나 맑스도 독일이 도약할 준비가 된 사자가 아니며 바람에 밀려 쫓겨올 '바보들이 가득 탄 배'라는 것을 간파하지 않을 수 없게 된다. 필연적인 귀결 : 이 배는 '그 바보들이 이 배를 믿지 않았다는 **바로 그 이유 때문에**' 자신의 운명과 맞부닥치게 된다. 그러나 운명이란 다름아닌 비판의 정언명령이다. "이 운명은 우리 앞에 임박해 있는 혁명이다"(557).[20]

칼 맑스의 증오는 그가 맞서 싸우는 '인간 상실의 세계'(die entmenschte Welt)의 이러한 환상주의, 즉 이러한 자기만족과 무사태평한 태도로 인해 더욱 불타오른다. 그는 이 세계를 흔들어 깨우고 계몽하여, 어디에 가능성이 있는지를 정확히 알아맞히고자 한다. 이러한 마음가짐 속에서 그는 '격투 속의 비판'(die Kritik im Handgemenge)의 프로그램을 서술하고 있는데, 이 비판의 첫 번째 통찰은 전세계의 전제주의에 대한 투쟁 속에서 '야만적 난폭성의 필연성과 인도(人道)의 불가능성'이다. 바꿔 말하면 인도는 오직 야만적 난폭성을 통해서만 수립될 것이다……(die Humanität ist nur durch Brutalität herzustellen……).

그리하여 맑스는 그의 혁명적 의식이 비판적으로 정초하고 있는 원리를 분명히 추구한다. 그는 이를 위해 국가에 대한 비판에서 전개시킨 사회학적 통찰의 토대를 차지하고 있을 뿐만 아니라, 비판적 원리의 어떠한 초월성도 부정하는 현사회의 제행(諸行)으로부터 미래 사회를 도출해낼 것을 요구하는 척도도 차지하고 있다.

20] 강조는 필자.

따라서 물음은 불분명하지 않게 일의적(一義的)으로 제기된다. 현재 상황을 넘어 근대사회를 이끌어 가는데 어떤 요소가 적합한가? 즉 근대사회는 어느 곳에서 자기 자신을 부정하는 귀결, 즉 그 자신의 고유한 모순을 산출하는가? 또는 좀더 좁게 확정적으로 표현하면 누가 장래 혁명의 담당자인가? 이러한 물음에 첨예화된 형태를 부각시키는 것은 중요하다. 왜냐하면 맑스가 인간이 그의 규정과 그의 본질로부터 '소외된다'는 의식과 더불어 최초의 사회 비판적 분석을 시작했듯이 혁명적 확신은 그를 혁명적 원리의 합리적 인식으로 이끌어가고 있지 그 반대는 아니기 때문이다.

나중의 논지들의 예시적 형태는 이미 '1843년의 서신 교환' 속에 발견되고 있다. 예를 들면 맑스가 영업과 교역의 근대적 체계, 즉 인구의 증가보다 훨씬 더 빨리 지금의 사회적 내부에서 파산을 초래할지도 모를 인간 착취의 체계가 안고 있는 위험을 지적하고 있는 경우가 그에 해당한다(565). 또는 유태인 문제에 관한 논문에서 화폐를 '모든 사물의 대자적으로 조성된(자율화된—역주) **가치**'로 묘사하고 있는 경우도 그렇다. "따라서 화폐는 전세계, 즉 인간 세계 및 자연으로부터 그것들 특유의 가치를 강탈했다. 화폐는 인간의 노동과 현존재의 인간을 소외시킨 본질이고, 따라서 이 소원한 본질은 인간을 지배하고 인간은 화폐를 숭배한다"(603).

그러나 그의 특유의 돌파는 경제학적 인식을 통해서나 소외 이론의 보다 면밀한 전개를 통해서 수행되는 것이 아니라, 맑스가 마지막 논문, 즉 「헤겔 법철학 비판 서론」에서 제시하고 있는 사회학적 명제를 통해서 수행된다. 상세하게 제시되고 있는 프랑스 혁명사에 관한 연구들은 바로 그 사유 과정의 토대를 이룬다. 그러나 맑스는 자신의 표현들을 근거로 추정해 볼 때, 특히 프랑스 노동운동과 그 이론적 기초에 관한 최초의 지식은 이미 그가 이전에 알고 있었다.

이 논문은 아마 힘과 무게 그리고 내적인 완결성에 있어서 『공산당선언』을 능가하는 것일 것이다. 유일무이한 *Hvρηχα*에서 정점을 이루는 최종적 문장에 이르기까지 이 논문은 극적으로 논리를 첨예화시키고 있다. 그런데 우리는 이전에 인용된 것 외에 아직 남아 있는 몇 가지 중요한 논점들을 부각시키는 데에 관심을 한정시키지 않을 수 없다.

맑스는 독일 상황을 '근대 국가들' 특히 프랑스의 전개상과 대결시키고 있다. 이러한 관계 속에서 그는 이 시대에 그의 사유를 에워싸고 있는 중심 문제를 제기하고 있다. 독일을 어떻게 혁명에 이끌 수 있는가? 하인리히 하이네와 유사하게 맑스는 개혁, 철학, 혁명 사이의 발전 단계와 관련된 직접적인 선을 긋고 있다. 즉 지금까지 독일은 유럽의 이론적 양심이었다. 그러나 "당시 **수도승**이었던 것처럼, 지금은 **철학자**인데, 이 철학자의 두뇌 속에서는 혁명이 시작되고 있다"(615). 그리고 하이네처럼 맑스도 이러한 방법적 발전의 성과를 예언하고 있다. 그러나 그에게 있어서 '**근본적 혁명**'(der radikale Revolution)이란 동시에 '보편적인 인간 해방'이다. 부분적인, 즉 단지 정치적일 뿐인 혁명은 독일에서, 독일의 사회적 상황 및 독일적 정신 상태와 맞서는 유토피아적 꿈이다. 어떻게 해서 맑스가 독일의 상황을 이러한 이것이냐 저것이냐 하는 양자택일적 상황(dieses Entweder-Oder)으로 규정짓게 되는가?

그는 특히 그가 프랑스 혁명의 문제들에 대한 몰두로부터 얻어

낸 사회학적 인식에 의존하고 있다. 즉 정치적 혁명은 특정한 계급이 그들의 특수한 상황으로부터 사회의 보편적 해방을 이끌어내는 경우에만 가능하다. 그러나 이를 위해서는 첫째 한 계급이 사회의 보편적 대표자로 고양될 수 있어야 하고, 둘째 특수한 사회적 영역이 '보편적 한계의 총합'(Inkorporation der allgemeinen Schanke)으로 나타나야 된다. 이것은 한편으론 프랑스 부르주아지와 다른 한편 프랑스 귀족의 보편적 의미였다.

이에 반해 독일에는 그러한 보편적 대표를 위한 특징적 전제들이 결여되어 있다. 어떤 특수한 계급도 '자신을 사회의 대표자로 규정지을 수 있는' 논리적 일관성, 첨예성과 용기, '무자비성'을 가지고 있지 않다. 나아가 어떤 특수한 계급도 '비록 일순간이나마 민중 전체의 혼과 동일시될 수 있는 혼의 저 폭넓음, 즉 물질적 힘에 활력을 불어넣어 정치적 힘으로 만드는 저 독창성, 현재 나는 아무것도 아니지만 모든 것이어야 한다(Ich bin nichts und ich müßte alles sein)라는 저항적인 선서를 상대방에 내뱉는 저 혁명적 과감성'을 지니고 있지 않다(618). 독일적 도덕의 특징은 '겸손한 이기주의'이다. 결론은 모든 계급들(제후와 왕, 관료, 귀족과 부르주아지)이 동시에 상호 갈등 속에 처해 있어서 하나의 결정적인 대립이 발전되어 나오지 못하고 있다는 것이다.

그리하여 맑스는 여기에서도 역시 독일에서의 정치적 상황의 전적으로 환상을 배제한 성격 묘사로부터 다시 출발하고 있다. 그는 이때 또다시(이러한 독일적 정신 상태의 설명을 위해) 개혁운동이 전개된 특수한 상황도 지적할 수 있었을 것이다. 다시 말하면 맑스는 19세기의 순수 이론적인 '혁명'이라는 사실을, '수도승의 두뇌' 속에서 시작되는 혁명의 조건과 결과를 토대로 설명해내는 일로부터 출발한다. 그리고 그는(만약 이러한 반성적 고찰이 그가 할 일이었다면) 궁극적으로 19세기의 독일 혁명가의 성격적 특징까지도 이러한 전통을 근거로 이해하려고 모색할 수 있었을 것이다. 그의 역사적 논술은 "우리, 즉 마지막 꼭대기까지 온 우리의 목자(牧者)들은 자유의 사회 안에, 이 사회의 장례식 날에 언젠가 딱 한번 처해 봤을 뿐이다"는 말로 시작해서 다음과 같은 말로 끝맺고 있다. "독일에서는 모든 종류의 예속을 분쇄함이 없이 어떤 종류의 예속도 분쇄될 수 없다"(609 u. 621).

독일 혁명가의 비타협적 근본성의 이 명백한 필연성은 우리가 위에서 실러, 아이헨도르프, 하이네 등의 정신사적 반성을 통해서 그리고 시대 비판적 문제들의 논술을 통해서 밝혀보려고 했던 바로 그것이었다. 맑스는 이러한 관점을, 독일의 혁명운동의 객관적 조건에 대한 명시적 지적을 통해서 확증하고 있다. 역사의 흐름 속에서의 해방자의 역할이 계열적 순서에 따라 극적(劇的) 운동 속에서 상이한 계급으로 넘겨져야 한다는 것은, 그에게 있어서 계급투쟁 이론을 위한 최초의 단초가 도식론적 역사관과 직결되어 있듯이, 특징적인 것이다.

그는 역사가 궁극적이고 결정적인 혁명을 향해 굴러가고 있다고, 또는 역사의 본래적인 정점을 향해 첨예화되고 있다고 보고 있다. 결단의 시대는 '지금까지의 세계사'의 발전을 통해 확증된다. 즉 역사는 보편적 혁명의 발생사가 된다. 한 걸음 더 나아가 특징적인 것은 상황의 첨예화에 기여하는 모든 계기들이 맑스에게 있어서 어떻게 긍정적인 강세를 얻게 되는가 라는 점이다, 사회의 '총합적 결여'(der inkorporiete Mangel)를 표시하는 신분 계층의 '무자비성'에 관한 구절에서는 특히 『공산당선언』에서 감지될 수 있는 대(大)부르주아지에 대한 맑스의 내밀한 존경이 비치고 있다. 그에게 깊은 인상을 심어준 대부르주아지의 객관적 역할 이외에, 특히 이 계급 안에 적대자가 자리잡고 있다는 사실, 즉 반명제가 여기에서 공공연히 표명되어 있다는 사실이 그를 그처럼 규정짓고 있다. 이것에 반해서 그가 '여타의 연체동물들'(die übrige Schleimtierche), 즉 소시민, 속물 계층, 관료 등의 '겸손한', 즉 감춰지고 위장된 이러한 이기주의만큼 증오했던 것은 없다. 이러한 증오는 19세기가 경과하는 동안 중산층이 보여준 사회적 지속성과 생존 능력을 과소평가하는 것에 적지 않은 영향을 미쳤을 것이다.

그런데 독일에서 특수한(부분적) 혁명이 기대될 수 없다는 인식은 보편적 혁명의 가능성에 관해 어떤 것을 말해 주는가? 맑스는 이에 관해 아무런 지식도 주고 있지 않다. 그러나 그는 혁명의 유일한 가능성을 지적하고 있는데 이 유일한 기회는 동시에 인류의 보편적 해방의 조건, 즉 '인간성의 **완전한 상실**이며 따라서 인간성의 **완전한 재획득**을 통해서만 자기 자신을 획득할 수 있는' 근본적 질곡을 가진 계급의 형성이다. "사회의 이러한 해체는 특수한 계층으로서 **프롤레타리아**의 임무이다"(620).

이와 더불어 동맹자가 발견되었고, 자기를 현실화하고자 하는 철학은 이 동맹자에 대한 봉사 속에 임해야 할 것이다. "철학이 프롤레타리아 속에서 **물질적 무기**를 발견하듯이, 프롤레타리아는 철학 속에서 그의 **정신적 무기**를 발견하고, 사상의 번갯불이 이 천진난만한 민중의 땅바닥에 호되게 내리치자마자 **독일인의 인간으로의**

해방은 수행될 것이다”(ebd). “근본적인 독일은 **근본으로부터** 혁명화함이 없이 혁명화할 수 없다. 독일인의 해방은 인간의 해방이다. 이러한 해방의 머리는 철학이고 심장은 프롤레타리아이다”(621). 근본적 혁명의 이념은 철학과 프롤레타리아의 동맹 관계를 창설한다.

엄정하게 말해서 맑스는 국가 비판에서의 인식, 즉 근대사회가 직접적인 노동의 계층에 기초해 있으면서 동시에 이 계층을 사회로부터 배제한다는 인식을 거의 넘어서지 않았다. 바꿔 말하면 시민사회는 이기주의와 개인주의의 원리가 이러한 원리의 동시적 부정을 통해서 관철될 수 있다는 것을 증명함으로써 이 원리를 부정하고 있다. 그러나 맑스가 이러한 필연적 귀결을 의식하게 됨으로써 결정적인 관심은 이미 획득되었나. 철학은 지금까지의 세계 질서의 해체를 이제 더 이상 요구하지 않는다.

철학은 이 해체를 사실(Faktum)로서 표명한다. 즉 철학은 세계에 대해 세계 자신의 사건을 **설명할** 뿐이다. 맑스가 시초부터 제기했던 방법적 과제는 이로써 자신의 실현을 가능케 할 토대를 열었다. 시대 의식은 ‘추상적’ 요청의 성격을 벗어던지기 시작하고 있다. 혁명적 확신은 교의적(敎義的) 투쟁으로 나가는 것이 아니라, 경험적 분석으로 이끌어져 자기 부정의 논리, 혁명의 논리, 인류의 보편적 해방의 논리를 증명한다.

그러나 이 논리를 더욱 더 면밀하게 고찰해 보자. 혁명이라는 사실은 일단 전제된다. 근본적 질곡을 가진 계급은 인간 존재의 완전한 상실을 뜻하기 때문에 인간성의 완전한 재획득 자체를 통해서‘만’ 재획득될 수 있다는 것이다. 그런데 왜 하필 ‘완전한’ 재획득인가? 왜 그 계급이 질곡으로부터 불완전하게 해방되어서는 안 된단 말인가? 부르주아는 그들의 혁명을 통해서 분명히 '인본화'(人本化)에 도달하지 못했다는 것이다.

맑스가 여기에서 암암리에 내리고 있는 구분은 다음과 같이 명확히 포착될 수 있다. 미래의 혁명이란 특수한(부분적인) 정치적 혁명이 아니라 보편적인 인간 혁명이다. 그러나 그는 무슨 개념을 통해 이것을 그럴듯한 가능성으로 만들었는가? '완전한' 상실과 '완전한' 재획득의 반립 명제를 통해서이다. 프롤레타리아가 현재의 사회를 정돈하는 토대이기 때문에 이 토대의 상실은 당연히 이 사회 질서의 해체로 귀착되지 않을 수 없는 것이다. 그러나 왜 인류는 더 깊이 침몰해서는 안 되는가? 즉 인간다운 수준은 왜 동일한 수준으로 머물러 있어서는 안 되는가?

한 걸음 더 나아가 맑스는 무슨 수를 써서 프롤레타리아 혁명이라는 사실 자체를 그럴듯한 가능성으로 만들었는가? 맑스는 근본적인 독일인은 근본으로부터가 아니라면 혁명화될 수 없음을 밝히고 있다. 그러나 그는 계속 다음과 같이 말을 잇고 있다. "**독일인의 해방은 인간의 해방이다.**" 그러므로 가설적 고려가 갑자기 사실로서 전제되고 있는 셈이다.

맑스는 프롤레타리아가 근대사회의 '정립된 모순'이고 프롤레타리아의 탄생이 근대사회의 자기 지양이라고 주장한다. 그러나 이러한 모순은 어디에 내재해 있는가? 사유재산의 원리는 광범한 사회계급, 즉 프롤레타리아의 인간적 몰락을 야기했다. 이 원리는 왜 부정되지 않고는 이러한 억압의 지양으로 이끌어질 수 없는가? 프롤레타리아는 거의 어떤 사유재산도 소유하고 있지 못하기 때문이다. 프롤레타리아는 왜 점차 더 많이 획득할 수 없는가? 즉 지양할 수 없는 모순은 어디에 내재해 있는가? 프롤레타리아는 사회적 발전을 규정지을 수밖에 없는 하나의 사실이다. 그러나 왜 혁명적 고양을 통해서인가?

이러한 '소박한' 물음을 제기하는 것은 이따금 유용하게 보이기도 한다. 이 소박한 질문들은 거의 전부가 후기 맑스에 대한 반론이 아니다. 왜냐하면 후기 맑스는 예를 들면 프롤레타리아 혁명이 왜 이전의 모든 혁명과 구분되어야 하는가를 분명하게 설명했다. 그밖에 후기 맑스는 사유재산의 원리가 왜 지금까지의 사회의 경제적 붕괴를 야기하지 않을 수 없는지, 즉 프롤레타이라의 상황이 왜 필연적으로 첨예화될 수밖에 없는지 등을 입증하려고 시도했다. 그러나 맑스는 일단(그가 모순이나 반명제 등의 범주를 실제적 요소에 부여할 수 있도록 해주는 원리적인 사회학적 시각을 발견했다는 데 본질적인 진보가 있을지라도) 모순 개념과 반명제 등의 범주만을 사용하고 있다.

그리하여 우리는 세 번째로 동일한 성과 앞에 도달하게 된다. 맑스는 비판되는 현상들에다 변증법적 범주들의 격자망(格子網)을 치고 이것으로부터 '대상의 논리'를 도출해내고 있다. 그러나 대상의 분석은 이러한 통찰을 따르고 이것을 선행하지 않고 있다. 맑스는 지금에야 비로소, 국민경제학적 현상들에 점차 몰두하기 시작하고 있다. 그 특유의 것은 이제 다음과 같은 것이다. 그의 독창적인 경험적 분석은 언제나 이 개념적 예정 목표를 증명하는 것이고 이러한 증명을 겨냥하고 있다. 한 걸음 더 나아가 혁명적 확신과, 그의 시대 비판의 토대를 이루는 인간의 규정에 대한 확신은 이 변증법적 범주와 명백히 직접 관련되어 있다. 변증법적 범주 적용의 객관적 가능성은 그에게 있어 혁명적 확신을 이미 증명하는 것으로 여겨지고 있다.

그리하여 여기에서는 맑스가 제시하고 있는 명시적 설명으로부터 대답을 구할 수 없는 물음들이 제기된다. 우리는 문제들을 보다 주체적으로 포착하려고 모색해야 할 것이다. 첫째, 프롤레타리아는 맑스에게 있어서 근원적으로 목적을 위한 수단에 지나지 않는가? 맑스는 이 청년기에, 그가 맞서 투쟁하는 이 사회의 피억압자들, 예속된 자들, 파리아들에 대해 어떤 태도를 취하는가? 둘째, 우리가 앞에서 서술한 '방법'은 단지 합리적 도구에 지나지 않는가, 아니면 맑스에 있어서 순수 '방법적인' 원리로부터 설명될 수 없는 특유한 특징을 지닌 것인가?

b. 비판과 대중

헤르더와 유사하게 실러는 '수난당하는 인류'의 상황이 모든 사유하는 인간 안에 불붙이지 않을 수 없는 열정을 찰지(察知)하고 있다. 청년 헤겔은 무의식적으로 추구하는 인간들과 인식하면서 자신 속의 본성을 이념으로 고양시킨 철학자들의 통일을 믿고 있다. 청년 맑스도 '사유하는 수난의 인류'와 '억압받는 사유의 인류'의 동맹을 요구하고 있다.

그러나 '수난당하는 인류'(die leidenden Menschheit)라는 어법은 점차 구체적인 규정성을 얻고 있다. 헤르더에 있어서 인간은 동물성과 인간성의 양분성(兩分性), 즉 중간 위치에 있고, 일반적으로 말해서 '수난당하는' 존재이다. 실러는 인류의 이러한 수난을 한계

짓고 있다. 수난이란 인간이 그의 직접적인 조화를 상실하고 아직 그의 전체성에까지 발현되는 본질 능력들의 조화를 되찾지 못한 특정 발전 단계에 특유한 것이다. 헤겔에 있어서는 자기에게 '제공되고 허용되는' 생과 모순에 빠졌지만 이 모순의 근거와 자기의 이상적 목표에 관한 명백한 의식조차도 가지지 못한 자들만이 수난당하는 자들이다. 헤겔의 묘사에서는 '그들을 사로잡고 있는 것에 관한 의식'이 필요하지만 철학자들을 통해서야 이것을 마침내는 획득하는, 이 몽매하게 추구하고 수난당하는 자들은 마침내 맑스에 있어서 자신의 실체적 실존을 통해 모순에 대한 의식을 확보하는 일정한 사회 계급의 구성원들로 일신된다.

이러한 점진적인 면밀화는 단지 특정 집단의 '수난당하는' 인간들과 철학자의 통일에만 관련되고 있을 뿐이다. 왜냐하면 헤르더도 인류의 '고통'은, 앞에서 밝혔듯이, 현재 속의 특유한 것으로 보고 있고 실러도 대중의 분열상을 문명인의 분열상으로부터 구분 짓고 있으며, 헤겔도 현존하는 것의 '영예'를 나누어 갖는 개인들에 대한 이 수난자들의 대립을 인식하고 있기 때문이다.

거꾸로 맑스에 있어서도 인류의 고통, 즉 그들의 인간성의 상실은 마침내 프롤레타리아의 현존재에 있어서는 다만 그 고통이 극명해지고 적나라하게 백일하에 드러날 뿐이다. 하지만 비로소 맑스만이 그가 공표하면서 필연적인 것으로 인식하고자 하는 근대사회의 그러한 필연적 귀결을 현실적으로 밝혀 주는 특정한 힘과의 특정한 동맹을 추론해내고 있다. 수난당하는 인간들과의 통일에 관한 이러한 관념에 공통된 것은 구제하려는 노력이다.

헤르더는 경고하고 있고, 실러는 교육시키고 있으며, 헤겔은 계몽하고 있다. 그런데 맑스는 무엇을 하려고 하고 있는가? 그에게 있어서 프롤레타리아는 현재의 인간 존재의 진상을 드러내고 자기 자신을 부정하는 소극적 요소에 지나지 않는 것인가? 그것은 맑스가 고대하는 저 혁명적 주목을 일으킬 수 있고 또 일으키게 될 세력에 불과한 것인가?

'속물의 동물 세계'에 대한 그의 속박은 우리가 살펴보았듯이, 처음에는 거의 세분화되어 있지 않다. 맑스는 자신의 인간적 실존의 저급성을 의식하지 못하고 자신의 '무미건조한 대자존재'의 상스러움(Unwürde)과 전도된 관계에 들어 있는, 그릇된 자부심을 지닌 자기중심적인 개인주의자들의 유형을 거듭 비판하고 있다. 지배-예속의 동인은 초기 저작 속에서도 비치고 있기는 하지만, 노예의 상황은 맑스에 있어서 어떤 본래적인 관심도 점하지 못하고 있다.

특기할 만한 것은 예를 들면(영혼 불멸설 안에서의) *των αδικων και πονηρων των πολλων και ιδιωτων*와 마지막으로 *των επιεικων και νουν εχοντων*의 관계의 플루타크의 구분이다. 이러한 '종교적 봉건주의'는 맑스의 해석에 의하면 '천민의 나락'(那落), '다수의 동경', '선민(選民)의 자만' 등으로 등급이 매겨져 있다. *πολλοι*을 초월해 있다고 믿고 있는 최상 계급의 '거만'은 '원자의 거만'이고 최극단으로 부자연스런 것이다. 제1계급은 어떤 그릇된 자만심도 지니지 않고, 제2계급은 모든 일에 반대하지 않고 따르는 데 반해, 제3계급은 "아이고, 저게 훨씬 더 아름답겠구나! 영리하고 진실된 녀석은 빌어먹어라!"(117)라고 외치는 '속물' 외에 다른 것이 아니다.

맑스는 "개별자들이 군중과 무리의 표현, 즉 비조직적인 생각과 의욕, 국가에 대한 단순히 집단적인 폭력 등에 이르지 않는다"(§302)라는(신분들에게 활동 기능을 귀속시키고 있는) 법철학에서의 헤겔의 어법에 대해서도 $\pi o \lambda \lambda o \iota$의 이러한 경멸에 대해서와 유사한 반응을 보이고 있다. 따라서 오성은 맑스의 결론에 의하면 대중의 외부에 남아 있지 않을 수 없고, 각 신분은 무리의 해체를 통하여 '비조직적인 폭력'에 대해 국가를 보호한다. 이러한 해체의 목적은 스스로 운동을 추진할 수 없는 대중의, '독점자들'에 의한 착취(482)이다.—이러한 동인은 '1843년의 서신 교환' 안에서 다시 한 번 취급되고 있다. 즉 현실을 정당하게 지배하는 자들은 현재의 사회 '현실'을 받아들인다. 왜냐하면 이 '비열한 관리와 토지 귀족들'은 물론, 이러한 '동물의 나라', 즉 이 저능한 본질의 우글거리는 머리통들에 대해 지배권을 행사할 수 있는 처지에 있기 때문이다(562). "전제 군주는 인간들을 늘 깔본다"—그러나 그는 맑스의 시각에서 부연하자면 그 자신이 스스로를 깔보고 그의 인간 멸시가 모름지기 그의 자기 자신과의 인간적인 관계를 그대로 반영하고 있음을 망각하고 있다.

하지만 '비판'과 '대중'의 동맹 관계는 맑스의 계몽주의적 파토스에 대해 헤겔과 대비되는 근본적인 새로운 차원을 하나 더 부여하고 있다. 맑스는 독일 관념론에 특유한, 개념적 인식의 변혁적 힘에 대한 근원적 믿음을 확정하고 있다. "인류는 자기들의 죄를 용서받기 위해 이 죄를 오직 이 죄의 본질에 있어서 설명할 필요가 있다"(575). 이런 믿음은 프랑스 공산주의의 이념에 대한 최초의 논의까지도 규정짓고 있다. 즉 맑스는 1842년 공산주의적 경향이라는 비난에 대해 라인신문의 편집진을 방어했던 것이다.

그는 공산주의 이념에 대해, 그것의 현재적 형태에 있어서는 이론적 현실을 결코 용인하려고 하지 않고 있다. 이 이념의 정치적 실현은 더욱 바랄만 한 것이 못 될 것이다. 그럼에도 불구하고 '오랫동안 끌어안고 천착해 들어가는 연구에 따른' 레부(Levoux), 콩시데랑(Considérant), 프루동(Proudhon)의 글에 대한 논의는 필수적일 것이다. 그 이유는 다음과 같다. "우리는 공산주의 이념의 실천적 시도가 아니라 이론적 완성이 진정한 위험을 조성한다는 굳은 확신을 지니고 있다. 왜냐하면 실천적인 시도에 대해서는 그것이 대중의 시도라 하더라도 위험해지자마자 대포로 대답할 수 있으나, 우리의 이지를 제압하고 우리의 심정을 정복하고 오성이 우리의 양심을 갖다 매둔 이념, 그것은 우리의 심장을 찢어발기지 않고는 뿌리칠 수 없는 사슬이다. 아니, 그것은 인간이 그것에 굴복함으로써만 제압할 수 있는 악마이기 때문이다"(263).

이념은 오성을 묶어 매고 이지적 통찰을 통하여 양심을 포박한다. 결코 반대의 사태는 일어나지 않는다. 이념은 일단 주문으로 불러내지면 더 이상 추방될 수 없는 악마이며, 그것이 그것을 낳은 그 세계를 장악할 때까지 무시되거나 정신적으로 극복되거나 실천적으로 폐기될 수 없는 위력이다. 여기에서도 독일 관념론의 정신적 요소들은(맑스 자신의 명시에 의하면) 이 관념론의 '내재적 규정성'에 특징적인 빛을 던져 주는 하나의 형상을 얻고 있다. 이념의 위력에 대한 믿음은 이념의 초월성을 극복하려는 시도를 통하여 감소되는 것이 아니라, 실재적 존재의 이성에 대한 인식이 의식적으로 작동하는 형상화를 불러일으키지 않을 수 없다는 확신으로 바뀐다.

비판의 무기는(1844년 초 맑스의 인식에 의하면) '무기의 비판'을 대신할 수 없다. "……그러나 이론도 대중을 사로잡자마자 물질적 폭력이 된다." 이것은 우리가 '수난당하는 인류'라는 어법에 따라 외적으로 추적했던 제한의 의미이다. 즉 맑스는 일차적으로 지금, 그의 호소를 파악하지 않을 수 없는 육체적 핍박을 당하는 사람들에 대해 관심을 돌린다. 그들의 '현실' 자체가 사상을 맞아들이고 동시에 이 사상의 현실을 표현하는 사람에 대해, 드디어는 혁명의 이념을 파악함으로써 자기 자신을 실현하는 사람들에 대해 관심을 돌리게 된다. 그리하여 인간의 이론(die Theorie de homine)은 동시에 인간에 관한 증명(Demonstration ad hominem)이다. 왜냐하면 인간의 이론은 인간 자체를 '인간에 있어서의 최상의 본질'로 설명함으로써 동시에, "인간이 모멸받는, 예속된, 버림받은, 경시되는 본질로 취급되는 모든 '관계를 전복하라'는 요구를 표명하기 때문이다"(614/15).

그의 파리 체류기에 와서야 맑스는 프롤레타리아를 참으로 알게 된다. 이런 까닭에 사회의 파리아에 대한 그의 태도는, 앞에서 알아보았듯이, 절대화되어서는 안 된다. 그러나 시기 구분은 이러한 동맹 관계의 기원이 인식될 수 있기 위해서 합목적적이었다. 그런데 그것이 합목적적인 것은 시대 비판의 동인이 나중의 발전 속에서 점차 강력하게 전면에 부각되는 사회 정의를 위한 투쟁의 관점에서만 일면적으로 해석되어서는 안 되기 때문이다.

프롤레타리아의 특유한 경멸적 억압을 문제 삼지 않고 맑스가 혁명적 과업, 즉 전반적인 인간적 소외의 지양을 본래 우선적으로 떠맡기고 있는 프롤레타리아—이 프롤레타리아는 이제 시대 비판의 가장 귀중한 대상이 된다. 그러나 이러한 발전의 정확한 귀결은 새로운 강조점을 단지 불충분하게 설명하고 있을 뿐이다. 프롤레타리아 개념(좀더 정확히 말하면 프롤레타리아적 수공업 노동자)은 맑스에게 있어서 새로운 체험으로까지 간주된다. 파리 초고에서 그는 그가 파리에서 참가한 집회를 주동한 프랑스 노동자들(Ouvriers)에 관해 다음과 같이 쓰고 있다. "인류의 형제성이란 그들에게 있어 결코 캐치프레이즈가 아니라 진리이며, 인류의 고귀함은 우리에게 노동에 의해 굳어진 모습으로부터 맞비쳐 나오고 있다……."21]

c. 이데올로기와 아이러니

「헤겔 법철학 비판 서론」에서 개진되는 혁명 확신의 정초 확립은 후기의 분석을 그것 속으로 집어넣어 해석하지 않는다면 형식론적인 것으로 남게 된다. 프롤레타리아와의 관계는 간접적인 것, 즉 시민사회의 비판을 통하여 매개된 것이고, 예속되고 억압받는 자와의 자발적이고 근원적인 관계로부터 생겨난 것이 아니다. '내재적 발전 필연성'의 분석은 지금까지 성공한 것도 구체적으로 모색된 것도 아니다.

맑스는 나중의 시대 비판까지도 규정짓고 있는 본질적 현상들 및 '외화'의 현상을 이미 간취하고 있다. 한 걸음 더 나아가 그는 후기 개념의 방법적 원리들과 또한 실질적 원리를 내포하는 프로그램을 정식화하고 있다. 후자의 원리들은 명제 형식으로 표명되고 있지만, 엄밀히 말해서 무증명 상태로 남아 있다. 따라서 체계의

21] MEGA Bd., 3, S. 135.

윤곽은 이미 현전하지만 변증법적, 논리적 공식의 조합으로서 현전한다.

그렇지만 진정으로 논리적 '공식'만 존재하는가? 이것이 사실이라면 그의 시대 비판의 체계는 추상적, 합리적 이론을 실재적 현실 속으로 집어넣어 해석하는 방법을 통하여 이룩될 수 있을 것이다. 그러나 최초의 혁명이론은 분명히 가설적으로 사유되거나 순수 이론적으로 정식화되지 않았다. 그것은 소극적으로(독일에서 부분적인 정치적 혁명은 기대할 수 없다는) 아주 명백한 입장에 기초해 있고 적극적으로는(프롤레타리아가 보편적 해방을 불러일으킬 것이다라는) 역사적 사실을 예언하는 역사철학적 진단이다. 이 적극적인 언표는 세 개의 도식론적 개념에 의해 논증되었다. 계급 혁명의 연쇄 발발, (이 계급 혁명은 독일에서 가능한 적이 없었다는 바로 그 이유 때문에 그 폭발력을 결정적인 혁명에 이를 정도로 저장했다) 완전한 굴종과 절대적 해방의 반립, 대립의 범주—이 대립의 각 극단은 하나의 모순으로 발전하여 변증법적 과정 속에서 지양된다. 객관적으로 여기에는 어떤 경험론적 논증도 결여되어 있으나 주관적으로는 이 도식론적 개념들이 맑스의 혁명 확신을 확증해 주는 것 같다. 이 추상적 개념들은 직접적으로 구체적 상황 속에서 그리고 구체적 상황을 통해 획득되었고 또 그에 못지않게 직접적으로 이 상황에 적용되고 있는 믿음을 증거하는 데 이바지한다.

맑스의 방법적 격률은 그가 출발점으로 삼고 있는 전제이지만 그가 그의 시대 비판의 체계를 '과학적으로' 경험론적, 합리적 분석으로부터 차근차근 조합해내고 있다는 의미에서 그런 것은 아니다. 반대로 이 체계는 그 근본 특징에 있어서 시대 의식의 믿음과 혁명적 확신을 통해 미리 예정된 것이다. 이러한 지식의 선험성은 변증법적 논증에 실재적 토대를 갖춰주는 경험적 개념 구성으로 점차 변환된다. 이것이 아직 사실이 아닌 동안 변증법적 논증은 필연적으로, 맑스 자신의 명제의 정식화를 위한 시대 의식에 이바지하는 순수 이론적 뼈대로 보여진다.

그러나 맑스가 쓰고 있는 변증법적 공식마저도 그의 시대 비판의 비합리적 핵심과 직접 관련되어 있다. 시대에 대한 비타협적 공격 및 합리적, 방법적 처리에 담긴 비합리적 요소들의 이러한 관련성은 한 예증을 통해 최종적으로 논술되어야 한다. 우리는 이것을 위해 앞질러 나가야 할 것이다. "물론 사유재산은 국민경제학적 운동 속에서 자기 자신을 해체로 이끌지만, 그로부터 완전히 독립적이고, 무의식적이며, 그것의 의사에 반해서 벌어지고 물상(物象)의 본성에 재약된 발전을 통해서만, 즉 사유재산이 프롤레타리아를 프롤레타리아로서 산출함으로써만, 즉 그 자신의 정신적, 육체적 빈곤을 의식하는 빈곤, 자신의 인간 상실을 의식하고 이런 까닭에 자기 자신을 지양할 수 있는 인간 상실로서 산출함으로써만 해체로 몰아간다."22] 이러한 논술 속에서, 『신성가족』이 소외론의 완성(파리초고)과 사적 유물론(『독일이데올로기』) 사이에서 취하고 있는 중간 입장이 아주 잘 표현되고 있다.

일단 맑스는 인간이 자기 자신으로부터 소외되어 있는 사회 형태가 노골적이고 적나라한, 즉 **육체적인** '인간 상실' 그 자체를 부정한다는 것만을 인식하고 있다. 그것도 아주 실재론적으로 부정된다. 프롤레타리아는 그의 혁명을 통하여 사유재산의 체계를 파괴하

22] ebd, S. 206.

게 될 것이다. 제1단계는(『신성가족』으로부터 뽑은 인용문에서 예시되고 있듯이) 사유재산의 국민경제학적 운동의 해석을 통한 다가오는 이 붕괴의 논증을 끌어 온다. 계급의 봉기는 다음과 같이 논증된다. 사유재산의 무의식적 운동은 필연적으로 프롤레타리아의 혁명적 **의식**을 산출한다. 마지막 세 번째 단계에서 현재적 생산관계의 자기 부정은 총체적인 역사적 생산 관계로 넘어간다. 즉 일체의 역사적 지배 형태는 특정한 소유 관계 및 생산 관계에 의존하는 한 계급의 우월성에 기초하고 있는 것이다.

이러한 특정한 소유 관계 및 생산 관계를 통해 사회적 생산력은 그것이 생산 관계와의 모순에 빠질 때까지 한동안 촉진된다. 생산 관계와의 모순이란 지배 계급의 몰락과 사회학적으로 대응하는데, 이 지배 계급의 존속 기간과 가능성은 그때그때의 사회 형태 내부에서의 전생산력의 최대한의 발전과 함께 종료된다. 그러므로 지배 계급은 일정한 단계에 들어서면 분명히 더 이상 상황을 좌지우지 할 수 없다. 맑스에 의하면 지배 계급은 그들의 지배를 견지하자면 생산력을 끊임없이 증대시키지 않을 수 없다. 그러나 그들의 현존을 견지해야 하는 바로 이 **필연성**은 동시에 그들의 현존을 파괴하지 않을 수 없는 **강제**이다. 지배 계급이 불러낸 바로 그 유령은 이제 그들을 놓아주지 않을 것이다.

모순 이론의 이러한(여기에서 단지 간략하게 스케치된) 전개는 분명히, 시대 비판의 단초로부터 이미 도출될 수 있는 귀결을 뜻한다. 원리적으로 길을 가리켜 주는 것은 무엇보다도 현재 시대의 의미에 대한 믿음이다. 인간의 상스러움, 즉 타락의 상황은 무목적적인 것, 즉 자기 근거적인 것일 수 없다는 것이다. 이러한 체계는 자기 안에서 모순을 산출하지 않을 수 없다. 즉 이 체계는 그 자신의 부정을 통하여 '본질의 진리'를 확증하지 않으면 안 된다는 것이다.

그러나 이러한 믿음은 부르주아의 안전성에 대한 증오와 결합되고 있다. 바보들이 가득 탄 이 배는(혁명 확신의 논증에 대한 최초의 모색 속에서 밝혀지고 있듯이) 이 바보들이 좌초를 믿지 않았다는 '바로 그 이유 때문에' 좌초할 것이다. 즉 이 바보들은 안목이 없어서 미망(迷妄) 속에서 몰락할 것이다. 이러한 저주는 하늘로부터 이러한 천둥이 치기를 원하는 의로운 분노(또는 정의의 분노)요, 극단적 대립을 추구하는 증오이다. 즉 대중, 곧 난폭성은 환상의 그물을 찢어발겨 버릴 것이다. 그대들의 지배에 대한 자의식으로부터, 즉 천민을 깔보는 그대들의 거만의 자기기만으로부터 그대들은 가공스럽게 깨어날 것이다. 그대들이 만들어내는 것이 그대들을 파멸시킬 것이고, 그대들이 경멸하는 것이 그대들을 몰락시킬 것이다. 그대들의 유식한 빈말, 언제든 토론할 수 있는 그대들의 자세, 그대들의 가상적 신성함과 이런 것들을 분쇄하지 않을 수 없는 대중의 봉기만큼 통합될 수 없는 것은 없다.

이러한 증오는 더 이상 계몽하지 않고 폭로한다. 이 증오는 증명을 추구한다. 이 증오는 적대자를 한 체계의 족쇄 속으로 몰아넣는 바, 이 체계 안에서 적대자가 내딛는 모든 발걸음은 이 적대자를 나락으로 좀더 가깝게 이끌어 간다. 제1명제는 다음과 같다. 혁명은 그대가 그것이 올 것이라는 것을 믿지 않는다는 바로 그 이유 때문에 올 것이다. 그리고 마지막 보장, 혁명은 그대가 그것이 올 것이라는 것을 비록 알더라도 올 것이다.

맑스는 학위 논문에 대한 예비 연구에서 소크라테스의 아이러니는 철학이 일반적 의식과 주관적으로 관계하는 철학의 형식이라는 논급을 하고 있다. 이 소크라테스의 아이러니는 '상식이 여유 있는 보다 나은 지식 속으로 돌진해 들어가는 것이 아니라 그것의 잡다한 고루함을 뿌리치고 그것에 내재되어 있는 진리 속으로 몰입해 들어가도록 만드는 변증법적 함정'일 것이다(134). 그러나 아이러니 구사자(Ironiker)는 주관적 의식에 대하여 그 내재성을 관철시키는 모든 철학자가 해당될 것이다. 이 아이러니 구사자는 맑스에게 있어서 바로 경험적인 사람이다. 이 경험적인 사람의 행위, 즉 그 사람의 행동의 귀결은 그 사람의 의식의 '잡다한 고루함'을 거부한다.

개인은 어떤 생명 발현을 행하든 그때마다 그의 변증법적 함정에 스스로 빠져든다. 맑스가 '사유 재산'을 경제학적 서술의 주제로 삼고 있다면(『신성가족』에서 뽑은 앞 절의 인용문에서처럼) 그것은 창조적인 것의 아이러니를 정식화하는 그 특유의 방법일 뿐 결코 '사회적, 법적 제도의 신비화'가 아니다.23] 그에게 있어서는, 인간적 본질 능력의 표현이 아닌 어떤 대상의 인과적 요인도 없다. 어떤 지배 계급이든 그에 대한 봉사로 수행되는 노예 노동을 통하여 증대시키고자 하는 생산력은 인간의 '외화된' 대상화된 능력(힘) 그 자체다. 이 생산력이 특정의 사회 형태와 모순에 빠짐으로써, 이 사회 형태의 생산물은 인간들에게 저항한다. 부르주아가(그 이전의 다른 지배 계급처럼) 혁명 속에서 의식하게 될 그 자신의 지배의 '내재적 진리'는 이러한 지배의 지양이다. 이 아이러니는 맑스에게 있어서, 보편적 혁명이 '인류의 전사(前史)'를 종료시킬 때까지 세계사

23] Vgl. Hans Barth, *Wahrt und Ideologie.* Zürich 1945, S. 177f.

의 과정 속에서 끊임없이 되풀이된다. 그것은 몰락하는 지배자가 필연적으로 그의 상황에 관해 자신을 기만한다는 것, 그가 자신의 필연적 생명 발현을 펼쳐감에 따라 이러한 나락으로 점점 더 가까이 다가간다는 것, 즉 그가 필연적으로 그를 몰락시키는 그런 계급의 형성에 이바지하지 않을 수 없다는 것을 지적해 주는 지자(知者)의 혹독한 아이러니이다. 그러나 분명히 이러한 아이러니는 소크라테스적인 것과 거의 상관이 없다. 사랑 속에서 그리고 무지(無知)에 대한 지(知) 속에서 타자를 타자 자신으로 이끌어 각성시키려고 하는 산파술(die Hebammenkunst)은 '내재적 진리'를 표명하는 것이 아니라 길을 지시해 준다.

그러나 즉물성(卽物性)과 법칙성의 아이러니는 '내재적 진리'에 관한 지식, 즉 존재자의 이치(die Ratio)에 관한 인식에 기초해 있다. 아이러니는 몰락, 의식의 환상, 자기 파괴 등을, 인식하는 자의 우월한 자격으로 해설하지만 동시에 해방, 참된 본질의 실현, 인간적 현존재의 규정 등에 대한 믿음을 간직하고 있다.

그의 청년기 저작의 불꽃같은 정열로써 맑스는 그의 변증법의 이러한 이중성(二重星)을 웅장하게 서술하고 있다. "……변증법은 내적인 단순한 빛이요 파고드는 사랑의 눈길이요, 유물론적 분열의 육(肉)을 통해서는 압살되지 않는 내적인 혼(魂)이요, 정신의 내면적 거소(居所)이다. 따라서 변증법의 신화는 사랑이다. 그러나 또한 변증법은 수많은 것들과 이들의 한계를 깨부수고 독자적인 형태를 지닌 것을 전복시키며 모든 것을 영원의 바다 속으로 침몰시키는 격류(激流)이다. 고로 변증법의 신화는 죽음이다. 그리하여 변증법은 죽음이지만 동시에 생명성의 운반 수단(das Vehikel der

Lebendigkeit)이요 정신의 정원 안에서 벌어지는 발전의 수레요, 정신적 정열의 꽃이 싹터 오르는 역력한 태양빛의 술잔에서 넘쳐흐르는 거품이기도 하다"(138).

맑스는(그의 계승자들처럼) 발전의 필연성, 즉 그가 입증하고 있는, 사건 발생의 법칙성에 결코 만족한 적이 없다. 그는 동시에 프롤레타리아의 계급의식을 위해 능동적으로 투쟁하고 인터내셔널을 조직했으며 이 단체의 전술적 행동율을 세운 정치적 실천자였다. 사람들은 이 점을 하나의 모순 또는 비일관성으로 볼지 모른다. 그러나 그의 시대 비판의 정신은 두 요소, 즉 몰락의 필연성을 추구하는 증오와 새로운 형성을 요구하는 믿음을 통합시키고 있다.

제Ⅲ장

소외된 인간 :

변증법적 유물론의 철학적 기초

1.문제 설정

2.노동의 철학

3.소외의 제현상

4.소외의 변증법과 그 역사철학적 정초

5.종합과 전망

제Ⅲ장 소외된 인간

— 변증법적 유물론의 철학적 기초 —

프리드리히 엥겔스는 『독불연보』에서 이미 부르주아 국민경제학에 대한 하나의 비판을 제시함으로써1] 맑스가 파리시대의 국민경제학적 연구 논문들의 출발점으로 삼은 두 개의 관점을 근본적으로 선취했었다. 그 두 개의 관점이란 다름아닌 국민경제학적 범주의 인간학적 범주로의 환원과, 사회적 착취의 의식적, 무의식적 변호로서의 고전적 국민경제학에 대한 파악이다.

물론 직접적인 체험은 맑스보다 훨씬 더 강력하게 엥겔스를 규정지었다. 맨체스터의 부친 회사의 대표로서 그는 프롤레타리아의 상황 및 자본가들의 경제적 문제들을 자신의 직접 관찰과 활동을 통하여 체득했었다. 그는 나중에 다음과 같이 보고하고 있다. "나는 맨체스터에서, 지금까지 역사 서술에 있어서 결코 어떤 역할을 담당하지 않았거나 한갓 아주 무시될 수 있는 역할만을 담당해 온 경제학적 사실이 적어도 근대 세계 속에서 결정적인 역사적 위력이 되었다는 사실을, 즉 그 경제학적 사실이 오늘날의 계급 대립의 발생을 위한 토대가 되고 있다는 사실을, 다시 말하면 대산업의 덕택으로 경제학적 사실이 완전히 발전한 나라들 안에서의, 예를 들면 영국에서의, 이러한 계급 대립이 다시 정치적 당파 형성, 즉 당

1] *Umrisse zu einer Kritik der Nationalökonomie. MEGA,* 1, Abtl., Bd.,2.

파 간 투쟁의 토대가 되고, 그리하여 총체적 정치사의 기초가 되어 있다는 사실을 거친 체험을 통해서 체득하게 되었다."[2](이러한 확정적인 절대적 입장은 물론 비로소 사적유물론의 후기 명제이다.)

이처럼 엥겔스가 직접적인 체험으로부터 출발하고 있는 데 반하여, 맑스는 파리 시대에(먼저 이론적으로, 다음은 실천적으로) 그로서는 완전히 새로운 땅을 밟고 있다. 『연보』에서(611f.) 그는 근대의 정치적-사회적 현실에 대한 비판의 입장이 독일의 현상(現狀 : status quo)을 벗어나 있다고 강조하고 있다. 엥겔스도 1847년, 독일의 프롤레타리아계급에 관해서는 아직 입론될 수 없다고 못박을 수밖에 없었다. 독일 부르주아계급의 해방이 완수되지 않는 한 독일 노동운동은 자유주의적 부르주아계급과의 전술적 동맹 관계에 한정되어야 한다.[3] 이러한 인식은 맑스가 헤겔 법철학 비판 서론에서 독일에 대해 가한 역사적 진단과 모순되지 않는다. 오히려 이러한 인식은 독일이(부르주아계급에 의한 정치권력의 장악과 같은) 부분적-정치적 운동을 전개할 수 있는 능력이 유럽 강대국 중에서 가장 적다는 경험을 확증해 준다. 그러나 그러한 운동이 궁극적으로 완수될 때, 철학적 민족은 사회주의 속에서 비로소 그의 합당한 실천을 발견할 수 있다는, 즉 프롤레타리아 속에서 그의 해방의 활력적 요소를 발견할 수 있다는 맑스의 예측은(그가 계속 확신하고 있듯이) 곧바로 옳은 것으로 증명되지 않을 수 없다.

맑스가 처음에 감격적으로 환영했던 W. 바이틀링(Weitling)의

2] *Einleitung zu : K. Marx, Enthüllungen über den Kommunistenprozeß in Köln,* hrsg. v. F. Mehring, Berlin 1914. S. 35.

3] *Der status quo in Deutschland. MEGA,* 1, Abt., Bd.,6.

『조화와 자유의 보장』(*Garantien der Harmonie und Freiheit*)과 그가 주도 면밀하게 분석하고 의심할 바 없이 높이 평가한 쉴레지엔 지방의 직조공 봉기(der Schlesische Weberaufstand) 등은 '독일의 부엌떼기 신데렐라'(der deutsche Aschenbrödel)로부터 '운동선수 같은 말쑥한 인물'(eine Athletengestalt)이 탄생할 것이라는 그의 예언을 자신에게 확증해 주고 있다.[4] 「공산당선언」에 붙인 여러 개의 서문에서는 이러한 낙관론이 점차 사라지고 다른 나라에서의 가능성이 더 강력하게 강조되고 있는데, 이러한 강조는 종국에 가서 러시아의 혁명적 가능성이 새로운 희망을 불러일으키고 있다고 말할 정도로 그 자신의 이론과 모순되게 나아가고 있다.[5]

현재비판(die Gegenwartskritik)의 보편주의적 지향성은 당초부터 확인될 수 있었다. 그러나 맑스가 지금, 독일에서 아직 결코 있어 본 적이 없는, 그가 바로 처음으로 자기의 직접 관찰로부터 지득하기 시작한 사실들을 비판하고 있을지라도, 일국의 국경을 돌파하도록 만드는 것은 어디까지나(독일 정신과 독일 현실의) 일국적 문제이다. 즉 주요 문제가 밝혀 주고 있듯이, 독일에서의 혁명은 어떤 조건 하에 수행될 수 있을 것인가? 사회적 문제 논의가(엥겔스에 있어서처럼) 맑스의 일차적인 동인(動因)이었다면, 그는 의심할 바 없이 영국이나 프랑스에서의 혁명의 가능성에 관해 맨 먼저 물

4] Karl Marx, *Kritische Randglossen zu dem Artikel* : 「*Der König von Preußen und die Sozialreform. Von einem Preußen*」(Arnold Ruge). 파리 잡지 『전진』(*Vorwärts,* 1844.8.7.일자)에 실림(MEGA. 1. Abt., Bd.,3, S. 18).

5] 여기에서 문제 삼고 있는 것은 서문에서 유명한 논평으로 묘파한 그 에피소드가 아니다. 맑스는 러시아 문제에 집중적으로 몰두했고 또 러시아 인민들과의 활발한 사상 교류를 가졌으며, 특히 러시아어까지도 익혔다.

었어야 했을 것이다. 그러나 맑스는 일국적 토대를 떠나는 것처럼 보일지라도 여전히 일국의 갈등을 추진력으로 간주하고 있다. 즉 그는 '유럽적' 현재의 현상(現狀)을 분석하고 있지만, 독일의 미래를 묻고 있는 것이다.

특기할 만한 것은 맑스가 헤겔의 국가철학에 대한 논파 안에서처럼 간접적, 매개적 비판의 동일한 길을 다시 가고 있는 점이다. 그는 고전 국민경제학의 논문을 발췌하고 비판하면서, 전통적인 국민경제학적 범주의 분석을 통하여 자본주의 사회의 구성 원리를 폭로하고 있다. 이러한 체계론을 향한 경향은 파리초고의 어떤 개개 단편 속에서든 감지될 수 있다.

맑스는 그의 연구 과정에서 법학 및 국가학의 비판을 헤겔법철학에 대한 비판의 형식으로 마무리 지으려는 원래 계획을 포기했다. 그러나 국민경제학에 대한 이 비판마저도 그 외에 법, 도덕, 정치 등에 대한 비판을 포괄하지 않을 수 없는 하나의 전체의 일부로서만 사유될 수 있었다. 그리하여 국민경제학적 분석은 사회비판의 포괄적인 개념 구성과 의식적으로 관련되어 있다. 물론 맑스는 이제 더 이상 도덕 비판 및 법 비판의 서술에 임하지 않고 있다. 부르주아적 도덕과 부르주아적 법의 이해를 위한(그가 이러한 연구 과정에서 얻은) 일반적 시각은 분명히 그의 본래적인 의도를 충족시켜 주고 있다.

맑스가 면밀히 연구하지 않을 수 없었던 새로운 자료는 당연히 아주 광범한 것이다. 이미 1842년에 세상에 나와 있던 '오늘날 프랑스의 사회주의와 공산주의'(*Sozialismus und Kommunismus des heutigen Frankreich*)에 관한 로렌쯔 폰 슈타인의 논문이 첫 번째로 꼽히지 않을 수 없다.6] 맑스가 이 논문을 언제 알게 되었는지는 정확히 짚을 수 없다. 그는 『신성가족』에서 슈타인을 처음으로 언급하고 있다. 하지만 『초고』는 '내용이 풍부하고 **독창적인** 독일 연구 논물들'은 바이틀링, 헤쯔(Hetz), 엥겔스 등의 논문들로 압축될 수 있고, 실제로 슈타인의 책과만 관련될 수 있는 하나의 강조된 테두리 안으로 압축될 수 있다고 밝히고 있다.

슈타인은 물론 사회주의 이념과 공산주의 이념의 연구에만 관심을 국한시키지 않았었다. 그는 프롤레타리아를 19세기의 가장 중요한 현상으로 묘사하면서, 산업 발전과 근대 프롤레타리아의 관련성을 갈파하고 갖가지 정치 투쟁을 경제적 계급의 적대 관계로 환원시켰다. 하지만 그는 이러한 통찰들을, 그가 출발점으로 삼았던 헤겔 법철학의 형식적인 구조 속으로 집어넣어 짜맞추려고 시도하고 있다. 좌파 헤겔주의자들에 대한 그의 영향은 바로 이런 이유로 해서 의미심장했다. 『헤겔 법철학 비판 서론』에서의 계급 투쟁이론에 관한 맑스의 논급도 이 책의 독서 내용으로 거슬러 올라갈 수 있다는 말은 가능하다.

파리 체류 기간에 맑스는 그밖에도 영국과 프랑스 국민경제학의 주요 논문들을 알게 된다.7] 이 기간의 수많은 발췌 노트들은 지금

6] Georg Adler의 『맑스 사회 이론의 시작과 헤겔, 포이에르바흐, 슈타인, 프루동의 영향』(*Die Anfänge der Marxschen Sozialtheorie und ihre Beeinflussung duch Hegel, Feuerbach, Stein und Proudhon*)Festgabe für Adolf Wagner, Leipzig 1905은 로렌쯔 폰 슈타인의 맑스에 대한 영향을(물론 청년 저작에 대한 참조 없이) 연구했다. 보다 계발적이고 상세한 것 : Paul Vogel. *Hegels Gesellschaftsbegriff und seine geschichtliche Fortbildung durch Lorenz Stein, Marx, Engels und Lassalle.* Kantstudien, Ergänzungshefte 58/59 (1922-25), Berlin 1925.

7] 맑스는 A. 스미드, D. 리카아도, J.B. 세이, J.S. 밀, W. 슐쯔(『생산의 운

도 남아 있다. 이 안에서 종종 발견되는 중요한 행간(行間) 논평은 우리의 논의와 관련되어 들어올 수 있겠다.

마지막으로, 맑스가 그의 논의 과정에서 음으로 양으로 대결하고 있는 세 개의 철학 저작이 더 지목될 수 있겠다. 이 세 저작 중에서 포이에르바흐의 『미래 철학의 원리』는 그의 『철학의 개혁을 위한 감정 테제』를 여러 모로 보충해 주고 있고 맑스에 의해서 이것에 못지않게 환영을 받았다. 나아가 헤겔 『정신 현상학』은 맑스가 그의 헤겔 비판에 특히 부각시키고 있는 것이다(파리초고 안에서의 '헤겔철학의 참된 탄생지요 비밀'에 대한 새로운 몰두의 증거는 마지막 장에서 뽑은 상당히 긴 발췌문에 의하여 제시된다). 더 이상 명시적으로 언급되고 있지 않은 것은 헤겔의 『법철학』이다. 국가이론은 사실 배경으로 밀려나고 있지만, '시민사회'에 관한 헤겔의 서술은, 다음에서 밝혀지겠지만, 혁명적 사회 비판의 암묵적인 전제요 토대로 남아 있다.

일단 가장 먼저 밝혀져야 할 것은 파리 시대의 개별적인 원고들에 있어서 공통된 철학적 문제 설정이다.

1. 문제 설정

동』)와 F. 리스트의 주요 저작들을 발췌했다. 나아가 크세네폰(Xenephon)의 정치 저작과 드 트라시(Destutt de Tracy)의 『이데올로기의 요소들』(*Eléments d'ideologie*을 발췌했다. 드 트라시의 '이데올로기'문제에 관해서는 다음 책을 참조하라. H. Barth, *Wahrheit und Ideologie,* Zürich 1945.).

맑스의 시대 비판에 담긴 두 개의 동인은 현재의 '소외된' 인간에 관한 논의와 미래의 혁명에 있어서의 이 소외 극복에 관한 논증으로 구분될 수 있다. 이 두 개의 동인은 본질상 상호 밀접히 결합되어 있다.

인간의 '소외'는 역사 발전의 전체 안에서만 그 의미를 얻을 수 있지만 역사 발전은 소외를 넘어서지 않을 수 없다. 다른 한편 혁명이론은, 우리가 앞에서 입증했듯이, 당초부터 시대에 대한 보편사적 해석에 의하여 규정되어 있다. 그러나 두 개의 동인은, 우리가 살펴보았듯이, 저 '순수한' 철학적 규정들의 영역을 벗어나지 않고 있으나, 맑스는 이 규정들이 스스로 전제하고 있는 실재적 토대, 즉 미래의 혁명이라는 실용주의적 사실의 명백한 입증을 확보하지 못할 경우 이 철학적 규정들을 극복하려고 노력하고 있다.

이때 가정될 수 있는 것은 맑스가 새로이 획득된 자료를 일차적으로 이러한 혁명의 입증을 위해 이용하려고 시도했다는 판단일 것이다. 그러나 이것은 사실과 다르다. 개별적으로 중요한 통찰들을 내포하고 있는 몇 가지 단초들이 발견되고 있기는 하지만, 전체적으로 이 초고들은, 인간의 '소외'에 관한 논술을 하나의 완결된 체계로 확장하려는 시도로 파악되어야 할 것이다. 이 초고들은 그가 자신의 휴머니즘적 시대 비판을 중시하고 있다는 점을, 즉 이 시대의 비판이 특히 천부적 논쟁가요 혁명가로서의 단순한 강변(强辯) 이상의 뜻을 지닌다는 점을 청년 맑스의 다른 어떤 글들보다도 더 명백히 밝혀 주고 있다. 이런 이유에서 사람들은 정당한 근거하에, 이 초고들 안에서 수행되는 변증법적 유물론의 철학적 토대 수립에 관하여 입론할 수 있다.

물론 맑스가 소외의 **체계**를 기초하고 있다는 우리의 주장은 즉각 증명될 수 없다. 그는 현재 속의 인간의 이러한 '소외'를 결코 이것이 여기에서 종합되어져 나타나야 한다고 얘기되는 완결된 개념 체계를 서술하지 않았다. 그러나 그는 이 소외를 하나의 전체로서, 즉 연계성과 상호 관계 속에서 고찰했고 또 현상들을 이러한 전체에 관련시키려고 노력했다. 이 의도된 개념 체계를 재건해 보려는 우리의 시도는 이러한 사실로부터 출발한다. 즉 우리의 시도는 스스로 확증되지 않으면 안 되는 것이다.

일단 맑스는 그의 분석을 일면적으로 근대적 예속의 현상, 즉 프롤레타리아의 상황에 집중시키는 것처럼 보인다. 그는 국민경제학의 사실로부터, 이러한 상황을 특징짓는 사실들을 종합하고 있다. 통상적인 노동 임금은 노동을 수행하는 동안의 노동자의 생계유지를 위해, 즉 노동자 종족의 보존을 위해 필요한 최저 임금이다. 기계는 노동자의 경쟁 상대자가 되었다. 그의 빈곤은 사회의 번영이 퇴락하는 정도만큼 증대된다. 즉 노동자의 빈곤은 전진적 번영의 과정 속에서 착종된다.

노동자와 그의 노동에게 소원한 즉물적 법칙이 노동자가 일자리를 얻을지의 여부를 결정한다. 고용주의 권력과 위력은 그를 무조건적으로 굴복시킨다. 자본주의사회의 이익은 항상 그리고 필연적으로 노동자의 이익과 대립한다.[8] 필연적 귀결 : '노동은 부자를 위해서는 기적적인 작품을 생산하지만 노동자를 위해서는 적빈(赤貧)을 생산하고, 노동은(부자를 위해서는) 미(美)를 생산하지만 노동

8] MEGA, 1. Abt.3, S.39-80. 이후 페이지 수는 전집 제3권의 페이지를 기입하되, 본문 속에 나타낼 것이다.

자를 위해서는 불구를 생산한다. 노동은 기계를 통한 노동을 대신하지만 노동자의 일부를 야만적 활동으로 다시 내던져 넣고 다른 일부는 기계로 만든다. 노동은 총명을 생산하지만, 노동자를 위해서는 백치, 즉 크레틴병(알프스 산지에서 볼 수 있는 유행성 또는 유전성 백치병—역주)을 생산한다(85). '적빈'(Entblößung), '불구'(Verkrüppelung), '크레틴병'(Kretinismus)—여기서 문제시되고 있는 것은 자본주의 사회 내부에서 극복될 수 있는 극단적인 결과가 아닌가?

맑스는 이런 것들이 사유재산의 발전으로부터 필연적으로 생겨나지 않을 수 없다는 주장에 자신을 결코 국한시키고 있지 않다. 맑스는 오히려 이 주장을, 그에게 자본주의사회의 전체적 상황을 이해 가능케 해주는 인간적 본질의 '소외'로 환원시키고 있다. 이러한 소외의 증명은 맑스가 헤겔과 맑스에 대한 논파 속에서 획득한 인간 본질의 이념에 기초해 있다. 즉 인간은, 참된 공동체 속에서만 그의 '일반적' 본질 능력을 전개시킬 수 있듯이, '참된 인간적 노동' 속에서만 그의 '대상적' 본질 능력을 실현한다. 이에 반해 자본주의사회 안에서 노동자는 그의 인간적 본질을 '외화시킨다'. 이러한 소외의 감정적 표현은 자본주의사회 내부에서 그 자신의 모순을 산출하게 될 사유재산이다.

맑스는 노동계급의 상황 및 사유재산의 운동의 내적 법칙성을 논술하기 위해 고전적 국민경제학의 자료를 끌어오는 한편, 다른 측면에서 지금까지의 경제 속에서의 이러한 자료에 대한 평가를 그의 인간학적 관점에서 예리하게 비판하지 않을 수 없었다. 국민경제학은, 그의 최초의 반론에 의하면, 사회적인 제기능, 즉 인간 노동의 생산물 그 자체를 사회적 인간의 외적 표출과 객관화('대상화')로서 이해하지 못한 채 주체화하고 있다.

국민경제학은 노동자를, 자신의 노동 속에서 자신의 대상적 능력을 외화시키는 인간으로서가 아니라 노동자로서만 안다. 왜냐하면 국민경제학은 노동자와 생산의 **직접적인** 관계를 고찰하지 않기 때문이다.9] 유사하게, 국민경제학은 산업의 역사를 '인간의 **본질**과의 관계 속에서가 아니라' 한갓 공리주의적 입지점에서만 고찰한다. 그러나 '산업이라는 기성적인 **대상적** 현존재'는 '**인간적 본질 능력이 펼쳐진 모습**, 즉 감성적으로 현존하는 인간적 **심리**학으로서만' 참으로 이해될 수 있을 뿐이다(121).

맑스는 아담 스미드가 인간 노동을 사유재산의 주체적 본질로 인식함으로써, 사유재산을 인간 외부에 있는 하나의 '상태', 즉 하나의 외적 대상성으로 고찰하고 있는 '물신숭배자'(物神崇拜者, Fetischdiener)의 환상을 파괴했다는 사실을 인정해 주기는 한다. 따라서 엥겔스가 아담 스미드를 국민경제학의 루터라고 부른 것은 정당하다. 그러나 루터가 인간 의식의 외화, 즉 종교를 인간의 내적 본질로 환원시켰듯이, 스미드는 대상적 본질의 외화, 즉 사유재산을(소외에 빠진 인간이 아니라) 인간 자체에만 환원시켰다.

자기외적 상태(自己外的狀態, Sichänßerlichsein)는 맑스가 헤겔의 논리에 맞춰 이러한 스미드의 논의를 해석하고 있는 바에 의하면, 외화의 사실, 즉 양도가 되었고, 그리하여 인간적 본질은 하나의 '비본질로서의 본질'이 되었다. 국민경제학의 이러한 냉소주의는(스미드로부터 세이를 거쳐 리카아도에까지 증폭되어 왔는데) 한편으로 학적 통찰의 진보에 대응하고, 다른 한편으로는 산업 발전의 점점 더 모

9] Vgl. S. 47, 85, 92f., 98f., 144.

순에 빠져드는 명약관화한 귀결에 대응한다(107f).

그러므로 스미드는 인간으로의 복귀를 국민경제학적 테두리 내에서만 수행했으나, 이로 인해 무의식적으로나마 참된 인간학적 문제 설정을 제시했다. 즉 사유재산이 인간 노동의 생산물이라면 이러한 노동의 인간학적 의미에 대한 분석을 통하여 인간적 본질 능력의 발전과 실현에 대한 사유재산의 의미가 파악될 수 있어야 한다. 맑스에 의하면, 노동 속에서의 프롤레타리아의 '외화'에 대한 입증을 통하여 사유재산의 체계는 인간 소외의 체계로서 인식된 셈이다. 따라서 맑스가 기초하고 있는 이 체계의 토대는 **노동의 철학**인 셈이고, 증거 제시의 출발점은 **프롤레타리아적 노동의 분석**인 셈이다.(Kap.2)

최초의 시대 비판적 시론들 안에서 단지 예시되기만 했던 지배와 예속의 반립명제는 이러한 분석 속에 이미 전제되고 있다. 프롤레타리아는 노동자로서 '비노동자'인 자본가와 대립해 있다. 사유재산의 주관적 본질, 즉 노동은 '소유권의 배제'(die Ausschließung des Eigentums)인 데 반해, 자본, 즉 객관화된 노동은 '노동의 배제'(die Ausschließung der Arbeit)이다(111). 대안은 글자 그대로의 의미에서 취해질 수 있다.

맑스의 '노동'은 인간의 자연에 대한 직접적-능동적 관계, 즉 대상적, 사회적 구성 요소의 산출 과정을 뜻한다. 정신적 활동 그 자체는 자명한 이치로 인정되고 있다(이것은 대체로 공산주의사회 안에서의 인간의 '사회적' 활동의 참된 형식의 증명을 위해서도 이바지한다). 또한 맑스는 자본가를 결코 활동적인 자, 즉 순수하게 향유만 하는 자로 낙인찍지 않고 있다. 그는 오히려, 뒤에서 입증될 것이지만,

근대 기업가의 금욕적 에토스를 소름끼칠 정도로 극명하게 인식하고 있다. 그러나 자본이 사유재산의 원리 안에서 '소외된' 노동의 특유한 형식에 대응하듯이, 거꾸로 프롤레타리아의 인간적 예속 상태의 야만성은 자본가의 프롤레타리아에 대한 인간관계에서도 표현되지 않을 수 없고, 자본가의 자연에 대한, 그리고 노동생산물에 대한 관계는 생산자의 직접적인 관계의 반영이지 않을 수 없다. 그러므로 보충적 사회학(die Komplementär-Soziologie)에 대응하는 것은 인간 소외의 보충적 관계이다(Kap.3).

맑스가 '소외된' 인간에 관한 자신의 논술 속에서 추구하고 있는 체계론은 경제학적 범주들로 된 한 모델과 결합되는 정태적 구조의 허구성을 쉽사리 깨쳐 줄 수 있다. 이 모델은 맑스의 특유한 역사관과 모순될 뿐만 아니라 그의 전체적인 시대 비판적 초안을 근본적으로 비관련적인 두 개의 구성물로 분열시킬 것이다. 이 두 개의 구성물이란 한편으로 자본주의사회의 붕괴를 명증적으로 만들고자 하는 입증 자료의 복합체이고 다른 한편으로는 소외이론으로 종합되어 휴머니즘적 시대 비판의 정초 확립에 이바지하는 분석들이다. 만약 그러한 분열이 일어날 경우, 맑스가 극복하려고 모색했던 저 방법적 출발 상황이 새로운 차원에서 재현될 것이다.

그는 지금까지의 국민경제학이 그것이 묘파하고 있는 법칙성의 의미를 '개념적으로 파악하고' 있지 못하다고, 즉 외관상 우연적인 것으로 보이는 사실들 간의 관련성을 필연적인 발전의 표현으로 이해하고 있지 못하다고 거듭 비판한다. 세세한 것에 집착하는 개혁가들은 예를 들면 교환 과정, 경쟁, 노동 분업 등을 사유재산의 본질로부터 표출하지 않기 때문에 현재의 경제적 발전에(헤겔처럼)

직업 단체의 이론(die Lehre von der Korporation)이나 (프루동처럼) 노동의 보다 나은 계산(die bessere Salierung der Arbeit)을 대립시킬 수 있다(82). 그러나 맑스가 만약 경제적 발전을 정태적 소외 체계의 토대 위에서 인간적 본질 능력의 실현의 역사로 서술하고자 했다면, 그는 그가 국민경제학자를 비난하면서 지적한 것과 동일한 것을 인간학적 토대 위에서 재현했을 것이다. 맑스는 이러한 오류 속으로 빠져들고 있지는 않지만, 그가 유독 무거운 과제 앞에 직면해 있다는 점은 부인될 수 없다. 그는 극단적 귀결(즉 프롤레타리아 혁명)에 이르기까지의 자본주의의 발전을 인간 소외의 전개 및 첨예화로 환원시켜야 하는 것이다.

인간학적 개념 체계의 이러한 본질적으로 동태적인 토대에 대한 특징 묘사를 기초로 해서야 비로소 우리는 전체적 개념 체계(die Gesamtkonzeption)의 철학적 의미와 역사철학적 정초에 관해 물을 수 있다. 여기에서 주목하여야 할 것은 사변적 전제를 경험적 법칙성의 강조를 통하여 은폐하려는 후기의 시도이다. 이러한 은폐적 서술은 제1부에 사적유물론의 최초의 그리고 유일한 상론(詳論)을 담고 있는 『독일 이데올로기』와 더불어 대체로 종결된다. 파리초고와의 비교는 사적 유물론의 초안 속으로 통합된 소외이론의 요소들 및, '철학적 과거'로부터 의식적으로 그리고 현저하게 거리를 취하고 있는 입장—이러한 입장은 『독일 이데올로기』에서 완수된다(Kap.5)—을 밝혀 보여야 할 것이다.

2. 노동의 철학

a. 헤겔 : 외화와 동화로서의 노동

맑스는 자신의 사상적 발전의 제1기에 해당하는 기간에 헤겔의 국가이념에 관하여 논파한 바 있듯이, 그가 시민사회의 본질과 구조를 문제시한 뒤인 지금에 와서는 헤겔사상의 두 번째 주요 동인인 노동의 철학(die Philosophie der Arbeit)을 논제로 삼게 된다.

우리는 헤겔의 전체계를 '노동'의 관점에서도 이해하려고 시도할 수 있다. 역사 속에서 인간은 자신의 규정의 실현을 위해 노동함으로써 자연적 직접성을 뿌리치고 비상한다. 즉 이러한 실현은 인간의 가능성과 소질의 '발현' 노동('Heraus'-Arbeiten)이요, 즉자적 인간의 노동의 전제 조건이라는 의미와 중요성을 지닌 모든 상황, 과업, 대립 상태로부터의 인간의 다양한 본질 능력의 전개(展開)이다. '세계행정(世界行程)의 개체성'은 참된 인간 공동체의 건설을 위해 이기성의 가상(假像) 아래 노동한다. 개체적 인격성은 오로지 무한한 노동 속에서의 자연적 직접성의 극복을 통해서만, 즉 오직 자기 자신을 통해서만 그리고 무한한 자기복귀로서만, 그것의 본래적인 상태가 될 수 있다.10]

맑스는 개별자의 문제로서 이러한 규정들을 논의의 실마리로 삼았을 뿐만 아니라, 헤겔철학 전체 속에서의 노동개념의 의의도 명백히 인정했다. 그는 헤겔이 '인간의 자기 생산'(die Selbster-

10] Rechtsphilos., §66.

zeugung des Menschen)을 '한 과정으로 포착하고 있다'는 것, 즉 '현실적 인간이기 때문에 참된 인간인 대상적 인간을 그 자신의 고유한 노동의 결과로 파악하고 있다는 사실을 헤겔 현상학의 위대성'으로 묘사하고 있다(156). 그러나 동시에 맑스는 이것을 능가하려고 시도하고 있다. "헤겔이 오직 인지하고 인정한 노동은 추상적인 정신적 노동이다"(157). 이러한 반론은 보통 헤겔을 인정하는 시각에서 인용되고 있다. 그런데 우리는 맑스의 이 반론을 면밀히 평가하고 동시에 현상학 속에서의 노동의 문제를, 이것이 맑스에게 있어서 의미를 얻는 한에서만, 설명해야 할 것이다.

논의의 출발점은 모든 개인적 힘, 능력, 소질의 개발(開發)이 끊임없이 무언가 문제 삼고 끊임없이 새롭게 시험해 보는 확증 행위(die bewährende, ständig in Frage stellende und ständig neu erprobende Tat)를 통해서만 가능하다는 헤겔의 사상, 즉 '행위 속에서만 형성될 수 있는 현실'의 구체적 형태화를 통해서만 실현될 수 있는 과업이다.

(1) 인간은 그의 직접적인 실존, 즉 그에게 자연적이고 외적인 것으로서 부과되어 있는 현존재를 그의 육체와 정신의 형성·도야(die Ausbildung)를 통하여 자기의 것으로 만들어야 한다. 이러한 형성·도야의 최고 목표는 가가 자신의 자기의식을 자유로운 것으로 파악하는 자신의 본질의 인식이다. 그런데 맑스에 의하면 이것은 헤겔의 말대로 한갓 추상적-정신적인 노동을 통해서만 성취될 수 있는 것이 아니라, 개인이 자신의 자연적 가능성과 소질을 '현실' 속으로 정립시킴으로써만 성취될 수 있다.[11] 따라서 법철학에서 밝

11] Phänom., S.287, 351, 148ff, 335f.

혀지고 있듯이, 인간의 고유한 육체도 정신의 자유로운 행위의 기꺼운 기관(器官)이요 정신화된 수단이 되기 위해 '소유되어야 한다'.[12] 정신적 행위를 통해서만 이론적 형성·도야는 달성될 수 있는 것이고, 인간 공동체의 개인적 소질과 요구 사항에 합치되는 실천적 도야는 현실적 행위를 통해서만 달성될 수 있는 것이다.[13] 그러나 개인적 가능성의 이러한 영역(이 가능성들과 같이 직접적으로 주어져서)이 영역에 대립해 있는 현실과 어떠한 관계를 맺고 있는가?

헤겔은 아주 명시적으로 인간적 능력, 재능, 성격을 '정신의 본래적 염색소' 또는 '개체성의 원리의 활력화와 운동을 위해 필요하고 이러한 가운데 자신의 현실을 지니는 하나의 일반자로서 표상되는 정신적인 것의 존재 방식'(eine Weise des Geistigen zu sein)으로 지칭하고 있다.[14] 따라서 그것들은 '행위 속에서만 형성될 수 있는 현실'의 목적이요 내적인 수단으로서, 현전적(現前的) 상황과 대립해서 존재한다. 즉 개체에게 사용하도록 맡겨져 있는 '소원한 천품'(天稟)이다. 이런 까닭에 개인은 현실적 행위만을 그의 현존재의 기준으로 간주한다. 왜냐하면 개체는 '대상적 요소에 의존함'으로써 자신의 모든 가능성의 '악무한성'을 다시 말하면 염두에 두어지는 것, 즉 능력과 의도 등의 무차별성을 지양하기 때문이다.

개체는 '내면 속에서 하나의 타자'라는 환상, 즉 자기 자신을 드러내지 않는 무행위적 지혜를 파괴한다.[15] 그리하여 헤겔은 개체

12] Rechtsphilos., §57.

13] ebd, § §48, 197.

14] Phänom., S.287 und 277.

가 염두에 두고 있는 무한성과 전체성을 포기하지 않기 위해 유한성과 관계하지 않으려고 하는 '심정의 유약성'(die Zärtlichkeit des Gemüts)에 반대한다. "인간은 결단을 통해서만(이것이 아무리 힘드는 일이 될지라도) 현실 속으로 등장할 수 있다. 왜냐하면 무력한 나태는 일반적 가능성을 자신 속에 끌어안고만 있는 포란(抱卵)상태를 벗어나지 못할 것이기 때문이다."16] 유사한 논증으로써 시민사회 속에서의 노동 분업도 방어되고 있다. 신분 및 활동의 제한이 개별자를 단지 수축시키기만 하는 외적 필연성이라는 것은 '잘못된 통념'이다. 자기 자신을 확신하는 의지가 규정태 속에서 상실되지는 않는다. 그러나 이 의지는 규정성과 특수성을 통해서만 현실성과 인륜적 객관성을 얻을 수 있다.17]

그리하여 헤겔은 개인적 본질 능력의 이러한 형성 · 도야(Bildung)를 주관적 소질의 양적(量的) 발현(Ausbildung)으로만 받아들인 것이 아니라, 이러한 소질의 객관화, 즉 직접적 존재의 형태화를 통해서만 이루어질 수 있는 발현으로서도 받아들이고 있다. 동일한 방식으로 활동의 객체도 형태를 부여하는 주체를 풍요롭게 하고 도야하는 작용을 이 주체에게 거꾸로 가해 주는 것이다. 물상(物象)의 존재 자체는 그 특유의 질(質)을 매개로 인간적 개체로 하여금 가공 행위에 적합한 수단을 선택하도록 한다. 즉 개체는 '물상의 본성에 따라' 자신의 태세를 정돈하고 '행동의 단순한 주관성에 대한 힘겨운 노동 속에서, 자신의 직접성과 개별성을 탈피하게 된

15] ebd,, S.165f, 236f, 274f. 331, 351.

16] Rechtsphilos. Zus. §13 (E. 간스에 의해 수집된 헤겔의 강의시간 보충분은 랏손판 S. 283ff).

17] ebd, §207 und Zus., Zus. §15.

다. 그리하여 형성·도야는 동시에 '특수성의 연마(硏磨)'인 것이다.18]

(2) 내용을 현실로 산출하고자 하는 주체는 자신이 이 현실부터 독립적으로 점하고 있는 실체적인 것으로부터 출발한다. 그렇지 않다면 그러한 산출이란 '무(無)를 무(無) 속으로 집어넣는 노동'일 것이다. 헤겔이 다시 아주 명시적으로 정식화하고 있는 바에 의하면, 이러한 내용의 현실화는 '자기 자신을 가능성의 밤으로부터 현재의 대낮 속으로 옮겨놓는 것', 다시 말하면 자기 자신을 '전개되지 않은 존재의 형식으로부터 전개된 존재로 옮겨놓는 것' 또는 대상의 한 질(質)이 형성 주체로부터 밖으로 '산출, 정립'되는 작용이다.19]

그리하여 직접적인 대상성은 변혁되고, 이것은 인간의 자연적 소질로부터 결과하는 인간 행위의 필연적 귀결이다. 왜냐하면 인간은 외부 세계를 자신에게 적합하게 만들려는 것을 외부 세계와의 관계의 주된 의미로 삼는 본질이기 때문이다. 자연적 형식 속에 들어있는 외부 세계는 인간의 목적에 부적합하다. 그리하여 인간은 이 세계에 '형식을 가하여'(formieren) 자연과의 근원적인 관계를, 그의 즉 인간의 생산물과의 관계로 탈바꿈시킨다. 제작물은 형성 작용을 매개로 형성하는 자의 본성을 획득한다. 즉 개체성은 대상성 속으로 '두루 침투하는' 것이다.

이 (일견 자명한 것처럼 보이는) 사실은 인간 본질의 발전사와 관련될 경우, 이러한 발전의 **과정** 속에서 진정한 의미를 획득한다. 인

18] ebd, § 187 und Zus., §191.
19] ebd, §187 und Zus., §191.

간은 행위를 통해 그가 자기 자신이 되는 단계(das Stadium seines Werden zu sich selbst)를 확증하고 확인한다. 그리고 행위는 그때 그때 인간으로 하여금 이러한 단계를 넘어서도록 이끈다. 인간 역사의 노동은 자기 정립과 자기 파악의 변증법, 소원한 대상성에 접한 자기 상실과 형성된 대상성에 의한 자기 동화의 변증법이다.

헤겔은 현상학 속에서 이러한 과정을, 의식에 대해서 서술되는 현상 형식의 계열적 경과에 따라 고찰하고 있다. 그러나 객체 세계는 이러한 과정 속에서 주조된다. 더구나 이런 주조는 '정신적', '추상적' 행위만으로 이루어지는 것이 아니다. 의식은 자신의 '대자존재'(對自存在)의 확증을 언제나 정립된 객체를 통해서, 즉 그의 노동의 실제적 생산물 속에서 발견한다. 그리하여 직접적 존재가 인간적 생산물의 사물 세계의 체계로 생성되는 자연사적 과정은, 자연이 의식에 대한 정신적 존재로 되는 생성 과정과 일치한다.

헤겔의 형이상학은 우리들이 알기로는 시대의 이러한 현상 및 실제적 체험을 전제할 뿐만 아니라, 언제나 줄기차게 그의 체계적 문제 내부에서 그것을 해명하고 있다. 인간적 본질 능력의 계발(啓發)이라는 독자적인 결과를 뜻하기도 하는 자연사적 과정에 관한 사상은 맑스에게 있어서 결정적인 의의를 획득했다. 우리는 이러한 이념이 헤겔철학 안에서 차지하는 의의를 아래에서 개별적인 설명을 통해 입증해야 할 것이다.

(3) 헤겔이 대상의 고유한 자기(das eigene Selbst)로 파악하는 개념(der Begriff) 속에서 객체의 대상성이 궁극적으로 지양돼 버린다 하더라도 이러한 것은 헤겔 노동 개념의 구체적-실재적 의의를 침해하지 않는다. 여기서 지양되는 이 대상성이란 실은 은폐성의

장막 노릇밖에 못하는 직접적 의식에 대해서만 분명한 듯 여겨지는 존재이다. 이 대상성(diese Gegenständlichkeit)이란 '대립성'(對立性, Gegenstandlichkeit)으로서 헤겔에 있어서 자기(das Selbst)의 이분화(二分化)의 근거요 산물이고 따라서 이 자기의 전개의 가능성이다.

그러나 절대적 지는 이것의 생성의 모든 계기와 이 계기들의 체계의 내면화된 기억(Erinnerung)을 자기 내부로 받아들여 담고 있다 하여도 '정신의 형성 과정이 의식의 미극복된 구별을 뿌리치지 못하고 있던 한에서'[20] 진행되던 이 형성 운동을 종결시켰다. 대상성의 지양은 내재적 존재 방식의 주체에 대해 주어진 모든 대립성의 극복의 한 표현이다. 이러한 극복에 대한 좋은 예는 '사물', '사물성', '사상'(事象) 및 '일반적 사상'('Ding', 'Ding heit', 'Sache', 'allgemeiner Sache') 등의 구별이다.[21] '사물'은 의식에 의해 사념(私念)된 개별자이고, '사물성'은 사념된 순수 일반자인 것에 반하여, '사상'은 이성적 자기 의식에 대해 자신의 의의를 오직 '그 자신을 통해서'만 지니는 사물이다(따라서 이것은 '사상 자체'로 불린다). 마지막으로 '일반적 사상'은 바로 만인(萬人)과 각인(各人)의 행위로서의 사상을 가리키는 본질로서, 이 본질의 존재는 개별적 개인과 모든 개인의 행위를 뜻한다. 그러나 '대립성'은 궁극적으로 절대적 지에 있어서 지양된다.

이것은 헤겔이 동적 생의 서술에서 최종적으로 정관적인 태도로 이행함으로써 도달한 하나의 귀결점인데, 정신은 이러한 정관적 태

20] ebd, S.561.

21] ebd, S.80ff, 285ff, 301ff.

도의 '현존하는 직접성'으로의 신비적-사변적 귀환을 수행한다. 그런데 이러한 '귀환'을 통하여 도달된 토대의 끊임없는 극복을 요구하는 대립성과 더불어 과정 자체가 지양되는 것은 아니다. 왜냐하면 실체가 그 자체에 있어서 주체이고 따라서 모든 내용은 주체의 고유한 자기 내(內) 반성이다 라는 인식은 '성취된 내용의 자기 운동하는 혼(魂)', 즉 타자적 존재에 있어서도 동시에 자신 속으로 귀환 하는 자기 동일성이기 때문이다.22]

대상성의 지양은, 우리가 이미 위에서 살펴보았듯이, 포이에르바흐와 맑스에 의해 격렬히 비판된다. 맑스에게 있어서 인간적 활동의 참된 형식 속에서 노동하는 주체는 자신의 대자성(對自性)의 직관과 확증을 정립된 대상성 속에서 발견한다. 따라서 맑스는 헤겔이 현상학의 각 단계에서 논술한 것과 다른 어떤 것도 서술하지 않고 있다. 예를 들면 욕구는 자기의식의 확증에 이르지 못한다. 왜냐하면 욕구는 대상을 부정하기 때문이다. 이에 반해 '형성 행위'(Bilden) 속에서, 봉사하는 의식(das dienende Bewußtsein)은 (노동을 통하여) 자기 자신을 회복한다.23] 왜냐하면 봉사하는 의식은 욕구와 달리 대상적 측면을 결하고 있지 않고, 오히려 노동하는 자로서의 그 봉사하는 의식에게 있어서 대상은 자립성을 지니고 있기 때문이다. 따라서 봉사하는 의식은 **자립적** 존재를 그 자신으로 직관하기에 이르는 것이다. 그러나 여기에서도 역시 이 자립적 존재는 단지 의식에게 그의 진리를 갖춰 주는 지속의 순수 영역(das reine Element

---

22] 사변적-무시간적 운동에 관한 이러한 사상은 헤겔 현상학에서의 시간론의 기초이다.

23] ebd, 562.

des Bleibens)이기만 한 것이 아니다. 즉 의식은 우선 당장 직접적이고 대립적인 소원한 형식을 지양하지 않으면 안 된다. 즉 형성하고 도야하고, 조형(造形)하는 노동을 통하여 소원한 본체의 대상적 부정성을 극복하지 않으면 안 된다. 맑스에 있어서 유적본질(類的本質)로서의 인간이 대상의 '유'(類)를 노동으로 산출할 수 있듯이, 헤겔에 있어서 의식은 대상의 본질 속에서 자기 자신을 인식해야 하는 것이다. 그러나 정신적 통일성은 행위 속에서 그리고 행위를 통하여 확증될 수 있다. 이런 이유에서(불행한 의식dsa unglückliche Bewußtsein의 행위에서처럼) 양측으로 하여금 '겉껍질'만을 상호적으로 벗어던지게 할 뿐인 노동은 미충족된 노동의 형식이다.24]

(4) 우리는 개인적 힘과 능력의 개발의 예에서 주체의 '실현'(현실화)의 필연성을 증명했고 의식의 현상학(die Phänomenologie)과 대상적 영역의 형성(die Gestaltung des gegenständlichen Bereichs)의 평행성을 지적했었다. 위에서, 주체가 자신의 확증을 얻지 못하는 동적 행위의 가능성은 긍정적 계기의 특징화를 위해서만 인용되었었다. 이제는 다음과 같은 말이 보충적으로 덧붙여질 수 있다. 헤겔은 행위를 통한 대자성의 **직접적인** 확증을 인식하지 못하고 있다. 오히려 행위는 새로운 방식의 발전의 각 단계마다에서 우선 외화(Ent-äußerung) 다시 말하면 **질료, 즉 실체가 되어 주체에게 대립해서 등장하는 즉자존재**와 대자존재의(대상적으로 정립된) 분열이다.

주체로부터 외부로 정립하는 동적 행위라는 이러한 외화는 실체의 '형성', 즉 '활력화'라는 사상의 첫발판이 된다. 다른 한편 이분

24] ebd, S.166.

화(二分化)는 언제나 행위 이전에 주체에게 내재해 있다. 즉 행위를 통해 이 이분화는 단지 대상적으로 정립되어 '주체에 대한 것'이 될 뿐이다. 그리하여 내재적인 논리적 궁지는 명시적인 것이 되고 그 자체는 노동하는 의식에 의해 '노동을 통해 제거된다'. 이때 노동하는 의식은 제작물에 있어서(그때그때의 의식 단계에 한정된 형식의) 자기지(自己知)에 도달한다. 그리하여 헤겔의 정관적(靜觀的) 절대지가 활동 형식의 수정을 주체의 내재적 규정성의 필연적 귀결로서 파악하는 데 반해, 의식의 내재적 규정성은 행위를 통해서야 비로소 의식에 대해 현상한다. 따라서 주체가 정립하고 또 '우리에 대해서' 존재하는 이분화 상태는 외화 특유의 형식도 특징짓지 않을 수 없다. 말하자면 제작물들은 '대가'(Werkmeister)의 정신을 일단, '생명을 결한 결정체(結晶體) 속으로 사물(死物)처럼' 빠져드는 소원하고 분열된 정신에 불과한 것으로 받아들인다. 또는 예술 종교의 예술가는 실체에 속하는 것을 전적으로 그의 작품에 부여하지만, 예술가의 개체성은 그 작품 속에서 어떤 현실도 얻지 못한다. 불행한 의식은 그에게 대립해 있는 현실을 지양할 수 없는 것이다. 왜냐하면 이 현실은 그 의식에 대해 불변성의 형상을 띠기 때문이다.

이에 반해 '노예적 의식'(das knechtische Bewußtsein)은 대상의 직접성을 부정하지 않고 대상을 다만 '가공'(bearbeiten)한다. '스스로에게 즉자대자적으로 현실적인 개체성'에 대해서 자연은(무규정적 동물의 생에 대해서와 같이) 일단 투명하고 보편적인 영역의 의미만을 지니는데, "이 안에서도 개체성은 방해받지 않고 자신의 구별을 전개시키고 자신의 현실화 속에서 자신과의 순수한 교호 작용을 펼치는 만큼 여전히 자유롭고 동일하게 남아 있다."[25] 자신의 '모든 계기'를 자연 속으로 '잠기게 할 뿐'인(따라서 자신을 자신의 행위를 통해서도 변혁시킬 수 없는) 동물의 생과의 이러한 비교는 맑스에 있어서 가끔 되풀이되고 있고, 그는 이것을 대개 인간적 노동의 특별한 의의에 대한 특징 규정을 위해 활용했다.

인용된 예들은 위에서 서술된 '실현'(현실화)의 구조에 기초하고 있다. 행위를 통하여 말려 들어오는 대립은 그때그때 행위를 통하여 활력화되는 일정한 주객 관계에 대응한다. 물론 여기에 다음과 같은 한정이 가해져야 할 것이다. 주체의 이러한 '노동'은 또한 의식의 순수 합리적인 변증법으로도 서술된다. 즉 의식의 현상학은 그때그때 실재 관련성을 상실해 가는 것이나.

우리가 아는 최선의 예는 두 개의 결정적인 문구에서 발견되고 있다. 한 번은 헤겔의 논지에서, 의식이 감성적 확신의 변증법 속에서 듣고 보고 하는 것 등을 폐기하고 오성이 순수 논리적인 궁지의 해결을 통해 존재와 의식의 불합치성을 지양하는 감성적 확신의 극복에 관한 서술 속에서, 그리고 다른 한 번은 의식이(헤겔의 서술에 의하면) 그의 외화 행위에 꽉 달라붙어 있는 모순으로 인해 '그의 미화해된 직접성 속에서 광기로' 파열하여 '갈망과 동경이라는 소모성 질환 속에서 녹아 없어지는' '화해'의 서술에서 나타난다. 화해는 '현상하는 신'이 '화해하는 긍정'(das versöhnende Ja)으로서 분열된 극단들 사이로 등장하는 신비적 행위(actus mysticus)를 통해 일어난다.[26] 이것은 실재사적(實在史的) 과정의 서술이 유심론

25] ebd, S.285, Vgl. 486ff, 494ff, 165.

26] ebd, S.102ff 470ff

적 차원에서 반복되고 '절대지'의 표명으로 발을 들여놓는 종교적 의식 단계로의 결정적인 이행이다.

(5)우리는 지금까지 실현(현실화)을 개체적인 것으로 고찰해 왔고, 그것도 활동 주체의 개체성과의 관련 속에서 고찰했다. 하지만 행동하는 자 자신이 개별적으로만 규정되어 있지 않듯이, 즉 현실 속으로 정립된 주체의 현실적 존재가 개체로서의 주체 자신에게만 거꾸로 작용을 가하는 것이 아니듯이, 헤겔에 있어서 개체성은 주체의 현존재의 인륜적 규정과 고립되어 홀로 실현할 수 없다. 즉 주체는 공동체 안에서만 그것의 참된 존재일 수 있는 것이다. 공동체적 존재의 발전은 주체의 행동 속에서와 같이 의식 속에도 반영되고 동시에 이러한 행동을 통해서 규정된다.(개체성의 운동은 일반자의 실재성이다.27])

우리는 다시 대립적 존재의 형성으로서의 외화라는 사실로부터 출발하게 된다. 나의 개체적 본질(또는 보다 외형적으로는, 나의 욕망과 나의 노동 수단)은 행위를 통하여 대상적 추상화의 형식(die Form einer gegenständlichen Abstraktion)을 얻는다. 따라서 나 자신의 내재적 규정성은 타자에 대해 존재하는 것으로서 서술된다. 그리하여 이 규정성은 제작물 속에서 나에 대해서뿐만 아니라 다른 개체들에 대해서도 현상한다. 정립된 또는 형성된 현실이 내가 나 자신의 대자존재의 직관에 도달하는 나의 현실이지만 동시에 그 현실은 타자의 의지와 형성 작용에 굴복한 양도된 객체성이다. 나의 제작물이 다른 힘과 이해 관심의 반작용을 통해 규정되는 것과 똑같이, 제작물에 있어서의 실현의 가능성도 내가 제작물을 형성할 때

27] ebd, S.281

들어 있는 인간 공동체에 의해 제약된다.

헤겔은 '정신적 동물계와 기만 또는 사상(事象) 자체'(Das geistige Tierreich und der Betrug oder die Sache selbst)라는 절에서, 자신의 행동과 자기 자신의 추상적 관계를 확증하고자 하는 행동하는 개체성을 서술하고 있다. 이 행동하는 개체성은 다른 개체성들이 그에게 참여하려고 하자마자 그의 행위의 개별적 계기들 속으로(수행의 추상적 의욕, 방식 또는 현실 속으로) 도피하려고 시도한다. 즉 그는 세계를 '현혹', '기만'하고, 개체성을 대자적으로 유지하기 위해 그의 참된 목적에서는 자기 자신까지 현혹시키고 기만한다. 이러한 시도를 통하여 그는 궁극적으로, 양측이 동등하게 본질적인 계기라는 경험을 하게 되어, '만인과 각인'의 행위(das Tun 'Aller und Jeder')이면서 자신의 특수한, 즉 '이' 개체성이기도 한 실체에 관한 의식에 도달한다. 또는 인간적 지는 인륜적 행위 속에서, 지를 매개로 대립된 법칙과 관련되어 있는(인간적 지에 대해 개시적開示的인) 법칙만을 실현한다. 따라서 인간적 지는 행위를 통하여 책임이 된다. 그러나 개체성은 이러한 행위 속에서 '비현실적인 그림자'로서의 자신의 베일을 벗어던지는데 이 그림자의 내용은 바로 공동체의 법과 인륜이다. 따라서 개체성은 인간 공동체의 인륜적 실체의 변혁의 수단 및 도구가 된다.[28]

그리하여 자기 형성하는 또는 자기 도야하는 개체성의 운동은 헤겔에 대해서 이중적 의미를 지닌다. 즉 이 운동은 대상적 본체의 생성, '현실적 세계'와 '인간적 공동체'의 생성이다. "세계 행로의 개체성은 물론 자기 위주로만 또는 자기 이익적으로만 행동한다고

28] ebd, S. 285ff와 330ff

생각할 수 있다. 그런데 이 개체성은 이미 그가 생각하는 것 이상의 것이고, 그의 행위는 동시에 즉자적이고 보편적인 행위이다. 그가 독립적으로 행위한다 하더라도 그는 다만 그가 무엇을 하는지 모를 뿐이다. 즉 그는 모든 사람들이 자기 이익에 따라 행동한다고 단정하더라도 다만 모든 인간들이 행위가 무엇인지에 관해 어떤 의식도 지니고 있지 못하다고만 주장하는 것에 지나지 않는다."29]

따라서 맑스는 헤겔이('추상화를 벗어나지 못했지만'이라는 필연적인 제한을 당연히 곁들여서) 노동을 인간의 **자기 산출행위**로 파악하고 이 행위를 '생성되는 유(類)의식과 유생활'로 파악하고 있다고 정당하게 명백히 밝힐 수 있었다(167).

간추려 보자. 헤겔에 있어서 노동 그 자체는 인간의 역사 전체이다(Arbeit an sich selbst ist für Hegel das Ganze der Geschichte des Menschen). 노동은 개념적 인식에 대해 자기 산출적인 온갖 대립의 목적론적 난제로서 현상한다. 즉 노동은 인간적 발전 형태의 전체의 외적 표명이요, 그것이 함축하고 있는, 자신을 정신으로 아는 정신에 의한 그것의 내면적 기억(내면화)이다.

그러나 전체성에의 가능성은 여러 가능성의 초안(初案)의 끊임없는 양도로써만 실현된다. 이러한 양도의 특수한 선택은 인간 역사에서 그때그때 자기 의미적인 정신의 현상 방식이다. 그런데 이것은 '깊숙한 내면성의 개시'(開示)라는 목표 지점에서 등장하는 저 절대적 개념 파악에 있어서 완전히 자기 의미적(in sich sinnvoll)이다. 왜냐하면 이 절대적 개념 파악에 있어서 정신의 저 개시 작용은 "그의 깊숙한 내면성의 지양 또는 확장으로서, 아니 그의 외화

29] ebd, S. 281/82

이거나 실체인 이 자기 내 존재하는 자아에 대한 부정성으로서 이해되기 때문이다. 나아가 이러한 외화가 자신을 그 자신에 대해 외화하고 자신의 외적 확장에 있어서 그 깊숙한 내면에 있어서나 자기에게 존재한다는 의미에서의 정신 자신의 시간이기 때문이다."30]

그러나 '자기 내 존재하는 자아'의 외화는(우리가 여러 가지 다른 각도에서 밝혔듯이) 정신적 추상화일 뿐만 아니라, 주체-객체 관계, 객체-공동체 관계의 실재적 변증법, 즉 의식에 대해 서술되는 정신의 현상학에 대응하는 실재적 변증법이다. 그의 형이상학적 노동 개념을 토대로 헤겔은, 맑스와 거의 흡사하게, 노동의 문제를 자연, 공동체, 개체적 본질의 직접성과의 대결로 전개시키고 있다. 즉 노동은 직접적인, 통일성의 양도와 개시, 문제시와 파괴, 인간적 발전의 외화와 동화, 선취적 정립과 모험적 기도(企圖)이다. 즉 노동의 육체적 필연성은 정신적 필연성에 대응하고, 그 개체적 필연성은 그 사회적 필연성에 대응한다.

다시 말하면 노동은 능동적 결단의 시각에서 보면 비반복적이고 책임적이며, 인간적 객관화의 시각에서 보면 그것은 존재자의 형태화(형성), 각인(刻印), 삼투이다. 동적 노동은(맑스가 본질적인 것으로 본 헤겔의 사상은 바로 이것이다) 즉자존재자의 정립의 과정이면서 새로운 정립으로서의 이것의 지양이지만, 무한히 수정 가능한 현상형태의 이러한 과정으로서 그것은 개념화되는 역사의 유의미(有意味)한 목적론적 운동이다.

b. 맑스 : '실현(현실화)'으로서의 노동

30] ebd, S.564

먼저, 즉 맑스의 적극적인 철학적 규정들 속에서 단지 헤겔의 인식 내용에 대한 역점도치(力點倒置)만이 부각된다면, 이것은 맑스의 여러 가지 분석들이 지닌 의의에 관해서 거의 아무것도 밝혀 주는 것이 없다. 이러한 분석들은, 이미 강조되었듯이, 근원적으로 그리고 독자적으로 통찰된 하나의 전체(ein Ganzes)에 대한 철학적 시각 안에서도 모색되었다. 이 점을 점차 분명히 하는 것이 필연적으로 부분적 관점들만을 일단 상세하게 드러내 줄 수 있을 뿐인 의도이다.

지금까지 서술된 맑스의 청년기 발전에 입각해서, 헤겔과 거리를 취한 근본적 간격은 다음과 같이 이해될 수 있다. 감성적 확신의 인식 대상의 대상성은 결코 어떤 보다 높은 인식 단계에 의해서도 극복당하지 않는다는 것이다. 포이에르바흐의 핵심적 문장은 다음과 같다. "어떤 증명도 요하지 않는 것, 직접적으로 자기 자신을 통해서 확실한 것, 직접적으로 자기 위주로 말하고 받아들이는 것, 즉 존재한다는 긍정을 직접적으로 초래(招徠)하는 것—단적으로 결정적인 것, 단적으로 의심할 바 없는 것, 대낮처럼 명백한 것(das Sonnenklare)만이 참되고 신적(神的)인 것이다. 그러나 감성적인 것만이 대낮처럼 명백한 것이다……. 직접적인 지의 비밀은 감성이다."31]

포이에르바흐가 1843년 『장래 철학의 원리』에서 개진하고 있는 직접적인 감성과 직관적 주체의 관계에 대한 해석은 여기에서 체계적 맥락 속에서 서술될 수 없다. 하지만 '원리'는('잠정 테제'처럼)

31] Werke, Bd., 2, S. 326.

맑스가 파리초고에서 충분히 마스터하고 있는 몇 가지 참조 사항을 포함하고 있다. 이 '원리'는 특히 다음과 같은 이유에서 관심을 끈다. 즉 그것은 맑스의 헤겔과의 대결의 중간 다리를 놓아주면서 맑스로 하여금 헤겔사상의 소화를 용이하게 해주었기 때문이다.

포이에르바흐는 객체 세계의 성격을 주체에 대한 '대-립'(Gegen-Stand), 즉 저항(Wider-Stand)으로 부각시켰다. 그러나 감성적 힘 및 감성적 직관은 칸트적 감성 개념(촉발성, 감수성)에 의존한 까닭에 현저하게 수동적인 것으로 이해되고 있다. 내가 '수고(受苦)하는' 곳에서만 나의 외부에 존재하는 객체성의 관념이 성립한다. "고통에 찬 본질만이 신적 본질이다."[32] '직관, 감각, 사랑'의 객체만이 대상으로서의 존재이다.[33] 이러한 주객의 구분은 주체의 두 가지 활동 방식으로만 현상한다. 인간적 감성은 객관적 존재를 '확증하고', 다시 객관적 존재만이 주체의 감성적 힘을 확증할 수 있다. 따라서 주체의 감성적 힘은 '고래의 초월적 철학의 시각에서의 경험적, 인간학적 의미'를 지니고 있을 뿐만 아니라, '존재론적, 형이상학적 의미도 지니고 있다'.[34]

이와 마찬가지로 맑스도 초고에서 다음과 같이 강조하고 있다. 인간의 감성과 정열은 '좁은 의미에서의 인간학적 규정일 뿐만 아니라 참으로 존재론적인 본질(본성) 긍정이다(145). 또한 그는 포이

32] ebd, S.321f.

33] "사랑은 우리의 두뇌 밖에 있는 대상의 현존에 대한 참된 존재론적 증명이다"(324). 이와 마찬가지로 맑스는 '인간에게 그 외부에 있는 대상적 세계를 처음으로 참되게 믿도록 가르치는 것은 사랑'이라고 말하고 있다. (MEGA, Bd.,3, S.191)

34] ebd, S.324.

에르바흐와 같이 이러한 확증의 상호 작용을 부각시키고 있다. 주체의 감성적 힘도 대상이 **감성적**으로 이 힘에 대해서 존재하는 한에서만 자신을 '긍정할' 수 있다. "자신의 본성(Seine Natur)을 자기 외부에 지니지 않는 본질은 결코 **자연적**(natürlich) 본질이 아니고, 자연의 본질에 참여하지 않는 셈이다." "비대상적 본질은 **비본질**이다(Einungegenständliches Wesen ist ein Unwesen. 이때 Unwesen은 대상적 모습을 지니지 않은 '허깨비, 귀신'을 뜻하기도 한다.—역주).

감성적, 즉 대상적 본질로서 인간은 맑스에게 있어서 포이에르바흐에게 있어서와 마찬가지로 일단 동물처럼 고통을 느끼고(leidend) 결핍을 느낀다(notleidend). 인간의 충동의 모든 대상은 인간에게 독립된 다리가 놓여질 필요가 있는 '맞은편에 있는 것'(das Gegenüber)으로 현상한다. 인간은 그러한 대상성에 귀속되어 있다. 즉 이 대상성은 그에게 반드시 필요한 것(not-wendig), 결핍을 유발하는 것이면서 결핍을 해소시켜 주는 것(not-erzeugenp und not-lindernd)이다.

그러나 맑스는 이러한 관계를 포이에르바흐에게는 생소한 역학 안에서 파악하고 있다. 즉 그는 『신성가족』 안에서 특징적인 방식으로 뵈메(Jakob Böhme)를 인용하고 있다. 바코(Baco)가 물질이 첫 번째 가장 현저한 성질로서 인식했었을 운동의 원리는 기계

적이고 수리학적으로 이해될 수 있을 뿐만 아니라, 한 걸음 더 나아가 충동, 활기, 활력(Trieb, Lebensgeist, Spannkraft)으로 즉 '물질의 고통'(Qual der Materie)으로 이해될 수 있을 것이다(304). 이와 마찬가지로 인간적 정열(die menschliche Leidenschaft)은 '나의

본질 활동의 감성적 폭발' 또는 '인간의(그의 대상을 정력적으로 추구하는) 본질 능력'이다(124. u. 161).

따라서 맑스는 포이에르바흐의 정식(定式)을 그대로 답습하고 있는 것처럼 보이는 곳에서도 이미 독자적으로 이 정식들에 강세를 주고 있다. 감성의 포이에르바흐적 열정은 포이에르바흐를 넘어 다시 헤겔로 직접 되돌아가는 행동주의적 인간 본질관의 출발점으로서만 받아들여지고 있을 뿐이다. 즉 인간은 결핍과 욕망의 긴장을 정열적인 **행위** 속에서 극복한다. 그는 그의 힘을 객체 속으로 밀어넣어 이것을 '인간적 대상'으로 만든다. 왜냐하면 '잘 다져진 탄탄한 대지 위에 서서 모든 자연력을 호흡하는 이 현실적인 육체적 인간'은 대상에 의해 정립되는 본질일 뿐만 아니라 본질적으로 모든 대상을 정립하고, 변혁하고, 형성하는 본질이기 때문이다(160). 결핍과 욕망,35] 직접적인 대상성과 직접적인 본질 능력의 이러한 종합 속에서야, 즉 인간의 생명 활동의 산물(産物) 속에서의 인간의 '대상화' 안에서야 비로소 인간은 그의 인간적 현존재의 참된 '확증'을 얻

그리하여 맑스는 한편으로(헤겔과 같이) 행위(actio) 자체의 필연성을 강조하고자 한다. "인간의 육체적, 정신적 생이 자연과 관련 맺는다는 것은 자연이 자기 자신과 관련 맺는다는 것 외에 다른 어떤 의미도 지니고 있지 않다. 왜냐하면 인간은 자연의 일부이기 때문이다." 따라서 인간은 '죽어 없어지지 않기 위하여 끊임없는 과정 중에' 자연과 더불어 남지 않으면 안 된다(87). 다른 한편 맑스는

35] 결핍(Not)과 욕망(Bedürgnis) : 결핍은 '대상이 인간에게 없다'는 의미에서 대상이 중심으로 간주되는 인간의 수동적 측면이고, 욕망은 '인간이 대상을 적극적으로 원한다'는 의미에서 인간이 중심이 되는 인간의 능동적 측면이다.—역주

인간 활동의 방도와 방식에 있어서 의식적-행동적 인간의 자유를 강조하고 있다.

인간은 보편적인, 따라서 자유로운 본질로서의 자기 자신과 '관계한다'. 따라서 인간은 그의 자연 연관성을 개별적인 경우에 실천적으로 또는 이론적으로 변형하여, 자연을 자연과학의 객체 또는 예술의 객체로 만들 수 있는 것이다. 그러나 활동적인 생산 작업을 통해서야 비로소 자연은 인간의 작품이요 현실로서 등장한다. "대상적 세계의 실천적 생산, 즉 비유기적 자연의 가공(Bearbeitung)은 인간을 의식적인 유(類)본질(ein Gattungswesen)로서, 즉 그 자신의 본질인 유(類)와 또는 유본질로서의 자신과 관계하는 본질로서 확증하는 것이다"(88). 그리하여 유존재(das Gattungssein)에 있어서야 비로소 유의식(das Gattungsbe wußtsein)은 자신을 확증한다.

이러한 간단한 요약으로 인해, 포이에르바흐의 맑스에 대한 영향이 이러한 두 번째 단계에서도 역시 지극히 한정되어 있다는 사실이 오인되어서는 안 될 것이다. 양인 간의 관련성은 어휘적 측면에서 현저히 나타나고 있는데, 이것은 물론 의미가 없지 않은 사실이다. 왜냐하면 바로 포이에르바흐의 어휘는 청년 헤겔주의자들의 분위기와, 특히 청년 맑스의 지향성과 일치했기 때문이다. 이 어휘군(群)은 내용이 풍부하거나, 독창적이거나 새로운 것이 아니지만, 이것은 헤겔적 사상 체계의 한 단면을 간단하고 정확하며 '명료한' 공식으로 축약시킴으로써 실천적 욕구를 충족시키고 있다. 포이에르바흐는 그가 알고 있는 것 이상의 것을 말하려고 시도하지 않았다. 그는 진부한 사상을 재탕할 배짱을 지니고 있었다. 이런 까닭에 그는 아포리즘 형식으로 철학의 프로그램을 발표하는 동안 철학적으로 자신의 최선을 다해 버렸다. 그리하여 그는 이 프로그램을 이행하려고 하자마자 횡설수설하고 막연한 태도를 취하게 된다.

그러나 포이에르바흐의 영향과 감화력의 한계가 꼭 그렇듯이, 위에서 제시된 인용문은 마크르스의 사유가 헤겔에 의해 논술된 '실현'(현실화) 문제를 넘어서지 못하고 있다는 점을 보여준다. 하지만 맑스는 인간적 본질의 '범주론'의 확정에 관한 헤겔의 몇 가지 근본 사상의 추상화에 자신을 국한시키지 않고 있다. 오히려 그는 헤겔적 노동 개념과 불가분하게 결합되어 있는 헤겔의 자연의 형이상학(die Naturmetaphysik)을 인간적 실현에 관한 자신의 사고와 독특한 방식으로 통합시키고 있다. 이미 인간과 자연의 관계를 규명키 위한 '유본질'(Gattungswesen)이라는 술어의 사용은 그 점을 명시해 주고 있다.

일단 그는 헤겔의 아주 실재적(實在的)인 규정을 논의의 실마리로 삼고 있다. 즉 자연의 인간적 현실화는 가공(BeArbeiten)이다. 인간은 포월자(das Übergreifende)로서 대상적 다양성 속에서 '유'(類)를 인식해내고, 유본질로서의 하나의 통일성 속으로 받아들임으로써 대상의 우연성과 사실적 규정성을 초월, 극복한다. 따라서 실천적 생산은 두 측면을 지니고 있다. 즉 직접적인 자연은 인간적인 것으로 만들어지고, 대상은 '대상적 인간'으로 만들어진다. 왜냐하면 이를 통해서만 주체는 자신의 유본질의 확증을 얻기 때문이다. 그리고 이와 동시에 유, 즉 자연 자체의 '본질'도 고양된다. 따라서 인간적 생산은 자연의 '재생산'이다. 또는 "역사는 **자연역사의 현실적** 일부, 즉 자연이 인간으로 생성되는 과정의 현실적 일부이다"(123).

그리하여 인류의 발전 과정은 이중적 측면을 지닌 과정, 즉 자연의 가공 속에서의 인류의 발생 과정이요 인간의 가공을 통한 자연의(참된 통일로의) 발생 과정이다. 그러므로 자연의 발전 단계는 그 때마다 인간의 발전 단계와 일치하지 않을 수 없다. "인간 역사 안에서(인간 사회의 성립 활동 속에서) 생성되는 자연(die Natur)은 인간의 현실적 본성(die Natur)이요, 따라서 비록 **소외된** 형태일망정 산업을 통하여 생성되는 자연은 참된 **인간학적** 자연이다"(122). 그 자연은 인간의 '현실적 본성'이다. 왜냐하면 첫째, 그것의 현상 형태는 인간의 본질적 힘의 소산(所産)이기 때문이다. 둘째, 인간을 통한 인간으로의 자연의 고유한 생성 과정의 그때그때 현상화되는 발전 형태는 인간 발전의 반영상(反映像)이기 때문이다. 따라서 자연의 생산 및 재생산 형태는 동시에 일정한 역사적 단계 안에서의 인간적 제가능성의 조건이며 표현이다.

이와 더불어 우리는 사적 유물론 안에서 생산력(die Produktivkräfte)의 발전에 부여되는 특유한 역할의 이해를 위한 최초의 보편적 관점을 얻게 된다. 여기로부터 뒤에서 제기되어야 하는 다음과 같은 물음이 답변될 수 있다. 지금까지의 인간 소외의 역사로부터 실현된, 현상화하는 '참된 인간 본질'로의 이행(移行)은 왜 하필 생산력의 특정한 발전 단계에서, 그것도 현재적 단계에서 가능한가?

맑스는 우리가 헤겔에게서 이미 암시받은 한 사상을 구체화하고 있다. 인간의 실재(實在) 연관성(die menschiche Realitätsbezogenheit)의 과정은 주체와 객체의 정신적 통일의(의식에 대한) 현성화(現成化) 과정에 대응한다. 달리 표현하면 현실의 객관적 발전은 외와와 동화의 변증법(die Dialektik von Entäußerung und Aneignung)에 대응하지 않을 수 없다. 맑스에게 있어서는 이제 인간 본질의 발생 과정은, 직접적인 자연이 지닌 '규정'의 구체적으로 현상화하는 현실화(실현)를 포함하는 의미를 명백히 얻고 있다. 이러한 불가피하고 무의도적인 과정은 동시에 인간적 실현의 조건 자체를 창출한다. 왜냐하면 주체와 객체 사이의 긴장은 모든 인간적 본질력, 즉 인간적 활력과 인간적 고통의 전개를 위한 본래적인 자극이요 동인이기 때문이다.

대개 '인간은……이다'라는 명백한 서두로써 논의가 시작되는 이러한 형식적인 사유로써도 이미 역사철학적 개념 구조가 노골적으로 시사되고 있다. 그러나 외화와 동화의 역사적 과정이 왜 질적(質的)으로, '소외' 안에서의 인간의 발생 과정과 이러한 소외의 종식과 지양 이후의 인간의 참된 현존재로 양분될 수 있는지가, 아직 그러한 형식적 사유로부터는 밝혀지지 않았다.

3. 소외의 현상

a. 맑스 : 프롤레타리아의 외화

우리는 소외의 개념을 이미 청년 맑스의 초창기 시대 비판적 시도들에 관한 설명 안에서 언급했었다. 즉 한 번은 맑스 자신이 그 개념을 낱말로서(물론 적확한 술어적 의미 없이) 사용했기 때문에 언급했고, 무엇보다도 그가 자신의 시대 비판적 단초의 지향 방향을 소외의 개념적 의미에 맞춰 묘사하고 있기 때문에 거론했었다.

인간적 본질력의 실현과 확증 행위로서의 인간 노동의 특징론에서, 근대 프롤레타리아의 노동에 대판 비판으로의 이행 안에서, 이제 소외 개념은 최초로 하나의 술어로서 중요해진다. 따라서 여기에서는 맑스가 헤겔로부터 명백한 개념을 이어받았을 뿐만 아니라, 이 헤겔적 개념으로써 또한 헤겔이 현상학에서 '자기 소외된 정신의 세계'(Welt des sich entfremdete Geistes)로서 서술했던 동일한 현상(das Phänomen)을 폭넓게 의미하고 있다는 사실이 증명되어야 할 것이다.

우리는 우리를 현상학의 전문적 해석 속으로 너무 깊이 빠져들게 만들지도 모르는 헤겔적 소외 문제에 대한 독립된 서술 대신, 헤겔에 있어서 그 개념이 묘파하고 있는 극히 중요한 제현상을, 맑스가 이어받은 측면에 한해서만 열거할 것이다. 그 개념이 궁극적으로 맑스에게 있어서 얻게 되는 완전한 의미는 그에 의해서 서술된 제현상을 통해서 비로소 분명히 될 수 있다.

헤겔에 의하면 개별적인 외적 표현 형태에 있어서 '외화'로 해석되는, 주체의(위에서 특징화된) 실재 연관성은 주체의 내재적 규정성의 표현이고, 이 규정에 대해 다시 역으로 작용을 가한다. 인간 활동의 이러한 항구적 위험성이 모든 관계 속으로 두루 삼투하는 증후로 화하는 인간의 발전 단계 안에서 헤겔은 저 내재적 규정성(jene immanente Bestimmtheit)36]을 '소외'라고 부르고, 이 규정

* 36]헤겔적 의미에서 Bestimmtheit(규정성)과 (Selbst, 자기) Bestimmung(규정)은 맞짝개념이다. 인간을 기준으로 볼 때 인간의 Bestimmtheit는 자연에

성의 현상 형태 전체를 '자기 소외된 정신의 세계'라고 부르고 있다. 그의 이러한 논의의 역사적 밑받침은 프랑스혁명('Die absolute Freiheit und der Schrecken' 절대 자유와 공포)에까지 추적해 내려올 수 있다. 하지만 법철학과의 평행적 비교를 통해, 헤겔이 자신의 직접적인 시대 비판의 제명제를 역사적 서술 속에 짜 넣었다는 점이 입증될 수 있다.

(1) '외화'보다 더 협의적인 의미로 기술되는 다음과 같은 현상(das Phänomen)은 기초를 이룬다. 실재(Realität)의 형성 속에서 주체는 자기 자신의 직관에 이를 수 없게 되고 그리하여 실재는 그에게 외적인 것, 부정적인 것으로 남게 된다. 그리하여 맑스는 헤겔이 다만 추상적-정신적 노동만을 서술하고 있을 뿐이라는 비난 말고도 헤겔이 '노동의 부정적 측면이 아니라 긍정적 측면만'을 논술하고 있다고 제2의 반론을 하나 더 제기할 수 있다고 생각했다(316). 그런데 "……이러한 외적 현실이……, 그의 노동이지만 그를 긍정하는 노동이 아니라 오히려 그를 부정하는 노동이다. 이와 같이 외적 현실은 자기의식의 **고유한** 외화와 본질 해체를 통해서만 자신의 현존재를 견지할 수 있을 뿐이다……. 그러나 실체를 현실

수동적으로 규정당하는(bestimmt) 측면으로서, 인간이 자연으로부터 받는 위험, 구속성, 고통, 또는 자연이 없음으로써 느끼는 굶주림(결핍감) 등을 포괄해서 지칭하고 있다. 이에 반해 인간의 (자기)규정([Selbst] Bestimmung)은 인간이 자연으로부터 독립적으로 스스로에게 내리는 자기 정의 또는 자기 의식적 결단을 뜻하며, 따라서 이러한 능동성의 차원에서 인간이 자연을 적극적으로 규정하는(bestimmen) 측면을 포괄적으로 지칭한다. 따라서 전자는 헤겔적 의미의 현상학적 '의식'에 대응하고 후자는 '자기의식'에 대응한다. 또한 전자는 인간이 자연으로부터 고통당하는, 즉 소외당하는 측면에 해당하고 후자는 자연을 적극적으로 형성, 가공하는 측면이다. 즉 인간은 자연과 이와 같이 착잡하게 맞물리는 양면적 관계에 들어 있다 할 것이다.—역주

적인 것으로 만드는 이러한 행위와 생성은 개인격(個人格)의 소외이다……"[35]라는 헤겔의 말은, 헤겔의 소외사상이 맑스의 소외사상과 유사하게 **부정적** 노동의 현상 측면에서 명시적으로 서술되고 있다는 것과 이 사상이 구체적 인간과 관련되고 있다는 것을 밝혀주기에 충분한 것이 아닐 수 없다.

(2) 나아가 헤겔은 우리가 이미 맑스에 있어서 알게 된 '이데올로기 비판'의 정초화와 동일한 구별을 짓고 있다. 즉 소외된 정신은 이중적 세계를 갖게 되는 것이다. 자기의식은 외화된 노동의 생산물로서의 현실적 세계를 신앙 속에서 극복하려고 시도한다. 자기의식은 자신의 소외된 인격성 및 소외된 대상성을, 그에게 (세속적 존재로부터 분리되어) '본질'로 나타나는 피안의 나라의 산출을 통해 지양하려고 생각한다. 하지만 이러한 피안적 영역은 소외된 현실의 사유와 사유된 존재 외에 다른 것이 아니다. 그리하여 헤겔은 그만이(맑스에 의하면) 유일하게 묘파하고 있는 의식의 '추상적 소외'를 실재적 소외에 명백히 대립시키고 그 추상적 소외를 맑스와 동일한 방식으로 설명하고 있다. '순수한 의식의 에테르 속에서의' 소외는 '현재의 영역으로부터의 도피'이다. 즉 그것은 실재적 소외의 다른 형태, 다시 말하면 실재적 소외의 유심론적 상대 개념이다.

(3) 국권과 부의 불가피한 대립은 자기 소외된 정신의 세계 안에서 **사회적으로도** 역시 전개되는데, 이 대립은 정치국가와 시민사회의 갈등을 반영한다.—맑스는 나중에 법철학에서의 이 대립의 '매개'를 다시 밝혀 보려고 시도했다. 맑스가 헤겔이 현상학에서 전개한 이러한 문제들에 주목했다는 것은 다음과 같은 논급에 의해 밝혀

35] Phänomenologie, S. 347/8.

진다. "그(헤겔)가 예를 들면 부, 국권 등을 인간적 본질로부터 소외된 본질로 파악했다 하더라도, 이런 파악은 한갓 사유 형태로만 이루어지고 있다……" "……이러한 개별적인 절들은 종교, 국가, 시민생활 등과 같은 전체적 영역에 대한 비판적 요소를 내포하고 있으나 아직 소외된 형태로 내포하고 있다."(S. 154 u. 156)

(4) 빈부의 대립은 헤겔에 있어서도 소외라는 사회적 현상 내부에서 특별한 역할을 담당하고 있다. 그는 시민적 세계 속에서의 유산자의 환상을 더할 나위 없이 입체감 있게 서술하고 있다. 그는 억압과 노예화에 대한 빈자의 반항을 '이러한 교양 세계 전체의, 참으로 살아 움직이는 정신'(der wahre existierende Geist dieser ganzen Welt der Bildung)[36] 이라고 불렀다. 우리는 뒤에서 헤겔의 이 문제를 좀더 상세히 취급하게 될 것이므로, 여기에서는 이 정도의 시사로 한정할 수 있겠다.

맑스는 (인간의 사회적 본질 능력에 관한 초기의 윤곽 묘사는 별도로 한) 인간 노동의 전술된 특징 논의로써 최초로 소외 개념에 대한 필수적 보충 내용을 마련한 셈이다. 왜냐하면 자연의 가공 속에서의 인간적 행위(actio)의 묘파(이것은 앞에서 극명하게 밝혀졌다) 뒤에는 논리 필연적 요청이 뒤따르기 때문이다. 즉 '인간은 ……이다'라는 것 뒤에는 '인간은 본래적으로 ……이다, 인간은 ……이어야 한다'는 등의 요청이 뒤따르기 때문이다. 맑스가 프롤레타리아적 노동에 대한 비판에서, 이러한 노동이 인간의 '소외'의 표현이다라는 결론에 도달했다면, 이 단어는 이제 더 이상 그의 비판의 보편적 지향성의 일반적 표현으로 남아 있는 것이 아니라, 인간 본질과

36] ebd, S.370.

이것의 실현(현실화)에 관한 일정한 관점과 대립되고 이것과 비교될 수 있는 인간의 특정 상황을 가리킨다. 맑스가 어떻게 이러한 '소외'의 분석 안에서 상세하게 헤겔을 논의의 실마리로 삼고 결국 결정적으로 그를 넘어서게 되는가는 다음에서 밝혀질 것이다.

우리는 위에서, 맑스가 파리초고에서 고전 국민경제학자의 고유한 언어로써 프롤레타리아계급에 있어서의 육체적 빈곤의 끊임없는 필연적 증대를 증명하려고 시도하고 있다는 점을 지적했다. 인용된 사실들은 다음과 같이 요약될 수 있다. 프롤레타리아37]의 생산의 양 및 질은 자본주의 사회의 어떤 발전 단계에서든 프롤레타리아의 소비의 가능성과 반비례한다. 그리하여 그는 그의 노동을 통하여 그 자신의 빈곤을 산출한다. 그렇다면 노동자는 그의 노동산물과 어떤 관계 속에 들어있는가? 그의 노동산물은 그에게 소원한, 그로부터 독립된 괴력(怪力)이 된다. 왜냐하면 그가 그의 산물에게 부여한 생명, 즉 그가 그 생산물을 만들면서 부여한 힘들은 그 자신에게 대해 적대적으로 저항하게 되기 때문이다. 즉 그는 대상적 세계를 자신에 대립되게 창출하는데, 이 세계의 내용적 풍부성은 그의 외적인 그리고 내적인 빈곤을 야기한다. 그의 노동산물은 독자적 법칙성(eine Eigenesetzlichkeit)을 발휘하게 되는데, 이 독자적 법칙성의 필연적 귀결은 주체를 그의 노동산물의 노예로, 세계창조자(De-miurgen)를 그의 창조물의 노예로 만든다. 실현의 과정 안에서만 개별자는 그의 현존재의 확증을 얻고 그의 본질 능력의 발

*37] 상품화된 노동자로 이해해야 하겠다. 따라서 '프롤레타리아의 생산의 양 및 질'은 '프롤레타리아라는 상품의 생산의 양 및 질'의 뜻이겠다. '프롤레타리아의 소비 가능성'은 '프롤레타리아라는 상품의 소비 가능성'의 뜻이겠다. —역주.

현 가능성을 발견한다. 하지만 자본주의 사회 안에서의 프롤레타리아의 실현(현실화)은 '노동자의 탈(脫)현실화(Entwirklichung)로 나타나고, 대상화(die Vergegenständlichung)는 대상의 상실과 대상에의 예속으로, 동화(자기화, die Aneignung)는 소외로 나타난다'(83).

노동자와 자신의 생산물과의 이러한 관계는 생산 행위 그 자체 안에서, 노동자의 생산 활동 안에서 직접적으로 표현되는데, 이 생산 활동의 결과는 생산물의 소외이다.

그렇다면 노동의 활동은 프롤레타리아에게 무엇을 의미하는가? 맑스는 다음과 같이 대답하고 있다. 노동은 프롤레타리아에게 '외적인' 어떤 것이요, 그것은 그의 인간적 본질과 아무런 관계도 지니고 있지 않다. 프롤레타리아는 노동 속에서 자신을 긍정하는 것이 아니라, 오히려 자기를 불행하게 느낀다. "노동자는 노동을 벗어나야(außer der Arbeit) 자기로 돌아오고(bei sich), 노동 속에서는(in der Arbeit) 자기를 상실한다(außer sich). 그리하여 그는 노동하지 않으면 편안하고, 노동하면 편안하지 않다"(85). 그의 노동은 강제 노동(Zwangsarbeit)이다. 즉 노동은(활동과 생명 발현으로서의) 생산물의 가공이라는 점에 있어서 직접적으로 욕망의 충족인 것이 아니라, 노동의 외부에서 일어나는 욕망을 충족시키기 위한 하나의 수단에 지나지 않는다. 이런 욕망은 노동자의 활동과 아무런 관계도 맺고 있지 않다. 그는 그가 일정한 시간 동안 즉 그의 '노동 시간' 내내 잡혀 있는 동안, 그와는 무관하고 소원한 사물을 제작한다. 그리하여 노동자의 고유한 신체적 정신적 에너지, 즉 그의 개인적 생명은 '그에게 저항하고 그로부터 독립된, 그에게 속하지 않는 활동이라는 의미를 지니고 있다'(86).

프롤레타리아의 '소외'의 두 측면은 상호 보충적이다. 노동 생산물이 대상화된 외화이듯이, 생산은 활동의 외화, 외화의 활동이다. 그리하여 맑스는 이미 정치국가에 대한 비판의 근저에 놓여 있던 것과 동일한 소외의 '구조'로 새로운 사실을 환원시키고 있다. 거기에서 사회의 '일반적 영역'으로부터의 시민 생활의 추상화가 개인의 일반적 생명력의 추상화로 이해되었듯이, 이제 외부 세계와의 추상적 관계는 추상화의 작용에 의하여, 또한 한 걸음 더 나아가 이 작용 자체의 추상화에 의하여 설명된다.

그리하여 맑스는 형식적 구조에 입각해서 인간의 '실현'과 '외와'에 관한 헤겔적 설명을, 본질적인 수정을 가하지 않고 받아들이고 있다. 그러나 맑스가 자본주의 사회 내부에서의 생산에 그것을 응용한 것은 명백히 중대한 의미를 지니고 있을 뿐만 아니라, 특수한 성격도 지니고 있다. 중대한 의미 : '직접적인' 노동의 생산이 인간적으로 정형화(定形化)된 객체 세계와, 또한 이를 매개로 직접적인 객체 세계와 한 사회와의 관계의 기초를 뜻한다면, 명백히 노동을 통한 근대 프롤레타리아의 '외화'도 자본주의 사회의 전체를 대표하는 것이다. 나아가 그의 육체적 예속으로부터의 해방의 가능성은 동시에 그의 인간적 소외의 극복의 가능성을 의미하지 않을 수 없다.

맑스가 전개하고 있는 사상의 특수한 성격은 일단 다음과 같이 예시되는 것으로 그쳐야 할 것이다. 자본주의 사회의 생산 과정은 그가 볼 때 부단한 외화 과정이다. 즉 그것은 그것의 내재적 변증법이 그것 자체를 넘어서지 않는 한 참된 동화(同化, 자기복귀, 자기화)의 경험을 방해하는 체계이다. 헤겔은 이러한 사상을, 자기 소외된 정신의 '세계'에 관한 자신의 서술로써 납득케 했다. 그러나 맑스는 **소외의 생산**이 그 궁극적인 귀결의 관점에서 보면 동시에 이러한 소외로부터의 **해방의 생산**이 된다는 점을 이제 명백히 부각시키고 있다.

초고들 안에서 이러한 사실은 국민경제학적으로 아직 불충분하게 논증되고 있기는 하지만, 거듭 요청되고 또 분석의 기조를 이루고 있다. 즉 자본주의 사회는 생산력의 특정 수준에 묶여 있다. 그런데 이 수준은 이 사회의 파리아 계급(Paria, 인도 카스트계급, 브라만, 크샤트리아, 바이샤, 수드라의 4계급에도 속하지 못하는 천민, 밑바닥 백성)의 노동을 통하여 초월된다. 따라서 자본주의사회는 궁극적으로 극복된다. 그리하여 지배계급의 관점에서 아이러니로 보이는 그들의 운명(그들이 불가피하게 노동의 필수적인 조직화를 통해 생산력을 그들 자신의 몰락에 이를 때까지 증대시키는 것)은 예속된 계급이 볼 때 그들 자신의 억압의 피할 수 없는 증가의 내적 의미요 당연한 근거로 여겨지는 것이다.

소외된 노동에 대한 맑스의 분석에 특유한 두 번째 귀결은 일단 물음으로서만 정식화될 수 있다. 노동자의 소외는 한갓 노동 생산물, 노동자의 활동-노동의 대상의 관례로부터만 도출되어온 셈이다. 객체는 '소원한', '독립적인' 괴력(怪力)이고, 프롤레타리아는 이 괴력에 굴복당했다. 또한 필연적으로 점차 더 심하게 이 괴력에 굴복해 가게 된다는 것이다. 따라서 이 대상 세계의 '주인'에 관해서는 아무런 언급이 없다. 그러나 여기에는 사회적 지배-예속 관계가 전제되어 있다. 말할 것도 없이, 노동자가 자신을 외화하여 이루어지는 생산물을 '점취하는' 자는 신이 아니라 다른 인간이다. "인간이 자연을 그의 노동을 통하여 더 많이 굴복시키면 굴복시킬수록 신(神)들의 기적은 산업의 기적에 의해 그만큼 더 불필요한 것이 되는데, 인간이 이 괴력을 위해 생산의 기쁨과 생산물의 향유를 포기해야 한다는 것은 얼마나 모순된 현상인가"(90).

'생산의 기쁨'은 확실히 생산하는 자에게 주어지지 않고 있다. 그렇다면 생산물의 점유는 생산하는 자의 '향유'로 이어지는가? '신의 기적'을 '불필요한 것'으로 만든 역사 과정이 지금까지 인간 사회의 한 배타적인 계급에 의해서만 이용될 수 있었던, 인간적으로 형성된 자연의 기적으로 귀착될 것인가? 부르주아계급이 비록 기계 속의 신(deus in machina)38]에 노예적 봉사만을 하고 있다 할지라도 앞 물음이 부정적으로 대답된다면 이러한 산업의 기적은 이 기적을 자신에게 복속시키는 지배세대를 기다리고 있지 않을까?

b. 헤겔과 맑스 : 지배와 예속의 문제

프롤레타리아의 상황이 자본주의사회 안에서의 그의 예속 상태에 의하여 규정된다면, 부르주아, 즉 소위 착취자(der Exploiteur)는 자신의 봉사적 노동 속에서 자신을 외화하는 이 노예에 대한 지배자로서만 이해될 수 있을 뿐이다. 지배-예속 관계(das Herrschafts

---

* 38]인간의 의도와 무관하게 운동하는 사회적 물질(자본)의 자립적 생명성, 즉 앞에서 언급된 소원한 괴력으로 둔갑한 객체 세계의 자기 운동성에 대한 비유적 표현—역주

Knechtschaftsverhältnis)에 관한 맑스의 서술은 다시 직접적으로 헤겔로 거슬러 올라간다.

이 문제를 놓고도, 맑스가 일차적으로 법철학이 아니라 현상학을 논의의 실마리로 삼고 있다는 것은 맑스에 있어서뿐만 아니라 헤겔에 있어서도 의미 있는 일이다. 우리는 일단 헤겔에 의해서 서술된 문제 논의의 한계를 지적하고 이것에 이어서, 우리가 아는 한 구체적으로 확정될 수 있는 맑스의 논의의 출발점을 서술할 것이다. 맑스의 사유 과정의 특징은 이러한 구획 설정을 통해서 가장 잘 이해될 수 있다.

법철학에서 어떤 문제도 빈곤과 '천민'의 점증적 산출의 위험(die Gefahr der zunemehnenden Erzeugung der Armut und des 'Pöbels') 만큼 심하게 헤겔을 번민케 하지 않았다. 이미 청년기 저작에서 빈과 부, 빈궁과 사치의 대립은, 우리가 앞에서 보았듯이, 현저한 중요성을 지닌다. 헤겔은 프랑스혁명을 갈등의 종결적 해결로 본 것이 아니라, 오히려 사회적 발전의 새로운 요소의 공표요 최초의 대두로서 간주했다. 그의 반응은 일단 현저하게 긍정적이었다. 그는 '우리의 옛 사회 질서'의 의문점에 대한 도덕적 각성, 즉 성장하는 의식을 환호했다. 아니, 그는 바로 백일하에 드러난 사회적 대립에 대한 지적으로써 사회 질서의 장래의 개혁에 대한 그의 희망을 정돈할 수 있을 것이라고 확신했다. 이미 현상학에서 이러한 대립의 부정적 결과는 보다 현저하게 강조되고 있고 최초의 '화해하는' 매개가 구성되고 있다.

법철학에서 유지적, 변호적 성향은('방탕과 빈곤 및 이 양편의 공동체적인 육체적, 인륜적 부패……의 광경'에 대한 묘사와 더불어 불려내진

시민사회의 저 위험에 대한 인식을 통하여 상승되어) 궁극적으로 우세를 보이고 있다. 하지만 경제학적, 사회학적 문제들은 그런 이유에서 결코 회피되는 것이 아니라, 헤겔이 지적해 두고 있는 스미드, 세이, 리카아도를 명백히 넘어서는 근본적인 변증법적 발전법칙을 통해 포착, 확정된다. "욕망을 통한 인간관계의 일반화와 이 욕망을 위한 수단을 마련하고 조달하는 방식의 일반화를 통하여 부의 축적이 증가한다. 왜냐하면 이러한 이중의 일반성으로부터 최대의 이익이 얻어지기 때문이다.

그러나 그것은 한 국면이고 다른 국면에서는 특수한 노동의 개별화와 제한성으로 말미암아 이 노동에 묶인 계급(die an diese Arbeit gebundene Klasse)의 예속성과 궁핍이 심화되는 바, 이것은 바로 시민사회의 보다 폭넓은 자유와 특히 정신적 편익에 대한 감지 및 향유의 불능을 초래한다."37] 그러나 시민사회가 방해받지 않는 활동의 바랄만 한 상태에 있는 동안에는 인구수가 증가할 뿐만 아니라, 헤겔이 아담 스미드와 더불어 확신했듯이 산업 즉, 부와 복지도 증대된다. 그러나 동시에 다른 한편, 위에서 제시된 법칙에 따라 노동 계급의 상황은 악화되지 않을 수 없다.

갈등은 이 이상 더 날카롭게 첨예화될 수 없다. 맑스조차 초고들에서 경제학적 유보 사항을 몇 가지 더 만들어 두고 있다. 근대사회 내부에서의 '궁핍'과 '빈곤'에 대한 서술은 물론 본래적인 문제 논의의 가장자리에서 더 많이 제시되고 있다. 하지만 개별적인 논급 내용을 모아볼 때, 맑스가 묘사하고 있는 것과 흡사한 상(像)이 개요적(概要的)으로 만들어진다.38] 핵심적인 말들은 이미 발전 법

37] Rechtsphilos. §243, vgl. §195.

칙의 일반적인 정식화 안에서 제시되어 있다. 즉 노동의 분화는 개인의 사회에 대한 '예속성'을 증대시키고—그리하여 무력하고 봉사적인 계급을 완전히 지배 계층의 적대 관계에 내던져 버린다. 직접적인 노동은 질적(質的)이고 보다 풍요로운 것이긴 하지만, 노동자의 활동은 '보다 제한적이고' 일면적이며 보다 기계적이다. 기계는 점차 현저하게 생산물의 직접적인 인간적 형성 행위를 대신하게 되고, 노동 가능성의 제한을 통해 노동자의 생존 기반을 위협한다.

이러한 계기들은 모두 소수의 손아귀에 거대한 부의 집중을 용이하게 하고, 이런 까닭에 이 계기들은 의식적으로 그리고 계획적으로 양성된다. 그러나 이로 인해 객관적 대립은 첨예화될 뿐만 아니라, 궁핍을 감수하는 계급에 있어서의 주관적 모순도 첨예화된다. 왜냐하면 이 계급의 욕망은 시민사회와 이 사회의 생계 수준의 발전에 묶여 있는 한편, 이러한 욕망의 충족 가능성이 낮아지기 때문이다. 그런데 이것은 맑스도 일찍이 인식했던 사실이다. 이러한 모순이 일정한 한도에 이르면 빈곤은 '천민'(Pöbel)을 산출한다(천민은 헤겔에 의하면 부, 사회, 정부 등에 대한 반감의 심적 상태Gesinnung에 의해 빈곤 계층과 구별된다).

헤겔은 자기만족의 다양한 가능성을 강조하기는 했으나(예를 들면 그는 영국 노동자를 칭찬을 곁들여 부각시키고 있다) 빈자의 '명예심'이 천민의 심적 상태로 옮겨지는 이행 현상을 궁극적으로 도덕적인 문제로 취급하려고 한 그의 시도는, 노동자가 그의 활동 방식을 통해 보다 높은 생활양식의 감지 및 향유의 능력을 상실하지 않을 수 없다는 그 자신의 통찰 내용과 양립하기 어렵다.

38] Vgl. § §198, 241, 244, Zus. § § 192, 195, 240, 244.

개인적인 능력과 소질의 계발은 노동자의 사회적 상황 속에서 명백히 불가능하다. 따라서 이 노동자는 자신을 그러한 상황으로부터 해방시킬 도덕적 의무가 있지 않은가?

헤겔은 문제 전체를 인도주의적 시각에서 고찰하고 있지 않다. 그의 문제는 시민사회와 국가의 존립을 위협하는 위험이다. 따라서 빈곤을 어떻게 구제할 것인가 라는, '특히 근대사회를 동요시키고 괴롭히는' 걱정은 헤겔에 있어서, 근본적으로 현저하게 심적 상태에 의해 위험스럽게 된 '천민'의 출현에 어떻게 맞설 수 있는가 라는 문제로 화한다. 헤겔이 평가적이라기보다는 확정적으로 소개하고 있는 개개의 제안들을 상세히 고찰할 필요는 없다. 그러나 그가 일차적으로, 직업 단체가 제공하는 도덕적 보호를 강조하는 것은 특기할 만하다. 직업 단체의 명예와 명예의 신성함은 헤겔에 있어서 '시민사회의 해체가 좌우되는 두 계기이고 따라서 두 인륜적 요인인데, 헤겔 자신이 확인하지 않으면 안 되는 바와 같이, 이 중 하나는 과거에 속하는 것인데 반해, 다른 하나(명예의 신성함)는 점차 강하게 문제시된다.[39] 그의 고찰 내용의 핵심은 시민사회가 "부의 양측면적 과도성[40]에 대해 충분히 부유하지 않다는, 즉 자신이 빈곤의 과도성과 천민의 출현을 방지할 만큼 고유한 자산을 충분히 소유하고 있지 못하다"는 자포자기적 확인을 내포하고 있다.[40]

그리하여 변증법적 발전의 결과는 미결의 문제로 남겨져 있다.

39] ebd, §255.

* 40]'부의 양측면적 과도성'이란 빈자계층은 과도히 빈곤하고 부자계층은 과도히 부유하다는 빈익빈 부익부 현상을 가리킨다.—역주

40] ebd, § 245.

중재 시도는 의식적으로 절대적인 조치로 파악되지 않고 있다. 하지만 헤겔이 지배-예속 관계의 외면적 사실을 무비판적으로 받아들이고 있다는 것은 어떻게 설명되어야 할까? 이러한 인륜의 체계가 사회의 일부를 그 사회의 육체적, 정신적 편익의 '감지'와 '향유'로부터 배제하는 사회적 관계를 전제하고 있다는 것은 가능한가?

헤겔은 빈부, 즉 사치와 궁핍의 대립을 인간적 지배-예속 관계와 동일시하지 않고 있다. 그가 다른 구절에서 정의한 바에 의하면, 나는 내가 나의 '일반적 활동과 현실'을 양도하는 경우에만, 즉 노동을 통해 구체화되는 나의 전체적 시간과 나의 생산 행위의 전체성을 양도하는 경우에만 나의 인격을 타인의 소유물로 만든다.41] 이에 반해 나는 나의 특수한 육체적, 정신석 능력의 개별직인 생신 활동을 시간적으로 한정된 사용을 위해 매각하는 한, 지배-예속 관계에서 바라본 그런 노예가 아니다. 헤겔이 강의에서 부연하고 있는 바에 의하면, 바로 그것이 아테네의 노예와 '우리 시대의 고용인' 간의 차이점이다.

사회학적 비교는 신중하게 선택된 예를 통해 이루어지고 있다. 그러나 헤겔이 그가 선택한 영국의 준거에 따라 설명하고 있는 프롤레타리아의 상황에 동일한 척도를 적용한다면 어떤 결과에 이르게 될까? 자신의 '추상적' 노동에 의한 특정 능력의 일면적인 활용은, 헤겔 자신이 강조하고 있듯이, 프롤레타리아로부터 그의 정신적, 육체적 가능성을 개발할 능력을 박탈해 버린다. 그리하여 프롤레타리아는 자신의 개성을 '발현할' 수 없게 된다. 그렇다면 그는 특수하고 시간적으로 한정된 활동과 함께 그의 가능한 활동의 전

41] ebd, § 67 und Zus.

체까지도 양도해 버리고 말지 않았는가? 한걸음 더 나아가 프롤레타리아의 노동 시간은 형식상 제한되어 있기는 하지만, 헤겔은 아주 정확히, '노동을 통하여 구체화되는 나의 전체적 시간' 즉 내가 실천적으로 나의 노동을 위하여 그리고 나의 노동을 통하여 '구체화할' 수 있는 나의 시간을 양도하는 경우만을 입론하고 있다.

그러나 프롤레타리아도 그가 자신을 타인의 소유물로 만드는 그 시간을 벗어나면 분명히 그 외의 어떤 시간도 노동을 통해 구체화시킬 수 없다. 왜냐하면 그 외의 시간을 노동을 통해 구체화할 수 있다면, 이것은 헤겔의 노동 개념에 따라 추론할 때, 프롤레타리아가 '외화(소외)된' 노동을 통한 형성을 넘어서 그의 소질과 능력을 발전시킬 수 있다는 것을 뜻할 것이기 때문이다.

헤겔에게 있어서 근대적 노예 상태의 가설은 노예 상태에 관한 그의 정의(定義)와, '직접적인 노동'을 담당하는 계층의 상황에 관한 그의 서술에 비추어볼 때 가능하다 하더라도 궁극적으로 역사철학적 근거에서 배격된다. 즉 법철학에서 말하는 공민(公民, Staatsbürger)은 노예 상태를 감당할 능력이 있음을 뜻할 뿐인 반성적 의지(der reflektierende Wille)의 입지점을 이미 넘어서 있다. 어떤 권리도 지니지 못한 노예라면 인륜적 국가 안에서 어떤 의무도 지닐 수 없어야 맞을 것이다. "이러한 이전의 참되지 못한 현상은 비로소 자신의 의식의 입지점에 겨우 올라서 있는 정신과 관련되어 있다." 여기에서, 즉 인간의 자연성으로부터 참으로 인륜적인 상태로의 과도기적 이행 단계에서는 불법이 위세를 잃지 않고 필연적으로 제자리를 굳히고 있다. 왜냐하면 노예 상태라는 사실에 관한 판단은 헤겔에 의하면 즉자대자적으로 그리고 추상적으로가 아니라 오직 역사적으로만 내려질 수 있을 뿐이다. 그러나 이것과 별도로, 헤겔이 강조하고 있듯이, 인격의 이념으로부터 자신을 폭력적으로 해방할 '절대적 권리'(das 'absolute Recht' des Sklaven, sich gewatsam zu befreien)가 나온다.42]

그리하여 우리는 헤겔과 맑스에 의한 지배-예속 관계의 비판을 비교하기 위한 다음과 같은 기초를 얻었다. 헤겔은 그의 법철학으로부터 인도주의적 비판(die bumanitäre Kritik)을 배제하고 있다. 그는 근대 시민사회의 모든 성원(成員)의 법적, 관념적 평등의 확인에(그 자신의 서술로부터, 이러한 평등이 환상적이라는 결론이 나온다 할지라도) 만족하고 있다. 또한 그는 천민의 무정부적 심적 상태의 방지에 관한(그를 동요시키고 괴롭히는) 문제를 해결하지 못했다. 이러한 위험이(노동자의 인간적 궁핍과 발맞추어) 필연적으로 증대되지 않을 수 없기 때문에, 근대사회는, 헤겔에 의하더라도 이 사회의 기초가 되는 원리의 필연적 귀결로 말미암아 위협받는다. 하지만 사회적 지배-예속 관계의 비판은 역사철학 속으로 그리고 현상학과 엔치클로페디의 역사론적으로 해당되는 절(節) 속으로 추방되고, 그리하여 구체적인 인식은 어떤 직접적인 철학적 구속력도 얻지 못하고 있다. 우리가 이미 위에서 일반적으로 명시했던 이러한 사실은 특히 헤겔-맑스 관계가 혁명가를 통한 체계론자의 철학적 제규정의 현실화에 국한되는 곳에서 지적되어야 했다.

지배-예속 관계의 인간적인 문제는 현상학에서 헤겔에 의해 가장 상세하게 논술되고 있다.43] 맑스는 이것을 논의의 실마리로 삼

42] ebd, § §21. u. 35/§261/§57 u. Zus.

43] Selbstbewußtsein. IV. Die Wahrheit der Gewißheit seiner selbst. A.

을 수 있었다. 그런데 그가 헤겔의 설명을 자신의 사상으로 보충함이 없이 일단 근대적 상황에 다만 전용(轉用)하고 있을 뿐이기 때문에, 우리는 그 평행적 일치성에 관한 간략한 논술에 관심을 국한시킬 수 있다. 맑스의 전용태는 그것의 원형과 철저하게 부합된다. 왜냐하면 이미 헤겔은 그가 현상학에서 서술하고 있는 주인과 노예의 인간적 관계를 의심할 바 없이 대체로 빈부의 대립이라는 근대적 현상으로부터 도출해내고 있기 때문이다.

현상학에서의 헤겔의 노동 변증법은, 우리가 위에서 입증했듯이 개체성과 일반성 간의 사회적 변증법과 대응한다. 따라서 객체 세계의 동화 형태(同化形態, Aneignungsformen)의 수준은 공동체 형태의, 즉 인간과 인간의 관계의 발전 형태에 의해 그때그때 확증된다. 거꾸로 사회적 제조건은 다시 개인적 외화와 동화(자기화)의 양식 속에 반영된다. 주체의 대자성(對自性)이 그의 실재적 외화를 통해서만 확증될 수 있듯이, 개인은 다른 자기의식에 의해 '인정'되고 동시에 이 다른 자기의식도 스스로의 대자존재를 인정받게 되는 한에서만 그의 대자존재에 도달할 수 있을 뿐이다. "각자는 타자에게 각자 자기 자신과 매개하고 결합하는 중심(die Mitte)이 되어 주고, 또 각자는 자기와 타자에게, 이러한 매개를 통해서만 그렇게 대자적이 되는 직접적인 대자적 본질이다. 양자는 자신들을 상호 인정함으로써 인정된다.44]

맑스의 '인간의 자기 관계'(das Verhältnis des Menschen zu

Selbstständigkeit und Unselbstständigkeit des Selbstbewußtseins ; Herrschaft und Knecht. Hofmeister, S. 141-150.

44] Phänom., S.143.

sich selbst)는 그의 다른 인간과의 관계를 통해서야 비로소 그에게 대상적으로, 현실적으로 된다.(90) 이러한 '인정'(Anerkennen)은 헤겔에 있어서 '확증'과 같이 최종적으로 확정 가능한 것이 아니라, 그의 본질에 따라 과정적인 것—타자 속에서의 그리고 타자를 통한 자기 상실과 자기 획득의 변증법이다. 또한 헤겔이 풀어가는 인간 대 인간의 관계도 결코 정신적-비의적(秘義的) 관계가 아니라 행위에 있어서, 즉 개인들의 주체적 행동 속에서 현상한다. 이런 이유에서 그는 한편으로 이러한 인정 행위의 좌절(인정의 상호성, 즉 대등한 자유가 일방적 인정 상태가 빚어짐으로써 부정됨—역주)을 지배-예속 관계로 서술하고, 다른 한편 주인과 노예의 관계를 그들의 활동의 객체에 대한 관계로부터 도출할 수 있게 된다. 즉 노예는 그가 지양할 수 없는 자립성을 지닌 객체적 존재(das Sein)에 속박되어 있다. 이에 반해 주인은 노예의 이러한 가공(加工) 행위를 통하여 대상의 '향유'에 도달한다. 따라서 노예는(그가 자신의 대자성을 외화하는) 그의 노동 속에서, 주인이 노예에 대해 집행하는 것과 동일한 것을 행한다. 즉 노예는 대자존재로서의 자신을 지양하고 비자립적 의식으로서의 자신을 주인에 대해 정립하는 것이다.

그러나 이러한 노예적 의식의 인정 안에서 주인은 그 자신의 확신의 진리성을 얻지 못한다. 인간적 인정 행위의 좌절 속에서는 노예뿐만 아니라 주인의 개체성이 안고 있는 '진상', 즉 **비자립적** 자기의식이 개시, 폭로되는 것이다. 양자의 진상은 아직 '형성·도야'(Bilden)에 도달하지 못한 노예의 외화된(소외된) 노동 속에서 그리고 이러한 외화된(소외된) 노동을 통해 매개된 주인의 향유 속에서 각각 현상한다. 그리고 거꾸로 대상에 대한 일면적 관계(향유 없는 노동-노동 없는 향유)는 주인과 노예라는 인간관계의 형식으로 현상한다.

이와 똑같이 맑스도 다음과 같이 설명하고 있다. 생산의 모든 대상 및 노동자의 생산 활동에 대한 유산자(der Vermögende)의 관계는 자신의 생산물과 생산 행위에 대한 노동자의 관계의 한 귀결이다. 그리고 다시 뒤집어 보면, "그(노동자)가 부자유스런 것으로서의 그 자신의 활동과 관계한다면, 그는 봉사 속의 활동, 즉 한 인간의 지배, 강제, 멍에 아래에서의 활동으로서의 그 자신의 활동과 관계하는 셈이다."(90f.) 그리하여 인정은 일방적이다. 즉 노예만이 주인이 노예에 대해 하는 것(대자존재의 지양)을 행한다.

그러나 헤겔에 의하면, 본래적인 진정한 인정을 위해서는 '주인이 타자에 대해 하는 것을 자기 자신에 대해서도 하는 계기'가 결여되어 있다.45] 이와 동일하게 맑스도 "비(非)노동자는 노동자가 자기 자신에 대해서 하는 모든 것을 노동자에 대해서 행하지만, 그가 노동자에 대해서 행하는 것을 자기 자신에 대해서는 조금도 행하지 않는다"(94)고 말한다.

헤겔은 계속해서 다음과 같이 규정하고 있다. 한걸음 더 나아가 '노예가 자신에 대해 행하는 것을 타자에 대해서도 행한다'는 계기가 결여되어 있다. 바로 이것은 맑스에 있어서 프롤레타리아의 혁명이다.

c. 맑스 : 사유재산제의 원리

45] ebd, S. 147.

맑스는 일단 프롤레타리아 노동이라는 경제학적 사실에 대한 분석 성과를 아주 간결하게 다음과 같이 정식화하고 있다. 그는 '이러한 사실의 개념', 즉 '소외된, 외화된' 노동을(헤겔의 시각에서) 언표했다.(89f.)46] 한 걸음 더 나아가 그가 주인-노예(지배-예속) 관계에 관한 헤겔의 서술에 힘입어 소외 명제를 비(非)노동자, 즉 노동의 주인(der Arbeitsherr)까지 확장하고 있다는 점이 보충된다. 노동에 대한 이러한 주인의 지배는 자본 축적의 가능성, 즉 우월한 점유에 기인하는 우월한 권력의 가능성에 기초한다. 이러한 대립의 형식론은 분석의 출발 입장, 즉 자본과 노동이라는 확립된 사유재산제의 두 요소의 대립에 대응한다.

그렇다면 주인은 노동 생산물과의 관계 안에서 왜 '그 자신에

46] 물론 맑스는 서술된 분석으로부터 다음과 같은 주장을 도출해내고 있다. 사유재산은 소외된 노동의 원인이 아니라 오히려 그것의 한 귀결이다. 이것은 '신이 **근원적**으로 인간의 정신적 혼란의 원인이 아니라 결과라는 것'과 유사하다. "나중에 가서야 이러한 관계는 상호작용으로 전환된다"(91f). 이러한 추론 결과는 분명 하나의 petitio principii(잘못된 전제로부터 도출된 잘못된 결론)이다. 즉 맑스는 프롤레타리아의 노동을 경제 체계 내에서 분석했기 때문에(외화된 노동의 개념을—그 자신이 강조하고 있듯이—'사유재산의 운동'으로부터 얻었기 때문에), 맑스가 그의 분석으로부터 다시 사유재산제의 원리를 연역할 수 있다는 것은 당연한 사실이다. 그렇다면 그가 어떻게 소외된 노동의 인과적(因果的) 우위성을 받아들이게 되는가? 논리적 추론 결과로서 그의 명제는 근거가 불충분하다. 이 명제는 또한 어떤 역사학적 경험 직관에 의해서도 입증될 수 없다. 하지만 우리는 이 명제를 받쳐주는 근본적 흐름, 즉 이 명제 안에는 논리필연적인 일관된 의도가 밝혀지고 있다는 점을 이해하고 수긍할 수 있다. 즉 주객 관계(das Subjekt-Objektverhältnis)는 발전의 우선적 요인이고 따라서 역사적으로 소외의 우선적인 요인이다. 그리하여 나중의 변증법적 유물론은 생산력의 발전에 일차적인 관심을 돌리게 된 것이다. 그러나 소외론 안에서 인간적 자연 형성의 특정한 수준이 어떻게 그리고 언제 인간 소외-이것의 귀결은 '나중에'(!) 사유재산이어야 옳다-를 함축하게 되는가라는 문제는 완전히 해결되지 않은 채 남아 있다. 우리는 이 문제를 보다 폭넓은 관련 속에서 다시 한 번 취급하게 될 것이다(제 3장 제 4절 c절).

대한 확증'을 얻지 못하는가 라는 새로운 물음이 정식화될 수 있다. 보다 정치하게는 생산 수단에 대한 지배 형태가 왜 소외의 귀결일 뿐만 아니라, 현상 **그 자체**로서 소외의 표현인가? 프롤레타리아의 노동에 관한 서술에서처럼 여기에서도 분석이 새로이 개시되어야 하고 또 거기에서처럼 지배-예속 관계를 일단 괄호로 묶어 보류해 둘 수 있다. 맑스는 교환 과정에 관한 형식적 서술로부터 출발하여 사유재산이 교환 과정의 참가자들, 즉 사유재산의 소유자들에 대해 지니는 배타성의 필연적 귀결을 논술함으로써 그러한 분석을 수행하고 있다.

이후 우리의 인용 사례에 토대가 되는 것은 맑스가 J. S. 밀의 『정치경제학의 요소』(*Eléments d'écomomie politique*)에서 뽑은 발췌문에 가하고 있는 행간(行間) 주석이다.

인간적 관계가 아니라 상호적 생산의 **대상**은, 상호적인 배타적 점유에 의해 규정되는 한, 교환 과정을 매개한다. 예를 들면 내가 어떤 대상을 나 자신이 소비하려고 의도하는 것보다 더 많이 생산하자마자, 나는 이 잉여 생산(Mehrproduktion)을 통해, 나의 생산 속에서가 아닌 타자의 생산 속에서 자신의 대상화(Vergegenständlichung)를 구하는 욕망을 충족시키고자 노력한다. 그러므로 나의 잉여 생산에는 타자의 욕망이 계산되어 있다. 즉 나는 겉으로 볼 때만 나의 생산의 대상으로부터 잉여량을 생산했을 뿐이다. 왜냐하면 실은 나는 내가 이 잉여를 교환하고자 염두에 둔 대상, 말하자면 다른 대상을 생산하고 있기 때문이다. 나는 이러한 교환을 사유 속에서 항상 수행했고, 나 자신의 대상화로서, 즉 나의 욕망의 대상화로서의 그 대상과의 직접적 관계를, 내가 생산하기 전에 그리고 생산하는 동안, 포기한 셈이다(따라서 교환이 실제로 성립하는가 라는 것은 결정적인 것이 못된다).

그렇다면 다른 인간과 그의 생산은 나에게 어떤 의미를 지니는가? 그의 욕망, 그의 인간적 욕구는 나와 무관할 수밖에 없다. 즉 중요한 것은 그의 생산물, 그의 소유물, 내 것과 등가적(等價的)인 대상의 점유일 뿐이다. 다른 인간이란 나에게 있어 어디까지나 내가 점유하고자 하는 대상의 생산을 위한 수단, 도구에 지나지 않는다. "우리가 서로서로 말하는 언어 중 유일하게 소통될 수 있는 것은 상호적 관계 속에 들어 있는 우리의 대상들이다"(545). 그러나 타자의 대상은 나에게 무엇을 의미하는가? 타자는 나를 위해서가 아니라 나의 대상을 위해 자신의 대상을 생산한다.

생산 행위 속에 오로지 이러한 교환 과정만이 지향되어 있어서 생산물 속에서는 타자의 직접적인 욕망도 나의 욕망도 실현되지 않고, 오히려 다만 교환 가능성의 계산된 성질만이, 어찌 보면 협잡(die Übervorteilung)의 시도, 즉 나의 욕망을 위한 낯선 노동의 가상(假像)만이 실현된다. 거꾸로 나도 타자가 나에 대해 기대하는 것을 다시 행하며, 나는 타자가 내 안에서 보는 바로 그것이다. 왜냐하면 나는 다른 대상을 내 것으로 삼기 위해 나 자신을 나의 대상의 수단, 도구로 만들기 때문이다. 이것은 결정적인 것이다. 우리는 상호적으로 우리의 생산물을 다른 생산물에 대한 위력으로 간주하고 있듯이, 또한 그것을 우리 자신에 대한 위력으로도 간주한다. "우리 자신의 생산물은 앞발을 들고 우리에 대해 대항하는 자세를 취하고 있다. 즉 그것은 우리의 소유물처럼 보였지만, 실은 우리가 그것의 소유물이다"(ebd.).

이러한 사유 과정의 핵심은 다음과 같다. 내가 교환을 목적으로 생산하는 생산물이 타인의 배타적 점유에 들어가기 때문에, 그리하여 대상으로서 나에 대해 무관하게 되어 나의 관여권을 상실하지 않을 수 없기 때문에, 나는 대상이 나의 배타적 점유 속에서 아직 들어 있는 동안에도 나를 이 생산물의 노예로, 노비로 만든다. 나는 낯선 대상을 위해서만 생산하고, 이 대상도 마찬가지로 낯선 대상들을 향한 어떤 욕망의 생산물에 불과하다. 따라서 대상은 직접적으로도 또 간접적으로도 나를 위한 것이 아니고 다른 인간은 나에게 다만 이러한 교환 관계의 추상적 객체로서만 나타날 뿐이다.

맑스가 '자연적' 생산 또는 로빈슨 크루소 식 생산의 실례를 취하고 있는 것은 당연한 것이다. 나의 욕망의 한계가 나의 생산의 한계와 일치할 때, 욕망의 내용은 직접적으로 생산된 대상과 자연히 일치한다. 그러나 이러한 예는 우리에게 이 이상의 것을 알려주지 못한다. 왜냐하면 비판되는 현상은 개인적 노동의 사회적 결정 자체에 기인하는 것이 아니라(이럴 경우 이러한 논박은 명백히 불변적인 사실을 비판하는 사소한 짓으로 끝나고 말 것이다), 생산물과(보다 폭넓은 의미에서의) 생산 수단의 점유의 배타성에 기초한 생산 과정의 특수한 사회적 제약성에 기인하기 때문이다. 두 개의 원리적으로 이질적인 요소(사실적 결정과 배타적 생산과 점유)의 이러한 통합을 통해서야 비로소 소원하고 자기 법칙적인 대상성에 대한 '상호적 양도'의 현상이 설명된다.

이것은 이러한 비판의 이데올로기적 측면을 통하여 가장 명백히 드러난다. 즉 노동 행위의 사회적 관계는 자본주의 사회 안에서 노동 생산물을 통해 매개된다. 생산자와 소비자의 관계는 순수하게

'대상적인' 관계이다. 사적(私的) 생산 수단과 배타적 소유 관계의 복합체의 사회적 접촉이 노동 생산물의 교환을 통해서야 비로소 이루어지기 때문에 생산 과정의 사회적 조건들은 교환 담당자들에게 있어 생산물, 즉 교환 객체의 사회적 성격으로 나타난다.

그리하여 근대 개인주의자는 다시 그의 현존재의 구성적 계기, 즉 그의 사회성(인간학적으로는 그의 '일반적 본질 능력')을, 여기에서는 종교적 추상에서처럼 '일반성의 하늘'로 이해되는 것이 아니라 실재적, 현상적 생산물, 즉 상품으로 이해되는 초주관적 영역 속으로 투영시키고 있다. 맑스는 이러한 현상을 『자본론』 제1권에서 '상품의 물신적 성격'(Der Fetischcharakter der Ware)이라는 제목 아래에 상세하게 분석했다. 그가 거기에서 제시하는 근본 명제들의 정식화는 파리초고 안에서 예시된 것을 빼어나게 정치하게 묘사하고 있다. "그리하여 상품 형식의 비밀스런 측면은 단순히, 상품 형식이 인간에게 그 자신의 노동의 사회적 성격을 노동 생산물 자체의 대상적 성격으로서, 즉 이러한 사물들의 사회적 자연 본성으로, 따라서 생산자와 전체적 노동의 사회적 관계도 그의 외부에 실존하는 대상들의 사회적 관계로서 재반영해 주는 점이다. 이러한 전도(轉倒)로 말미암아 노동 생산물은 상품, 즉 감성이란 점에서는 초감성적인, 또는 사회적인 사물(sinnlich überinnliche oder gesellschaftliche Dinge)이 된다."47]

이러한 현상의 두 번째 측면은 비록 맑스의 그 어떤 명백한 시사도 제시되어 있지 않다손 치더라도, 소외론의 구조 원형으로부터 이미 형식상 추론되었다. 사유재산가의 개인적 '실현'과 '확증'은,

47] *Das Kapital,* hrsg. v. F. Engels, Hamburg 1922. Bd.,1, S.38.

생산 과정과 교환 과정의 사회적 기능이 그에게 오로지 생산물의 자립적 특질로서만 나타난다면, 필연적으로 좌절된다. 생산물의 자기화 또는 점유가 타자에 대한 개인적인 자기 전유(自己專有, Zueigen-Sein)에 기초한다는 사실(생산 과정 자체에 내재하는 경향), 즉 사유재산가가 사회적으로, 즉 타자를 위해서 생산하지 않는다는 사실로 인해 생산되는 생산물 및 소비되는 생산물은 그 자신에 대해 소원하고 외적인 '사물적' 객체(ein fremdes, äußerliches 'ding'-haftes Objekt)가 된다.

우리는 맑스가 시초부터 부르주아적 개인주의의 환상을 꿰뚫어 보고 부르주아 사회의 각 발전 단계를 구성하는 원리들의 자기 법칙성을 지적하고 있음을 살펴보았다. 이러한 근대 개인주의의 독특한 영역(자본주의 사회의 경제적 적대 관계)에 관한 그의 인상과 지식이 더 집약적이고 구체적일수록 그는 그의 비판에서 지적되는 그 역설적 현상을 그만큼 날카롭게 첨예화시키고 있다. 즉 객관적 법칙성의 체계에 대한 개별자의 자기 양도 상태(das Ausgeliefertsein), 모든 부분적 특수태들의 결정, '자유로운' 노동자와 '자유로운' 기업가들에 대한 추상적, 사회적 기능주의의 지배는 바로 '부분으로 분할된' 개인의 자유, 즉 사적 소유의 배타성의 원리로부터 설명된다.

도처에서 '소외'의 이와 같은 특징은 되풀이된다. 즉 배타성은 소원성이고, 분열성은 상실이고, 일방적 대립은 상호적 대립이다(Die Exklusivität, das Geteiltsein Verlust, das Gegenüber ein Gegeneinander). 그리고 도처에서 인간 자신은 이러한 외적, 내적 분열의 생산자로서 폭로된다.

맑스는 '일반성의 계기'의 '화해적 측면'을 겉보기에는 자의적인 것으로 여겨지는 개인적 활동과 욕망의 사회적 복합체의 법칙성 속에서 찾았는데, 이것은 헤겔이 이러한 법칙성의 사실 안에서가 아니라, 이 법칙성으로부터 그가 도출해내고 있는 귀결 안에서, 즉 인간에게 소원하고, 겉보기에는 아무런 영향이 없는 자연 법칙적 기능의 미래적 장악, 형성, '인간화' 속에서 찾았던 것과는 상반된다.

개인주의적 자유의 부르주아적 풍토는 맑스가 볼 때 환상적일 뿐만 아니라 동시에 개인의 무조건적 의존의 발생 요인이다. 이런 이유에서 그는(헤겔의 국가처럼) 자신을 다시 '개인에 대립해서 확정하지' 않는 공동체를 요구하고 있고, 따라서 그는 그가 두말할 것 없이 포이에르바흐의 대의적 이념과 매개자적 이념을 통해서만 서술할 수 있는 저 '직접적인 종합'을 구축하고 있다.

개인적 자유의 환상주의는 프롤레타리아와 사유재산가의 객체 세계에 대한 관계 속에서 그것의 필연적 표현을 결과로서 얻는다. 맑스가 언급하고 있는 생산자에 대한 생산물의 '지배'는 단순히 비유적 의미만을 지니고 있는 것이 아니다. 생산물이 이러한 굴복 과정을 경험하는 신비적 주체로서 이해되는 경우는 훨씬 드물다. 오히려 프롤레타리아는 그의 노동의 생산물로써 그의 전제자, 즉 부(富)를 산출하고, 이와 마찬가지로 사유 재산가도 바로 생산 과정에 대해 전형적으로 행동주의적인 태도를 취함에도 불구하고 그의 소유물 및 소원한 객체에 굴복한다.

우리가 앞에서 순수하게 본질적 차원에서 서술했던 이러한 현상은 근대 기업가에 관한 맑스의 몇 가지 논술을 통해 최종적으로 특수한 생활양식의 유형(類型)으로서 보다 구체적으로 밝혀져야 할 것이다.

그러나 맑스가 '노동하고, 무미건조하고 경제학적인 실업가'의 인물상을 구체적으로 간파하고 있다는 사실은 흥미롭다.(131) 맑스는 산업가를, 그가 자본주의 사회 내부의 시대착오적 현상으로 간주하고 있는 '향유욕에 가득 찬 소비적인' 주인의 유형으로부터 극명하게 구분하고 있다. 이러한 '주인'은 소시민(der Kleinbürger)처럼 봉건주의의 사회적 잔존물에 속하고 프롤레타리아와 부르주아라는 두 암반(岩盤) 사이에 끼어 있는 것처럼 어느 쪽으론가 찢어져 나갈 것이다. 그의 '대범하고', '비천하고', '변덕스럽고', '재기발랄한' 무예견적 덤덤함은 '부를 아직 자신을 지배하는 전적으로 소원한 권력으로' 경험하지 않았다(136).

맑스가 내리고 있는 판정은 그의 사회적 논박에 대해 유용한 귀결을 낳고 있다. 이 판정은 순수히 '향유적' 수탈(Ausbeutung)이라는 천진하고 절대화된 관념에서 해방되어 있다. 적대자는 훨씬 더 진지하게 취급되고 있고 그의 **금욕적** 윤리는 놀랄 만큼 선명하게 통찰되고 있다. "물론 산업적 자본가도 향유한다. 그런데 그는 욕망의 부자연스런 단순성으로 결코 뒤떨어지지 않는 까닭에 그의 향유는 부차적인 사실, 즉 기분 전환에 지나지 않고 생산에 예속된 것이고, 이런 점에서 **계산된**, 따라서 **경제학적**인 향유일 뿐이다. 왜냐하면 그는 자본의 코스트에 맞춰 자신의 향유를 채우고, 따라서 그의 향유는 그로부터 꼭 그만큼의 대가를 요구하므로, 그에게서 소비된 것은 자본의 재생산을 통하여 이익이 붙어 다시 보충되기 때문이다. 그리하여 향유는 자본에 포섭되고 향유하는 개인은 자본화하는 개인에 포섭되는 것에 반해, 이전에는 그 반대가 성립

했다”(137).

맑스는 자기의 경험적 직관으로부터 이러한 인식에 도달할 수 없었다. 그러나 대신 그는 그의 인식의 전거, 즉 영국 국민경제학을 제시하고 있다. “이 경이적인 산업의 과학은 동시에 **금욕**의 과학(die Wissenschaft der *Askese*)이고, 그것의 참된 이상(理想)은 **금욕적이되 탐요스런** 수전노와 **금욕적이되 생산적인** 노예(der *asketische*, aber *wuchernde* Geizhals und der *asketische* aber *produzierende* Sklave)이다”(129f,). 이 과학의 도덕은 영리, 절약, 냉정(Erwerb, Sparsamkeit, Nüchternheit)이다. 이러한 교호 관계는 특별한 것으로 고찰되고 있다. “도덕의 국민경제학은 양심, 덕 등의 부(富)이다”(131). 마지막으로, 맑스가 『자본론』에서 명백히 근대적 상품 생산과 기독교의 관계를 주목하도록 만들고 있는데, 그것도 이른바 그의 ‘부르주아적 발전, 프로테스탄티즘, 이신론(理神論) 등’48]에서 주목하도록 만들고 있다는 사실이 하나 더 지적되어야 할 것이다.

맑스가 ‘소유’(das Haben)를 궁극적인 목적으로 설명한다면 이러한 생활 형식, 즉 절제의 금욕적 풍토를 올바로 해석한 것인가는 의문스럽다.(118) 하지만 ‘소유’ 대신 노동의 자기 목적을 전면에 내세운다 할지라도, 맑스가 자기의 생명 활동 및 이것의 객체와의 ‘소외된’ 관계로 규정하고 있는 저 전형적인 악순환(jener typische circulus vitiosus)은 남아 있다. 즉 ‘점유의 실현태들’은 그 자체가 단지 생활 ‘수단’으로 파악되고 노동 자체는 다시 ‘생활’ 수단의 산출을 위한 수단으로 파악된다.

48] ebd,, S.45.

근대적 산업가는 그의 소유물을 향유하기 위해서 소유하는 것이 아니라, 획득(das An-sich-bringen)의 과정을 자기 목적으로 향유한다. 그러나 우리가 앞에서 살펴보았듯이, 그는 이러한 획득 과정 속에서 그때마다 그 자신의 생산물이라는 매개체를 통해, 유사한 생산 의도의 '대상화'를 다시 재현하는 소원한 과정에 굴복한다.

4. 소외의 변증법과 그 역사철학적 정초(定礎)

a. 헤겔과 맑스 : 노동과 욕망

우리는 파리초고에서 윤곽이 예시되고 있는 소외의 변증법을 해석함으로써 칼 맑스의 청년기 저작 안에서 이루어지고 있는 소외 현상에 관한 논의를 마무리했다.

헤겔을 논의의 실마리로 삼는 것은 맑스의 사유 과정에 의해 재현되고 있을 뿐만 아니라, 문제 설정의 해명에 독자적으로 이바지한다. 왜냐하면 맑스는 명시적인 설명 없이 헤겔의 문제 설정을 전제로 하고 있기 때문이다. 따라서 맑스의 출발점은 그것을 한갓 그의 초고로써만 해명하려고 할 경우 여기에서도 불분명한 것으로 남게 된다.

사람들이 헤겔을 그가 '시민사회'에 관한 그의 후기 서술에서 합리적 기계론적인 노동 개념을 정초했다고 비난한 것은 일리가 있다.[49] 하지만 법철학에서의 노동 개념의 형식론적 형태는 헤겔 자신의 전제(시민사회의 '방해받지 않는 활동성')를 어떻게 넘어서는가를 밝히고 있다.

인간적으로 정형화된 갖가지 생산 행위를 통해 충족을 요구하는 인간의 욕망은 질적으로나 양적으로 결코 고정될 수 있는 상수(常數)가 아니다. 그것은 도달된 생산 수준을 그때그때 넘어선다. 생산의 다각화(多角化)는, 욕망의 특수화와 추상화가 생산물과 생산 수단의 전문화에 대응하듯이, 인간의 욕망의 증가에 대응한다.

이러한 도식론적 구성으로부터 헤겔은 인간적 생활양식의 문명화('세련화')의 현상을 도출한다. 그는 이 과정의 일반적인 문화적 조건과 귀결에 주목하도록 만들고 있기는 하지만, 이 조건과 귀결을 근본적으로 **욕망-생산** 변증법 아래 포섭하고 있다. 개인적 노동의 사회적 결정도 이러한 변증법적 과정의 변경 요소로서만 이해되고 있다. 따라서 이러한 계기(사회적 일반성—역자)는 대자적 수단과 이것의 점유를 위한, 즉 욕망과 충족의 방식을 위한 특수한 목적 규정이 된다."50]

스스로 설정되는 문제들을 끝까지 사유하는 것은 헤겔적 체계의 테두리 안에서 불가능한 것으로 여겨진다. 모든 부분적 특수태를 점점 더 많이 자신의 촉수(觸手)를 써서 포괄하는 이 사회의 정체는 무엇[wer]인가? 그것은 많은 상호 의존적인 개인들의 상호 대립(ein Gegeneinander)이다. 무엇이 진행 과정을 규정짓는가? 그것은 상호적으로 결정되는 사적 이익의 이러한 상호 대립의 사실에

49] Hans Freyer의 비판 참조. *Die Bewertung der Wirtschaft im philosophischen Denken des 19. Jahrhunderts,* Leipzig 1921, S.57ff.

50] Rechtsphilos., §193.

의해 수정받는 욕망과 생산의 변증법이라는 사실이다.[51] "따라서 욕망은 직접적 방식으로 이것을 담지하고 있는 자에 의해서 산출되는 것이 아니라 오히려 욕망의 발생으로부터 이익을 구하는 자들에 의해 만들어진다."[52]

헤겔은 이러한 과정을 '전혀 끝이 없는 것이고 무한으로 계속되는 것'(즉 악무한적인 것—역주)으로 여기고 있다. 어떠한 편리성이든 다시 불편을 낳는다. 즉 감각은 끝이 없다. 따라서 근대 시민사회에 내재해 있는, 헤겔에 의하면 해소될 수 없는 갈등은 현재의 사회 체제를 파괴시키지 않을 수 없게 된다. 우리는 이러한 귀결이 헤겔의 개별적인 규정들의 자의적인 조합으로부터 생겨난다고 생각하는 것이 아니라, 이러한 귀결이 역사적으로 주어진 전제로부터 논의를 출발하려고 모색하는 논술 속에서 의식적으로 마련된 것이라고 생각한다.

이것은 헤겔이 위에서 논술된 사유 과정 속에서도(특히 우리에게 남겨진 강의록으로부터 뽑은 주석 안에서) 몇몇 애매하고 불확실한 다리를 놓으려고 시도하고 있다는 것을 뜻하지는 않는다. 따라서 헤겔은 이제 결국 충족되어야 하는 것이 '결핍(Bedarf)'이 아니라 '의사'(意思, Meinung)라는 점을 지적하고 있다.[53] 그러나 두 개념은 상대적 개념에 비추어 본 헤겔 자신의 전제이다. 그런데 '결핍'이 인간적 생명체의 육체적으로 필수적인 욕망 충족(즉 인간학적 추상화)이라면, 그것은 이러한 변증법의 가설적 토대로서만 의미를 지

51] Vgl. §95.

52] ebd, Zus. §191.

53] ebd, Zus. §190.

닌다. 그러나 그 개념이 보다 폭넓은 의미 속에서 사용된다면, '결핍'을 '의사'로부터 구분 짓는 것은 명백히 생각하기 나름의 문제이다. 두 경우에 있어서 어떤 개념을 쓰든 욕망의 다양화라는 사실은 확고부동한 것이다.

이에 반해 화해적 계기의 다음과 같은 구축은 완전히 환상적이고 헤겔의 그러한 통찰과 모순되는 것이다. "욕망의 다양화 속에는 바로 욕구의 제어라는 면이 내포돼 있다. 왜냐하면 인간이 많은 것을 사용한다면 그가 필요로 하는 어떤 한 가지 것에 대한 강박관념도 그렇게 심각하지 않고 또한 궁핍이 대체로 그렇게 강력하지 않다는 징표이기 때문이다."54] 반대로 헤겔에 의하면, 위에서 이미 언급한 바와 같이, 노동 계층의 궁핍은 그들의 욕망이 사회적 욕망의 다양화에 좌우된다는 사실로 인해 바로 주관적인 면에서 더욱 커진다. 한걸음 더 나아가 '한 가지 것에 대한 강박관념'이(마찬가지로 헤겔 자신의 통찰에 의하면) 다름아닌 경쟁 속에서 점증적으로 사회화해감에 따라 상호 인공적으로 조작된다.

이 이상의 설명으로 보충되어 있는 헤겔의 이 두 논증은 그의 논술의 심리적 배경을 암시하는 데 충분하다.55]

진보에 대한 헤겔의 가설(die Hegelsche Fortschrittshypothese)의 형식주의는 본성적으로 수많은 문제점과 반론을 안고 있다. 그리하여 예를 들면 생적(生的) '필연성'에 대한 암묵적으로 전제된

54] ebd,

55] 이런 관점에서 보면, 국가철학에 대한 해석이 보수적 경향을 강조하느냐 개혁적 경향을 강조하느냐 라는 문제는 부차적인 의의밖에 없다. 이 두 경향은 역사적으로 시대착오적인 사상과, 프러시아 군주정의 근본적 비판에 대한 영국적 헌법 요소의 전용(轉用) 등이 명백히 보여주고 있듯이, 바로 헤겔 국가철학 안에 모두 내포되어 있는 것이다.

관념은 불분명한 채 남아 있다. 일단 많은 적든 분화된 형식으로 이루어지는 직접적 자연의 가공 작업은 특수하게 구성된 육체적 생명체로서의 인간에 있어서 생(生)-'필연적인'(lebens-'notwendig') 것이다. 그러나 이미 이러한 '생산'의 가능성은 목표 설정에의 능력, 즉 꾀해진 목적적 행위를 위한 수단으로서의 행위의 설정에 적극적으로 기초하고, 소극적으로는 직접적인 욕망의 추상화 능력에 기초한다. 따라서 그러한 가능성은 생명체의 신체적 구성으로부터만 도출될 수 있는 것이 아니다.

오히려 그 가능성은 동시에 진보적 생산의 가능성도 내포하고 있다. 왜냐하면 생산 수준의 고양을 위한 전제를 객관적으로 제공하는 생산 과정의 토대가 언제나 노동 생산물과 노동 수단의 추상화를 통하여 마련되기 때문이다. 그리하여 생활 수단을 생산하는 가능성은 인간적 생명체에게 있어서, 동시에 진보적 생산의 가능성도 낳는 생의 필연성(ein Lebensnotwendigkeit)이다. 이러한 가능성이 시의적절하게 파악된다는 것은 인간 역사의 한 현상이다.

헤겔이 이러한 현상을 자신의 노동 생산물에 대한 인간의 특수하고 불가피한 행태 방식에 의해 설명한다면, 헤겔은 필연적으로 첫 번째 명제로부터 풀려나오지 않는 새로운 명제를 제시하고 있는 셈이다. 첫째, 이 새 명제는 인간에게 있어서 그때마다 도달되는 생산 수준이 욕망 충족의 주관적으로 필연적인 토대가 된다는 것을 뜻한다. 둘째, 그것은 인간의 욕망이 언제나 그때그때의 도달된 수준을 넘어서려는 성향을 지닌다는 것을 말해주고 있다. 간단히 말하면, 인간학적 명제를 통하여 생산의 진보는 생산 과정으로부터 도출된다. 이제 헤겔의 설명이 가설적 성격이라기보다는 오히려 본질 확정적 성격을 지니고 있음이 물론 강조되어야 한다. 필연적으로 진보적인 발전의 가정은 그의 설명의 기저를 이루는 것이기는 하지만, 맑스에 있어서처럼 법칙으로서 정식화되고 있지는 않다. 간략한 비교만으로써도 헤겔의 그 단계가 진보 개념의 전체적 구조와 얼마나 가까운지를 알 수 있게 된다.

맑스와 엥겔스는 『독일 이데올로기』에서, 인간 역사의 '현실적 전제'를 확정할 수 있어야 한다는 요구로부터 출발하고 있다. 그들은 개인들의 실존, 그들의 신체 조직, 그들의 환경(지질학적 기후학적 자연 조건 등)의 물질적 형상과 궁극적으로는 인간적 행위를 현실적 전제로 규정하고 있다.[56] 제1 명제에 의하면, 인간적 생존의 특유한 방식은 생활 수단의 생산이다. "두 번째 사실은 충족된 욕망 자체, 즉 충족의 행위와 기득(旣得)의 충족 수단이 새로운 욕망을 유발한다는 사실이고, 이러한 새로운 욕망의 산출은 최초의 역사적 사실이다."[57](인간의 사회성이 부가적으로 하나 더 첨가되는) '현실적 전제'로부터 인간적 '의식'을 도출하는 것을 가능케 하는 이러한 기계적 '욕망'의 추상적 심리학적 파악을 별도로 하면(그리하여 변증법적 유물론이라는 나중의 명제를 별도로 하면) 인간의 역사성을 인간의 신체 조직으로부터 도출하고 있는 것은 흥미롭다.

맑스는 같은 원고의 가장자리에 다음과 같은 논평을 써 주고 있다. "인간은 자신의 생을 생산해야 하기 때문에, 그것도 자신의 신체 조직을 통하여 마련해야…… 하기 때문에 역사를 지닌다."[58]

56] MEGA Bd., 5, S.10 u.17.

57] ebd, S.18.

58] ebd, S.19, Anm.

이 정식화는 불철저하다. 즉(맑스적 의미에서의) 인간은 자신의 생을 생산해야 하기 때문에가 아니라, 자신의 욕망이 그때그때 도달된 생산수준을 넘어서는 성향을 지니기 때문에 '역사'를(인간적 생산이라는 사실과 함께 주어지는 따라서, 전진적 생산이라는 시각에서 실재화되는 객관적 가능성을) 지닌다. 따라서 인간적 욕망의(위에서 요청된) 특유한 구조가 이러한 신체 조직에 종속되어 있는 경우에만, 역사는 인간의 신체 조직으로부터 도출되었다고 봐야 할 것이다.

그리하여 헤겔에 있어서 생산-욕망 변증법의 주관적 필연성에 대한 해명이 불확정적으로 남아 있지만 이 주관적 필연성이 분명히 '신체적' 필연성으로 이해되고 있는 데 반해, 맑스의 그러한 도출은 의도에 비추어 볼 때 확정적이다. 맑스의 전체적 역사 이론은 신체적으로 필연적인 전진성이라는 이러한 가설 위에 기초하고 있다. 그럼에도 불구하고 이 두 사람에 대한 반론은 다소 좁게 파악된 인간학적 명제에 대한 논의로써 개시될 필요가 없다. 왜냐하면 이 두 사람은(이 중 맑스가 인간학적 명제를 명시적으로 전개하고 있기는 하지만) 본래 인간학적 명제로부터 노골적으로 출발하고 있는 것이 아니라, 고도 자본주의의 전진적 생산성이라는 현상으로부터 출발하고 있기 때문이다.

이 두 사람은 이 현상을 문제 삼지 않고 있다. 즉 그들은 이것을 역사적으로 상대화시키지도 않고, 체계론적으로 분명한 거리를 취하고 있지도 않다. 예를 들면 맑스는 다음과 같이 묻지 않는다. 전진적 생산성은 인간의 신체적으로 필연적인 규정인가? 오히려 그는 다음과 같이 묻고 있다. 인간의 시원적 행동은 전진적 생산성(즉 인간의 '역사성')이 이러한 시원적 행동으로부터 도출될 수 있기 위해 어떠한 조건을 전제로 하는가? 그는 이러한 물음에 대답했다. 그러나 그는 전진성의 필연성을 결코 문제삼고 있지 않다. 그의 물음 제기는 이미 그 필연성을 전제로 하고 있다.

이와 유사하게 헤겔도 고전 경제학의 가설을 체계론적으로 논구하지 않고 받아들이고 있다. 그의 사유 과정은 형식론적 전진의 변증법이 조화로운 시민사회관을 넘어섬으로써야 비로소 문제 거리가 된다. 그러나 헤겔은 그의 가설의 필연적 귀결을 예시한 이후 변증법의 형식론 자체를 문제 삼는 것이 아니라, 그 자신이 다시 상대화시키지 않을 수 없는 실용주의적 해결책을 모색하고 있다. '비역사성', 즉 문화의 정체(停滯), 말하자면 문명의 몰락이라는 현상은 분명 이러한 전진의 변증법에 의해서 이해될 수 있는 것이 아니다. 헤겔은 그의 역사 철학에서도 그러한 현상을 회피하려고 시도했다. 문명의 파멸이라는 관념은 혁명의 이론가와 완전히 거리가 먼 것이다.

b. 맑스 : '소외된' 욕망

욕망 조장(助長)을 둘러싼 적대적 투쟁에 관한 헤겔의 논급은 논쟁적인 강조를 통하여 어렵지 않게 소외의 체계 안으로 편입된다. 사유재산가의 경쟁이 타인을 항상 새로운 향락으로, 따라서 경제적 폐허로 오도시키려고 모색하는 상호간 투기로 이해된다면, 이러한 '욕망'은 이미 그것의 조장 경향에 비추어 볼 때 그때그때의 생산자의 이익에 대한 굴복 및 이 이익에 봉사하는 수단에 대한 굴복이 아닐까?

생산자는 항상 해로운 욕망을 '삼'으로써, 점차적으로 그의 독립성을 파는 셈이다. 생산물 및 욕망의 확장은 비인간적이고, 노련하고 교활한, 부자연스럽고 망상적인 향락……의 예민하고 한없이 타산적인 노예가 된다"(127). "사유재산제는 조야한 욕망을 인간적 욕망으로 만들 줄 모르고, 사유재산제의 관념 체계는 망상, 자의, 변덕 등이며, 산업계의 환관, 즉 생산업자……처럼 환관은 더 이상 비열할 수 없는 방법으로 군주에게 아첨하고 환심을 사기 위해 더 이상 파렴치할 수 없는 수단을 다 동원하여 군주의 무디어진 향락 능력을 부추기려고 애쓴다……."(128) 그리하여 어떤 생산물이든 미끼가 되고, 어떤 욕망이든 뚜쟁이가 되며, 어떤 궁핍이든 찬스가 된다.

그리하여 맑스는 욕망 조장의 원리와 경향으로부터 이러한 욕망의 '비인간성'을 추론하고 있다. 이미 헤겔도 근대사회의 이 심리학적 육체적 전쟁 속에서의 개인의 불가피한 한정화 현상을 강조하고 있다.

맑스는 욕망과 생산의 투쟁 속에서의 그리고 이것을 통한 인간의 특유한 압인(押印)·주조 현상에 비중을 두었다. 즉 인간 자신이 그때그때 계산될 수 있는 것으로 만들어지지 않을 수 없고(광고, 선전!) 인간의 약점은 최대로 이용되고 증대되며, 인간은 충동적으로 반응하는 곳에서는 어느 곳에서든 공략당하기 마련이다. 간단히 말하면, 생산하는 주체 자신이 생산물에 의해 생산된다. 그러나 자신에 반해서 조장된 욕망에 의해 '생산된' 인간은 그쪽에서도 다시 새로운 욕망 제조 방식을 결정한다. 그리하여 이러한 개인적 적대관계의 전체로부터 볼 때 결과는 소원한 '사물' 세계의 영역에 대한 굴복이다. 왜냐하면 각자가 그 자신의 이기적 욕망의 충족을 구하기 위해 타자를 누르는 '소원한 본질력'을 창출하고자 한다면, '인간이 예속당해 있는 소원한 본질의 영역'은 대상의 양(量)과 더불어 증대되고, "어떤 새로운 생산물이든 상호적 약탈의 새로운 힘(Potenz)이 된다"(127).

이러한 사유 과정은 교환 과정에 대한 그의 비판에 입각한 사유 구조와 일치한다. 그러나 이 사유 과정은 욕망 개념의 도입과 동시에 하나의 결정적인 계기, 즉 소외 체계의 내적 역학을 첨가하고 있다. 자본주의 사회의 내적 모순과 그것의 혁명적 해체의 필연성을 국민경제학에 입각해서 증명하려는 시도도 소외 명제의 발전사적 포착을 통해 하나의 철학적 의미를 얻는다는 것은 맑스의 전체 체계에 대해 아주 중요하다.

인간의 '소외'는 질적으로 불확정적인 것이고, 자본주의 사회 내부에서 증식성(增殖性)을 띠고 증대된다. 생산 과정과 소외 괴정의 평행성은 '소외 잠재력'으로서의 생산 토대와 이러한 잠재력의 실현으로서의 욕망 사이의 변증법에 의해 특징지어진다. 그러나 이것은 생산물 자체의 질적 성향에 관해 규정된 어떤 점도 아직 언명하고 있지 않다. 왜냐하면 소외는 다만 생산 과정 중의 일정한 주관적 태도 및 노동 생산물과 이것의 이용에 대한 주관적 생산 관계와만 관련되기 때문이다.

하지만 맑스가 마무리지으려고 시도한, 형성된 객체 영역을 인간적 소외로부터 추출해내는 것은 가능한가? 노동개념에 대한 맑스 자신의 파악은 이러한 추출 작업과 모순되는 것으로 여겨진다. '소외'를 통해서도, 생산되는 주체의 본질은 대상화된다. 즉 그의 생산물은 그의 본질 능력의 객관화이다. 한걸음 더 나아가 맑스 자신도, 이미 언급했듯이, 산업을 '소외된 형태를 띤' 감성적으로 '직관될 수 있는 인간학'으로 규정하였다. 여기에, 흥미로운 시각을 열어주는, 그러나 체계상 청년 맑스의 역사 이론과 통합될 수 없는 단초적 가능성이 내포되어 있을지도 모른다. 생산하고 소비하는 주체에 대한 소외 개념의 일면적인 적용이 서술 대상이 되고 있는 그 현상에 의해서가 아니라 소외 '지양'의 체계에 의해 제약당해 있다는 사실은 아래에서 밝혀질 일이다.59]

그러나 소외의 질적 심화가 주관적 측면에 국한되어야 한다면 그것을 어떻게 이해할 수 있는가? 대답은 이미 현상의 서술 속에 들어 있다. 이 대립을 공식화하면 다음과 같이 요약될 수 있다. 주체의 실재 관련성(die Realitätsbezogenheit)은 말할 것도 없이 객관적 형성의 전문화 및 세련화에 일치하는 생산의 '양'(量)에 따라서 질적으로 수정된다. 소외의 모든 잠재력이 자본주의사회의 경쟁을 통해 필연적으로 완전히 이용되기 때문에, 한걸음 더 나아가 욕망의 주관적 반응이 피할 수 없는 것이기 때문에, 객체 세계 속으로의 포섭은 이 사회의 생산에 비례해서 여러 곱으로 배가되고 복잡화되지 않을 수 없다. 이것으로써 맑스에게 특유한 '질적 도약'의

59] 맑스가 소외된 인간의 특유한 객관화를 결코 받아들이고 있지 않기 때문에, 특히 게오르그 루카치와 헤르베르트 마르쿠제가 사용하는 '사물화'라는 술어(der Terminus 'Verdinglichung')는 혼동을 야기하는 개념이다. 맑스의 술어인 '외화'(Entäußerung : 독일어 접두어 ent-는 '탈脫', '상실喪失' 등을 뜻하는 것으로 Entäußerung은 주체 쪽에서 무언가를 잃어버린다는 의미 구조만을 지니고 있고, 객체로서의 사물이 정립된다거나 생성된다는 의미는 없는 것이 사실이다—역주)와 '탈(脫)대상화'(*Ent*gegenständlichuug : 대상 상실의 의미—역주)는 '소외 과정'(*Ent*fremdungsprozeß)의 주관성을 일관성 있게 강조한다.

논지는 분명해진다. 인간적으로 재생산된 자연의 역사는 점진적으로 고도화되는 유기적 발전으로, 즉 재생산된 자연과의 인간적 관계의 질적 전환을 가능케 하는 일정한 생산 수준의 발생 과정으로 이해된다. 따라서 나중에 변증법적 유물론 안에서와 같이 소외론 안에서도, 엥겔스가 기초하려고 시도했던 자연 변증법에 관해서는 입론될 수 없다는 사실이 강조되어야 할 것이다. 인간적 본질 능력의 변증법적 전개는 형식적 구조에 비추어보면(생산 관계의 변증법적 균등화라는 나중 명제에 따라) 이 변증법이 포섭하고 있는 생산력의 진정한 발전과 관련된다.

이러한 변증법의 목적론은 그 본성상 소외 문제의 논의에 하나의 경계선을 그어 준다. 헤겔이 '무한으로 계속되는 것으로 여긴' 욕망 조장(助長)에 관한 자신의 서술을 미해결의 난제로 끝맺고 있는 데 반해, 맑스는 순수하게 체계적인 차원에서, 이 문제를 끝까지 사유할 불가피성을 느끼지 못하고 있다. 인간적 욕망의 도외시할 수 없는 증가는 그 순간부터 배타적으로, 욕망 자체의 '비인간성'이 지양되는 참된 인간적 본질 능력의 전개에 이바지하게 된다. 욕망의 새로운 풍부성은 '사회주의의 전제 하에서' '인간적 본질 능력의 새로운 확증' 및 '인간적 본질의 새로운 풍요화'와 합치된다.(127)

c. 인류 역사의 '전사'(前史)

처음에 맑스는 그의 역사 이론의 목적론적 토대를 은폐하려고 시도하지 않았다. 그리하여 그는 (예를 들면) 헤겔에 대해 그가 '전제된 주체로서의' 인간의 현실적 역사를 설계하지 않았다(153)는 논박을 가하고 있다. 다시 말하면, 소외된 인간은 그의 '참된 본질'의 장래적 실현이라는 전제 아래서만 이해될 수 있고, 지금까지 역사의 수수께끼는 이러한 수수께끼의 해결이라는 시각에서만 해석될 수 있다.

이러한 목적론적 시각만이 역사의 지금까지의 전체적 운동을 인간적 본질의 '현실적 산출 작용'으로, 즉 인간적 본질의 생성의 **개념적으로 파악된** 그리고 **인식된** 운동으로 이해할 수 있게 되었다(ebd.). 장래의 공산주의 사회를 역사학적 증거자료로써 입증하려고 하는 까베(Cabet)와 빌레갸르델(Villegardelles)의 시도에 대한 반론은 특징적이다. 참된 공산주의가 언젠가 존재했었다면 이 공산주의의 '**과거적** 존재'는 '**본질**에 대한 요구'를 부정할 것이다(114). 이러한 반론은 실현된 '본질'이 다시 상실될 수 없다는 것을 전제로 하고 있다. 따라서 지금까지의 역사는 다만 '준비 역사'(Vorbereitungsgeschichte)에 지나지 않고(123) 그 의미와 규정을 오로지 준비의 궁극 목표와 인류의 노동 그 자체로부터만 얻고 있다.

이러한 노동은 목적 규정적이라고 할지라도 무의식적 노동이다. 그러나 '자연과 인간을 뛰어넘는 본질'에 대한 물음이 자연과 인간의 비본질성에 대한 자인(自認)을 내포하고 있기 때문에 사회주의적 인간에게 있어서 '실천적으로 불가능하게' 되었다면(125), 한걸음 더 나아가 헤겔의 세계정신도 사변적 추상으로 단정되어야 한다면, 인간 역사의 이러한 목적 규정은 어떻게 설명될 수 있는가?

인간은 그가 직접적인 자연을 자신에게 적합하게 만드는 정도에 비례해서 필연적으로 발전한다. 그러나 이러한 생산이, 맑스의 가정대로 전진적 생산이라면, 생산 주체인 인간도 전진적으로 발전하지 않을 수 없다. 이러한 전진성 또는 진보성 이념은 소외론과 결코 모순되지 않는다. 이미 헤겔 국가철학 비판에서 맑스는 중세의 동물적 직접성으로부터 근대 국가의 추상화로의 발전의 진보성을, 먼저 소외된 형식 속에서 현상하기는 하지만 바로 그 추상화 속에서 자신의 가능성의 실현에 도달하는 인간적 본질 능력의 전개(die *Entfaltung* der menschlichen Wesenskräfte) 안에서 보았다.

이와 마찬가지로 이제 근대적 발전의 역사적 의미는(따라서 사유재산제의 역사적 의미도) 이해된다. 근대적 발전은 '인간에 대한 본질적 대상들의 현존재를 활동의 대상으로서 뿐만 아니라 향유의 대상으로' 장출했다(145). 다른 한편, "발전된 산업을 통해서야, 즉 사유재산제의 매개를 통해서야 인간적 정열의 존재론적 본질은 그 인간성에 있어서 뿐만 아니라 그 전체성에 있어서 생성된다"(ebd,). 이로 인해 소외의 현상은 실러가 전체라는 표상과 조화라는 표상의 통합(die Vereinigung der Tofalität und Harmonie-Vorstellung)을 통해서 시도했던 바와 다른 어떤 것으로도 이해될 수 없다.

물론 맑스는 그의 전체성 명제(Totalität-These)를 특징적이며 독특한 전제로부터 끌어내고 있다. 인간적 본질 능력의 완전한 전개는 인간에 대한 '본질적' 대상들의 현존재에 의존하고, 특정 시기의 사유재산제는 인간적 생산의 전진성에 가장 풍부하게 기여하기 때문에, 인간적 본질은 자신의 실현을 위하여 이러한 사유재산의 원리를 '필요로 한다.' 이러한 문명 낙관론(Zivilizations-Optimismus)은 그 이후의 글에서 더욱 강력하게 부각된다(하지만 구체적인 배경이 간과되어서는 안 될 것이다. 공산주의적 경제체제를 통한 산업적 부富의 완전한 이용은 맑스에 의하면 이에 상응하는 산업적 발전 수준을 전제한다.[60] 따라서 체제론적 관점은 인간학적 명제를 보충하고 있다).

맑스로 하여금 이미 성취된 경제학적 수준에 특수한 인간학적 의미를 귀속시키도록 유인하는 것은 무엇보다도 먼저, 객체 세계의 형성, 획득, 주조는 자기 완결적 체계의 형식을 얻었다는 사실이다. 소원성의 기술적 극복, 즉 자연적 객체의 직접성의(인간에게 부적합한) 형식의 기술적 극복은 인간에 의하여 그리고 인간을 위하여 가공된 객체 영역 내부에서의 동화(자기화)의 전측면성을 가능케 한다.

우리는 이러한 사상의 기저를 이루고 있는 역사철학적 평행론을 이미 위에서 지적했었다. '노동의 질료' 및 주체로서의 인간은 자연이 '인간의 현실적 자연'으로 변형되는 역사 발전의 출발점이다. 이러한 '자연의, 인간으로의 생성'(Werden der Natur zum Menschen)은 '자연의, 인간에 대한 생성'(Werden der Natur für den Menschen)의 전제, 즉 '인간과 자연간의 항쟁의 해소'의 전제이다(125, 123, 114). '직접적인' 자연의 목적 규정은 문화화, 가공, 인간화(die Kultievierung, Verarbeitung, Vermenschlichung)이다. 이러한 토대가 성취되어서야 비로소 긴장과 동적 대립의 지양으로서가 아닌, 반인간성과 비인간성의 '항쟁'의 극복(die Überwindung des 'Widerstreit' von Unmenschlichkeit und Nicht-Menschlichkeit)으로서 이해되는 저 인간과 자연의 통일이 실현될 수 있다.

따라서 맑스가 헤겔 정신현상학에서의 인식 객체의 대상성의 지양을 공격하고 있을지라도, 인간적 본질 능력의 현상학이라고 할 수 있는 맑스 자신의 현상학도 직접적인 즉자 존재의 극복(die

---

60] MEGA Bd., 5, S.17, 24, 58, 60.

Überwindung des unmittelbaren Ansichseins)의 사상을 내포하고 있다. 생산하고 향유하는 주체가 그 자신의 직관, 즉 그의 대자 존재에 도달하는 인간화된 대상만이 비로소 인간에게 '본질적인' 것이다. 이러한 관념의 바탕에 깔려 있는 근본 사상은 다음과 같은 공식으로 표현될 수 있다. 소외의 생산은 인간의 생산인 동시에 자연의 재생산이기 때문에 해방의 생산이다.

그리하여 이미 역사 이론의 형식적 구조는 근대의 경제적, 기술적 혁명 현상에 대한 철학적 해석의 이중성을 보이고 있다. 실러, 피히테, 청년 헤겔과 같이 맑스는 그의 시대의 '타락', '파멸', '절대적 죄악성'에 대한 비판과 분석으로부터 출발하고 있다. 인류 역사에 대한 의미 부여의 시도는 이러한 출발 입장에 반정립의 의미를 부여하고 있다. 그러나 발전의 변증법은 인간적 가능성의 전진적 발전의 현상 형태요 표현으로서 이해되고 있다["현실적인 유적 본질로서, 즉 인간의 본질로서의 인간의 **현실적인** 동적 자기 관계는 인간이 그의 모든 **유적 능력**(이것은 다시 인간의 총체적 활동을 통해서만, 즉 역사의 결과로서만 가능하다)을 창출해내고 대상으로서의 이 유적 능력과 관계함으로써만—그런데 이것은 일단 다시 소외의 형태로만 가능하다—가능하다."(156)]

그리하여 이러한 전진성의 사실은 소외의 세계에서도 보여질 수 있어야 한다. 이 소외의 세계는 아직 인간적 본질의 조화 상태 속으로 복귀되지는 못한 전체성의 설계도이다. 변증법적 유물론은 그 현재 비판(Gegenwartskritik) 속에서, 이로써 산출된 필연적인 구별을 단순한 도식으로, 즉 생산력의 긍정, 생산 관계의 비판(Bejahung der Produktivkräfte, Kritik des Produktionsverhältnisses)으로 환원시켰다. 그러나 양자는 상호 보충하고 제약한다. 파리초고의 언어로 표현하면, "인간적 본질은 자신의 내면적 부(富)를 자기로부터 산출하기 위해 이러한 절대적 빈곤으로 환원되어야 했다."(118)

그리하여 파리초고에서 의도된 역사관의 구조는 맑스가 제시하고 있는 몇 개 안 되는 일반적 명시 구절 안에서 충분히 분명하게 부각되고 있다. 하지만 '소외'의 문제에 대한 결정적인 물음은 미결로 남겨져 있다. 우리는 맑스가 역사적 명제를 전개하지도 '소외'를 정초해 주는 타락 자체를 설명하고 있지도 않다는 것을 이미 알고 있다. 하지만 그가 이러한 과제를 결코 간과하고 있지 않았다는 사실은 다음과 같은 물음 설정으로 밝혀지게 된다. "우리는 노동의 **소외**, 즉 노동의 **외화**를 하나의 사실로 받아들였고 이 사실을 분석했다. 이제 우리는 다음과 같이 묻게 된다. **인간**은 어떻게 하여 그의 **노동을 외화시키게** 되는가, 즉 소외시키게 되는가? 이 소외는 어떻게 하여 인간적 발전의 본질 속에 자리잡고 있는가?" 이것은 실은 맑스의 전체적 서술이 첨예화되는 것처럼 보이는 문제이다. 물음은 일관성 있을 뿐만 아니라 명백하게 제기되어 있다.

그러나 대답은 다음과 같다. "우리는 이미 **사유재산의 기원**에 대한 물음을 **외화된 노동**과 인류의 발전 과정의 관계에 대한 물음으로 **바꿈**으로써 과제의 해결을 위한 많은 것을 획득했다"(이것으로써 과제 일반은 비로소 제기되었다. 그렇지 않으면 그 문제는 순수 경제학적인 것으로 남아 있었을 것이다). "왜냐하면 사유재산에 관해 입론한다면 사람들은 인간을 벗어난 어떤 사실을 취급한다고 생각하기 때문이다. 그런데 노동에 관하여 입론한다면 그것은 인간 자체를 직접 취급하는 것이다. 이러한 물음 설정은 이미 내포적으로 그것의 해결이다"(93). 이것으로써 사유의 진행은 단절되고 있다.

사유재산에 대한 물음을 외화된 노동과 인류의 발전 과정의 관계에 대한 물음으로 전환시키는 것은, 인간이 어떻게 그의 노동을 외화, 즉 소외시키게 되는가 라는 문제에 대한 해결책을 이미 내포적으로 포함하고 있다는 것이다. 이러한 노골적인 방향 전환은 어떻게 이해되어야 하는가? 한편으로 이것은 맑스가 파리초고에서도 그의 지식을 경험적으로 증명할 수 있는 체계 속으로 몰아넣으려고 노력하고 있음을 밝혀준다. 그리하여 그가 그의 역사관의 형이상학적 물음을, 그것이 공개적으로 제기되는 바로 그곳에서 회피하려고 시도하고 있다는 반론이 제기될 수 있을 것이다(왜냐하면 진보사상 자체는 결코 가설로 느껴지지 않기 때문이다). 하지만 관념론석 종말론이 아주 강력하게 전면에 부각되고 있어서, 경험론적 경향만이 결정적인 것이라고 얘기될 수는 없다. 우리들에게 더 본질적인 것으로 여겨지는 것은 다음과 같은 제2의 시각이다. 역사철학적 관심은 문제들이 해방 이념에 대한 직접적인 관련을 상실하자마자 전반적으로 사라져 버린다는 것이다.

맑스는 특히 그의 후기의 역사학적 초안들이 보여주고 있듯이, 현상들을 역사적으로 고찰할 수 있는 뛰어난 천부적 재능을 지니고 있기는 하다. 그러나 이러한 역사학적 초안들은 여전히 현재 문제(Gegenwartsprobleme)와 직결되어 있고 맑스 자신에게 있어서 무엇보다도 인식방법적, 체계론적 의의(die heuristischsystem-atische Bedeutung)를 지니는 것이다. 따라서 맑스가 시대 비판의 인식을 전체적 역사에 적용하고 있는 변증법적 유물론의 그 '비역사적' 시각은 역사적 사실을 그 시대적 제약성에 있어서 통찰하지 못하는 불능으로가 아니라 그의 체계론적 사유 전반의 의미와 의도로 설명된다. 즉 모든 새로운 단초는 궁극적으로 미래 혁명에 대한 증명, 즉 현재의 지배 체제 및 사회 질서의 임박한 전복에 대한 증명에 기여한다.

그리하여 맑스는 변증법적 유물론의 초안 안에서도, 그의 증명의 무게와 힘을 강화하여 보다 힘 있게 출발하기 위하여 얼마간 여유 있게 이전으로 거슬러 올라가고 있다. 우리가 맑스 자신의 원고로부터 얻게 되는 이 체계의 가장 상세한 초안이 한 페이지 반을 차지하고 있는 것은 우연이 아니다.[61] 즉 이 초안 안에는 혁명적 논증의 결여가 아니라 강렬성이 들어 있다. 이 논증의 목적은 돌파력이고, 그것의 언어는 공식이고, 그것의 결과는 해결책이다. 이런 까닭에 맑스에게 있어서는 근본적으로 두 개의 차원, 즉 현재와 미래만이 존재한다. 역사적 과거는 배경으로 남아 있거나, 또는 예시적인 비유를 다시 써보면, 그것은 혁명적 논증의 망치가 부르주아적 안전의 방벽을 보다 확실하게 깨부수기 위해 뒤로 밀쳐지는 영역이다.

그 이후의 사상 전개를 내다보면 이 점을 보다 분명히 할 수 있다. 파리초고에서 관념론적 종말론은 아직 불충분한 윤곽 묘사로서 역사철학적으로 이루어져 있기는 하다. 그러나 맑스에게 있어서 소외의 문제는 (형식적으로 간과될 수는 없었지만) 그러한 사변을 경험적 사실의 서술로 나타내기에 충분한 경험 자료가 그에게 아직 부족했었다는 사실을 도외시하더라도 이미 관심이 희미해진 논제이

61] 1856년의 『정치경제학 비판』(*Zur Kritik der politischen Ökonomie*)이라는 원고 서문에서.

다.

5. 종합과 전망

a. 소외의 체계

의심할 바 없이 맑스는 생산력의 일정한 수준이 아니라(따라서 근대의 경제적, 기술적 발전이 아니라) 일정한 생산 관계, 즉 물론 생산의 수준에 의해 제약되어 있으며 이 수준을 활용하는 일정한 사회형태를 비판하려는 의도를 지니고 있다. 보편적 혁명으로써 객체세계의 보편적 획득(자기화)이 완수된다. 그러나 다만 일정한 발전단계 및 이행 단계에서 자본주의적 사회 체계로 이끌어진 근대적 생산력은 이제 참된 인간 사회의 토대를 형성하고 있다. 그리하여 기술적 현상은 형식적으로 소외 비판으로부터 떼어내질 뿐만 아니라 참된 인간성의 실현과도 직결된다.

그렇다면 맑스는 그의 시대 비판의 이해를 위해 풍요로운 관점을 제공해 줄 수도 있는 전형적인 '기술적' 유토피아를 서술하고 있는가? 우리의 생각으로는 사실은 그와 정반대이다. 가장 먼저 강조되어야 할 것은(역사관이 그 정반대를 예상하도록 할지라도) 우선 유토피아적이라고 규정될 수 있는 바로 그 맑스의 논급들이 반기술적, 낭만주의적 성격을 지니고 있다는 사실이다.

모든 근대적 생산의 기술적 사실들을 도외시하는 것은 맑스가,

예를 들면 미래의 사회적 노동으로부터 '우리의 본질이 반조(返照)되는' '그만큼 많은 수의 거울'을 뜻하는 생산물들을 기대하고 있는 경우를 보면 백일하에 명백히 드러난다.(546/47) '우리의' 본질은 여기서 생산하는 자의 보편적인 '유적 본질'일 뿐만 아니라, 그의 개성, 즉 그의 '독특성'이기도 하다. 그러나 동시에, 자동화된 공장이 '전문성과 전문적 자동화 현상'을 배제한다는 사실은 환영받는다……. 훨씬 더 계발적(啓發的)인 것은 유토피아적인 관념이 구체적 내용을 획득하는 논급이다. "……한편 각 개인이 행위의 배타적 원환을 갖는 것이 아니라 각개의 임의적 부문에서 자기 도야, 자기 형성할 수 있는 공산주의 사회에서는, 사회가 일반적 생산을 통제하고 바로 이럼으로써 내가 사냥꾼, 어부, 목동이나 비평가가 되지 않고도 오늘은 이것을 내일은 저것을 하고, 아침에는 사냥하고 오후에는 고기잡이하고 저녁에는 목축하고 식사 후에는 비평하는 것을 가능케 한다."62]

이러한 소망의 꿈은 자본주의의 기술적 토대 위에 선 유토피아적 공산주의 사회관(eine kommunistische Gsesllschaftsutopie)이라기보다 오히려 봉건적-귀족적 가능태들의 낭만주의적 찬미를 닮고 있다. 사냥꾼, 어부, 목동, 비평가보다 개인주의적이고 반(反)기술적인 차원에서 '기계와 거대한 산업'의 시대에 대한 반발을 염두에 두고 있다. 때때로 이러한 반발은 낭만주의적 모델에 따라 미학적 관념과 연결되고 있다. 이것은 맑스가 광물 도매상인을 광물의 '독특한 아름다움과 독특한 본성'에 대한 어떤 감각도 지니지 않고 있기 때문에, 즉 어떤 '광물학적 감각'도 갖추고 있지 않기 때문에

62] MEGA Bd., 5, S.21.

비판하고 있는 경우가 그렇다(노발리스!).

또는 그가, 대상의 '전면적' 획득(자기화)이 전체적인 기관(器官)과 대상의 전면적인 관계로 이해되어야 한다고 강조하고 있는 경우에도 그렇다. 획득은 '봄, 들음, 냄새맡음, 맛봄, 느낌, 생각, 직관, 감지, 의욕, 활동 중임(tätig sein), 사랑함'(lieben) 등을 통하여……, 이루어진다. 이러한 또는 이와 유사한 논급이 주는 인상은 소극적인 형태로도 확증된다.

청년기 논집에서 맑스는 근대 산업의 발전 가능성(즉 그의 역사이론의 토대에 비추어 볼 때 그 자체로서 그에게 자명하다고 할 수 있는 문제)에 대한 어떠한 시사도 주지 않았다. 그의 예언은 결코 기술적인 문제들과의 어떤 구체적인 관련성도 받아들이지 않고 있다. 그의 예언은 다만 순수 형식적으로 '생산력의 발전'과 관련되어 있다. 낭만적-미학적 회상과 시대 착오성은 새로운 가능성을 토대로 새로운 생활 형식을 초안하려는 시도가 아니라, 다만 맑스의 시대 비판이 기술적 세계와 기술화된 인간에 대한 일반적인 반발에 의해 얼마나 강하게 규정되어 있는가만을 밝혀주고 있을 뿐이다. 그 밖에 많은 사회주의적 유토피아에서도(푸리에, 오웬, 프루동) 원시적 직업 형태, 농업, 소규모의 수공업에 대한 유사한 애착은, 거기에서도 현재의 기술적 수준이 긍정되고 기술적 진보가(푸리에와 오웬에 있어서처럼) 분명히 요구되고 있을지라도, 명백히 드러나고 있다.

그리하여 맑스가 그의 현재 비판을 형식적으로 기술적 사실로부터 떼어낼 수 있다면, 이것은 한편으로 그의 역사관의 일반적 진보 가설로부터 설명되지만, 다른 한편으로는 그의 소외 비판이 당초부터 '지양'의 행위, 즉 본질상 근대사회의 문명 수준 및 기술적, 경제적 수준과 관련되는 '지양'을 겨냥한 것이라는 사실로부터 설명된다.

이제 생산력의 충분한 이용 및 활용과 이것에 의해 제약되는 생산 관계를 현상적으로(phänomenal) 구분하는 것은 물론 불가능하다. 소외 비판은 비판받는 현상을(사유재산의 원리로부터 결과한다고 하는) 특유한 인간적 적대 관계로 환원시키는 근거 확립에 있어서만 그러한 구분을 적중시키고 있다. 따라서 위에서 제시된 인용문은 반기술적 반발이 시대 비판의 현상적 견해(die phänomenale Anschauung)까지 규정짓고 있지 않은가 라는 물음을 밝혀 주고 있는 셈이다(이것과 관련해서, 사람들의 독립된 목동 생활과 어부 생활의 꿈에 '체계론적' 중요성을 귀속시키고자 하든 하지 않든 무관하다).

(부정적 의미에서의) 기술적 현상이 청년 맑스에게 있어서 차지하는 중요성은 그의 분석을 전체적 상(像)으로 종합하려고 해볼 경우 가장 극명하게 밝혀진다.[63] 헤겔에 있어서와 마찬가지로 맑스에게 있어서도 시민사회는 개인적이고 자의적으로 조성된 다양한 적대 관계의 복합체이지만, 이 적대 관계는 그 전체성의 차원에서 하나의 규범적으로 짜여진 체계를 이루고 있다. 그러나 사적 이익들을 상호 결합시키고 관계 속으로 짜 넣는 질료, 즉 매개체는 모든 인간적 관계의 기꺼운 도구나 이 관계에 이바지하는 지절(肢節)이 아니라 상품 가치, 욕망의 질, 생산물에의 예속 가능성 등을 주재하

63] 맑스가 그의 시대 비판 안에서 포착하고 있는 현상들이 그의 이상적인 규정 원칙에는 결여되어 있는, 저 독창적이고 특징적인 입체성을 얻고 있다는 것은 대개 전반적으로 타당하다. 만약 그의 이 이상적인 규정 원칙으로부터만 출발하고자 하는 사람은 형식론적인 규정의 나열이라는 수준을 넘어서지 못할 것이다.

는 자립적인 왕국, 즉 이 전면적, 적대적 경쟁의 세계를 좌지우지하는 하나의 왕국으로 현상한다.

주체 세계와 객체 세계는 상호적인 제약 관계 속에서도 상호 소원하게 대립해 있다. 자본주의적 경쟁은 궁극적으로 이런 소원성에 대한 상호적 양도의 체계, 즉 어떤 제3의 괴력(怪力), 다시 말하면 기술적으로 형성지어진 생산물 세계의 감성적으로 직관할 수 있는 객관적 영역의 전횡을 낳는 상호 작용의 체계 외에 다른 어떤 것이 아니다. 그리하여 '소외된 인간'은 그가 객체 세계의 형성 행위인 그의 행위를 해나감에 따라 그때마다 증대시키게 되는 이러한 '소외'의 수천 가지 반영 작용을 의미하는 그런 생활공간 속에서 움직이게 된다. 그의 '외화'는 그의 존재의 모사일 뿐만 아니라 베일이 벗겨진 진리이다.

맑스는 그가 프롤레타리아의 예에서 일차적으로 밝혀내고 있는 것을, 그의 나중의 분석을 통해 시민사회의 모든 구성원들에게 적용하고 있다. 즉 육체적 실존을 보장하는 어떤 행위든 이것과 동시에 그때마다 생산물에의 예속성이 증대되지만 지배 계급의 경쟁으로 인한 생산력이 증가될 때마다 이것과 함께 사회적 억압의 수명(壽命)은 짧아진다. 다시 말하면 혁명적 행위를 통해 사회적 교류 형태가 생산력의 수준에—즉 일방에게는 신(deus)이고 타방에게는 명백히 기계 속의 악마(diabolus in machina)로 보이는, 사회적 관계의 각성된 '양심'에 맞춰질 수 있는 결단의 시간이 가까워 온다는 것이다.

청년 맑스의 이러한 사상을 (그의 의도에 비추어서) '기술의 악마성'에 대한 으뜸가는 서술로 간주할 수는 없다 하더라도, 기술적 '대자

존재'의 세계에 대한 불신이 맑스의 사유 속에서 싹터 올랐다는 것은 다른 한편에서 명백해지게 된다. 이 불신은 무엇보다도 객체와의 저 전형적으로 기술적인 친숙성에 대한 불신, 즉 객체 속에서 단지 '목적'(Um-Zu)의 관계만을 볼 수 있는, 저 '용구성'(用具性)64]으로서의 획득성(jenes Zueigensein als 'Zuhandenheit')에 대한 불신, 다시 말하면 의식적으로 또는 무의식적으로 사물적 관계에 대한 봉사 속으로 빠져드는 저 기술적, 합리적 가공 행위와 생산 행위에 대한, 즉 단순한 소유, 순수한 사용과 소비의 저 환상에 대한 불신이다.

그는 자신이 대결하고 있는 기술 시대의 안정성과 문명 낙관론에 아무리 강하게 사로잡혀 있다 하더라도 그의 시대 비판 안에서 자연의 기술적, 산업적 지배와 강점의 열정을 폭로했고, 주관적인 노동 조건을 생산물 세계 내부의 객관적 질과 사물적 관계로 출현케 하는 교환 과정의 '물신성'(物神性, jener Fetischismus)을 명시적으로 적시했으나 궁극적으로 근원적 방식의 소외가 일어나는 두 '영

---

* 64]Zuhandenheit(用具性)은 하이데거철학에서 객체의 물적(物的) 객체성을 인간적 현존재의 목적에 가공을 통해 이용할 수 있는 가능성을 뜻한다. 이에 대해 하이데거는 객체 세계의 물적 객체성, 즉 방대하게 인간적 현존재의 눈앞에 현전할 뿐 이 현존재로서는 어쩔 수 없이 감내할 수밖에 없는 객체의 성격 또는 눈앞에 존재하지만(vorhanden) 손으로 조작 이용할 수 없는 객체성을 현전성(現前性 · Vorhandenheit)이라고 불렀다. 따라서 하이데거의 '용구성' 개념은 맑스철학의 '실천'(Praxis)에 대응하지만, 이 개념은 자본주의 사회의 기술적 대상 장악에 지나지 않는 기술적 생산 노동이라는 의미에서의 techné에 불과하고 인간적 존재자의 본질 발현적 생명 활동인 실천(Praxis)으로서의 본래적 노동(Arbeit)과는 거리가 먼 것이라고 볼 수밖에 없다. 따라서 용구성은 객체에게서 주체의 이기적 목적(Um-Zu)만을 발견해내는 자본주의적인 악마적 기술의 전형적인 표현인 까닭에 여기서 포피츠는 맑스적 입장에서 하이데거를 명시적으로 동시에 비판적으로 배격하는 의미에서 하이데거의 중요한 개념인 '용구성'을 '객체와의 기술적인 친숙성'과 동치(同置)시키고 있다.—역주

역'에 대한 헤겔의 묘사를 근대적 산업주의와 기술만능주의(der moderne Industrialismus und Technizismu)의 상황에 적용하지는 않았다.

자기 소외된 인간의 세계는 돌멩이를 모아 자기에 대한 억압의 성채를 짓는 사역 노예들의 체계처럼 나타나는데 이 성채는 물론 보편적인 인간적 혁명을 통하여, 새롭고 참된 인류가 참된 공동체 속에서 그의 역사적 규정을 실현하는 사원(寺院)으로 변혁될 것이다. 순수 사회학적 시각이 거의 배타적으로 전면에 드러나는『독일 이데올로기』에서 보편적 혁명에는 사회적 예속 상태의 배제와 더불어 특히 '개인들로부터 독립적으로 존립하는 모든 것의 저지'(Unmöglichmachung)의 과업, 즉 '인간이 자신의 고유한 생산물과 맺고 있는 관계에 내포된 소원성의 폐기'라는 파업, 다시 말하면 '인격적 힘(관계)의' 사물적 힘(관계)으로의'(지금까지 벌어져온) '변질'의 지양의 과업이 지속된다.64]

하지만 여전히 강조돼야 할 것은 기술만능주의에 대한 독자적인 공격이 청년 맑스의 출발점 안에서 단지 소외 현상에 관한 서술과 더불어서만 예시되고 있을 뿐이라는 사실이다. '미래의 사회'에 관한 언제나 준비된 주문(呪文)은 모든 갈등을 해소할 뿐만 아니라, 미래 사회와 이 소외된 인간의 사회 형태 간의 구체적 구획 설정을 불가능케 하는 순수 개념적 규정으로도 변한다. 비판당하는 현상이 단지 오직 생산 관계의 역사적 합법칙성과 관련되기 때문에, 그 현상은 순수한 이상 사회를 통해서, 즉 모든 계층적 요소들이 제거되고 '수요와 공급의 관계가 지닌 괴력이 무(無) 속으로 해체되고 인

64] MEGA Bd.,5, S.25, 60, 63.

간들이 교환, 생산, 상호적 행동 양식을 그들의 위력 속에서 다시 획득하는……'65] 그런 사회 조직을 통해서 극복될 수 있다.

노동의 조직화를 통한 자유의 조직화에 대한 이러한 사상은 근대적 사물 세계의 형이상학적 소외성과 위협의 극복 또는 '해소'의 위대한 시도임에는 변함없다. 즉 맑스에게 있어서 (집약적으로 감지된 새로운 체험에 의해 규정되어) 그의 궁극적인 실재론적 표현을 얻고 있는 독일 관념론의 프로메테우스적 파토스를 수용하는 시도이다.

엥겔스는 그가 맑스주의 변증법을 통하여 칸트의 '파악할 수 없는' 물자체(物自體, Ding an sich)를 경험론적 실재태들 속에서 해소된 것으로 생각한 것으로 미루어 봐서 그런 시도로부터 무언가 받아들인 셈이다. 맑스는 사실, 인간이 도처에서 자기 집처럼 편안하고 도처에서 자신을 재발견하고 확증된 것으로 느끼며 인정되는 왕국에 도달하려고 시도하고 있다. 개인들로부터 '독립적으로' 존립하는 것의 소원성은 소멸되고 자기화(동화)되며 원숙하게 만들어진다. 그리하여 대상은 인간을 위한 인간적 존재, 인간의 대상적 존재, 다른 인간을 위한 인간의 현존재, 개인을 위한, 즉 나와 타인을 위한 유(類)의 현존재…… 이다. 이러한 인간은 자기 자신에게 '본질'이다. 왜냐하면 그는 인간 역사를 통하여 '그 자신에 의한 그의 **탄생**에 관한, 즉 그의 **형성 과정**(sein Entstehungsprozeß)에 관한 구체적으로 명백하고 물리칠 수 없는 증명을 획득했기 때문이다.

맑스의 무신론은 종교 비판으로 인해서가 아니라 이러한 역사적 이상을 통해서 중요한 의의를 지니게 된다. 왜냐하면 소외된 인간

65] ebd, S.25.

에 관한 그의 묘파와 인간 실현에 관한 그의 이상 간의 대립은 맑스가 헤겔이 '형성하는' 자기의식에게 요구한, 무력성에 대한 '절대적 공포'(der 'absolute Furcht' der Nichtigkeit)를 감지했다는 것, 즉 인간 비하(卑下)와 상실의 체험이 맑스가 프로메테우스를 철학의 '가장 고귀한 성자(聖者)요 순교자'로 교양시키는 것에 어떤 한층 심원한 의미를 부여하고 있다는 것을 뜻하기 때문이다.

하지만 직접성의 제거 과정, 즉 인간적으로 형태화된 생산물의 세계의 건설 및 형성 과정이, 맑스가 서술하듯이 그의 시대 체험에 대한 반작용으로 이해된다면, 맑스가 산업화된 객체 세계 속의 그 인간 외화의 현상을 그의 미래 사회의 이상으로 격상시키지 않았는가 라는 의문이 제기된다. 그가 요구하는 '대상적 인간들'로서의 인간적 대상과의 이러한 관련성이 그가 비판하는 인간-자연 관계의 소외의 귀결적 표현에 불과하지 않는가? 인간적으로 형태화된 자연에 대한, 즉 인간적 '대자 존재'의 생활공간에 대한 이러한 배타적 형태 방식 속에는 '소외'의 현상의 근거가 들어 있지 않은가? 그리고 '용구적(用具的)으로 장악된' 사물의 이러한 소외성이 '직접적인' 자연의 근원적, 본질적 소외성의 극복의 필연적 결과가 아닐까?

특정한 생산 관계의 비판을 통하여 맑스는 그의 '소외된' 인간이 기술적 세계 전반의 문제가 아닌가 라는 물음에 답할 수 없다. 이러한 생산 관계가 사회 혁명을 통하여 필연적으로 제거된다는 그의 소극적인 주장은 여기에서 어떤 혁명도 줄 수 없다. 다만 새로운 공산주의 사회가 그가 간파한 인간적 위험을 극복할 수 있다는 맑스의 종말론적 신앙만이 그에게 답을 주었을 뿐이다.

자본주의적 인간의 노동 풍토를 보편사에 전용(轉用)하는 노동에 내포된 구원에 대한 그의 확신(sein Heilgewißheit der Arbeit)은 대답을 주었다. 즉 인간, 즉 그의 의식과 그의 감성적, 대상적 능력이 소외되어 있고, 개인이 사회로부터, 즉 인간이 인간으로부터 소외되어 있으며, 노동, 즉 활동 그 자체가 소외되어 있다. 그러나 행위의 사실(die Tatsache der Tat)은 비결(秘訣)이고 인류의 구제에 대한 보장이며 그의 자기 해방의 맹목적 추동인(推動因)이다. 구원에 대한 확신은 이러한 불요불굴성으로부터, 즉 전체로서의 인류에게 소외된 작업의 종식, 즉 새로운 총체적, '전인적이고 심원한' 인간의 탄생(Die Geburt des neuen, totalen, 'all-und tiefsinnigen' Menschen)을 약속하는 저 신시대, 즉 우리의 신시대가 올 때까지 쉬지 않고 넘어서고 또 넘어서는 변혁과 극복 행위로부터 나오는 것이다.

b. 소외 이론과 변증법적 유물론

헤겔은 그의 철학사를 다음과 같은 공표로써 끝맺을 수 있었다. "현재는 최상의 상태다"—보다 오래된 것은 이러한 최상의 상태를 향한 발전 과정의 한 마디이기 때문에 존중할 만한 가치가 있다. "그러나 그것은 어디까지 한 마디에 불과할 뿐이다." 현재적 신시대의 목적(das Telos der gegenwartigen Epoche), 즉 임박한 혁명은 보다 정열적인 가치 평가를 요구한다. 즉 맑스에게 있어서 인간 역사는 (준비로서의) 소외와 (실현으로서의)진리의 유일무이한 반정립이 된다. 따라서 그의 전사(前史)의 구성이 지닌 가치의 역점은 배타적으로 역사적 진보에 주어지고 있다.

맑스는 마치 목적론적 이론가와 종말론적 유토피아론자의 채찍을 들고서 역사의 배후에 서 있는 듯한데, 이때 이 역사의 여러 단계는 자본주의 사회의 붕괴의 필연성을 입증하는 증거, 즉 유일무이한 인과 관계의 요인이 된다. 역사의 의미는 현재이고, 현재의 의미는 혁명이다(Der Sinn der Geschichte ist die Gegenwart, der Sinn der Gegenwart die Revolution.)

우리는 이러한 보편사적 종말론을 증명의 전체적 보장을 통해 공고히 하려는 변증법적 유물론의 그러한 시도를 더 이상 상세히 추적하지 않을 것이다. 그러나 약간의 종결적 시사를 통해 유물론적 역사관 안에서 '소외' 개념이 차지하는 의의를 주목토록 해야 할 것이다.

맑스와 엥겔스가 『독일 이데올로기』(1845/46)의 공동 원고에서, 『독불연보』에 실린 그들 자신의 논문마저도 비판하도록 만든 철학적 '용어법'으로부터 거리를 취하려고 시도하고 있다는 사실은 일단 거의 중요하지 않은 것처럼 여겨질지도 모른다. 그러나 그들은 포이에르바흐적 술어인 '유'(類)와 '인간적 본질'을 이러한 철학적 용어법으로 간주하고 있을 뿐만 아니라, 특히 인간적 '자기 소외'의 개념도 철학적 용어법으로 규정하고 있다. 이것은 이미, 맑스가 나중에 『독일 이데올로기』의 과제에 대해, "우리는……, 우리의 이전의 철학적 양심을 청산하려고 결심했다"고 밝히고 있는 것으로 보아 다만 술어적 교정과 관계하고 있지만은 않다는 것을 밝혀준다.66]

66] Vorwort z. Kr.d.pol.Ök., S. LVII.

'자기 소외'의 개념은 파리초고에서 맑스에 의하여 여러 가지로 사용되고 있고 거기에서 소외의 비의적(秘義的) 작용의 무규정적 관념을 드러내고 있는 것으로 여겨진다. 변증법적 유물론에 관한 첫 번째 초안에서 소외이론은 전반적으로 극복된 철학적 용어법 아래 포섭되는가 아니면 이전의 입장의 무차별성이 보다 상세한 규정을 통해 극복되는가? 소외론은 물론 몇 개의 문장으로 종합될 수 있는 '경험적' 구조 속으로 해소되고 있다. 즉 인간 역사의 이미 언급된 '현실적 전제들'(즉 인간적 생활 수단의 생산, 생산 수준과 욕망의 변증법, 노동의 사회성)로부터 필연적으로 **노동의 분화**(분업)라는 사실이 생겨난다.

그러나 이것과 함께 '정신적 활동과 물질적 활동, 즉 향유와 노동, 생산과 소비가 각기 다른 개인들에게 분리 귀속된다는 가능성, 아니 현실성'이 생겨난다.[67] 사회적 계급 대립의 이 '자연생적'(自然生的) 기원은 인간 역사를, 보편적 혁명을 통한 노동 분업의 극복에 이르기까지 규정지었다. 그렇다면 이러한 '현실적 전제'의 귀결은 무엇인가? 불가사의한 운명을 통해 인류는 가장 먼저 계급투쟁, 억압과 예속의 시기를 극복하도록 선고받은 것처럼 보인다. 실러가 반대했던 관념은 여기에서 고양되어 있다. "우리는 인류의 노예인지도 모른다. 우리는 수천 년 동안 인류를 위한 노예 노동을 수행해왔고 우리의 훼손된 본성에 이러한 사역 봉사의 치욕적인 흔적을 각인시켜 왔는지도 모른다. 나중의 후손들이 그들의 인간성의 자유로운 성장을 펼칠 수 있도록!"(p.21 이하 참조) 맑스가 비록 그의 휴머니즘적 비판을 사회적 지배-예속 관계에 대한 공격에 국

67] MEGA Bd., 5, S.21.

한시켰다 하더라도, 이러한 '도래할 시대'와의 관계는 그대로 잔존했었다.

그리하여 '소외' 문제의 역사철학적 논의는 새로운 차원에서 반복된다. 이 문제 논의는 단지 맑스가 이후의 논구에서 예전의 역사 과정의 법칙성을, 그의 이론의 '몰가치성'(Wertfreiheit)의 가상 및 이것과 결부된 오해를 본질적으로 야기했던 예리성으로써 강조하고 있다는 사실을 통하여 새로운 강세를 얻고 있다.

노예 제도, 예속 제도, 프롤레타리아를 역사로부터 제거하려고 생각하는 것은, 1846년의 프루동에 대한 비판적 글에서 밝히고 있듯이, '불합리한' 사상일 것이다. 왜냐하면 투쟁을 무르익게 함으로써 역사를 만드는 운동을 생(生) 속으로 불러들이는 것은 '악한 측면'이기 때문이다.68] 한 걸음 더 나아가 아마 맑스에 의해 교열되지 않은 것 같은, 엥겔스의 『독일 이데올로기』 원고에 명백히 씌어 있는 다음과 같은 극단적인 정식은 명백히 몰가치적인 법칙성에의 추세의 징후로서 인용된다. "'인간적'이라는 긍정적 표현은 일정한 생산 단계에 입각한 일정한 지배 관계와, 이것에 의하여 제약된 욕망 충족 양식에 대응한다.

이와 마찬가지로 '비인간적'이라는 부정적 표현은 기존의 생산 양식 내부에서 이러한 지배 관계와 이에 따른 지배적인 충족 양식을 부정하려는, 그와 동일한 생산 단계를 통해 매일 새롭게 일깨워지는 시도에 대응한다."69] 이것은 오히려 슈티르너의 변덕스런 입장 전환에 대한 반어적인 말장난이기는 하지만, '일방이 타방을 희

68] 각주 설명이 첨부되어 있지 않습니다.

69] MEGA, Bd., 5, S.410.

생하여 욕망을 충족시킨 경우에만' 지금까지 '발전'이 가능했다는 합리적 통찰을 배경으로 한 말장난이다. 이것은 역사 고찰의 가치론적 강세가 일면적으로, 지금까지의 인류가 자기희생적으로 봉사해온 순수한 역사 진행에로 옮겨진다는 우리의 명제를 확증해 준다.

그러나 이것과 함께 인간적 '실현' 일반에 대한 가치 부여가 불필요해지지 않는가? 역사 이론이 사회적 계급투쟁의 체계에 쾌락주의적 조화의 이상에 대한 약속을 대립시키는 것에 국한된다면, 시대 비판의 휴머니즘적 파토스는 가치 중립화되지 않을까? 『독일 이데올로기』로부터 뽑은 한 귀절은 이런 물음에 대해 독창적인 방식으로 해명해 주고 있다.

프리드리히 엥겔스는 개인들이 그때그때 제약당하는 물질적 조건이 '그들의 개성에 속하는 조건'이고 따라서(생산력과 생산 관계의 모순이 대두되지 않는 한) 외적 강제가 아니라고 강조하고 있다. '생산력과 거래 형태의 관계'는 엥겔스가 그러한 사상을 종합한 바에 의하면 '거래 형식과 개인들의 자기 활동의 관계이다.' 맑스는 원고 가장자리에 '자기 활동'을 '활동 또는 실행'으로 수정하고 있다.70] 엥겔스의 술어적 경솔성의 이와 같은 자그마한 수정은 맑스가 그의 이론적 입장을 지키려고 노력하는 결의를 입증해 준다. '자기 활동'이라는 술어는 파리초고에서 사용되고 있는 '참된 실현'이라는 개념과 일치한다[공산주의 사회에서야 '노동의 자기 활동으로의 전환'이 완수된다(58)]. 따라서 질적 도약의 체제는 온전히 유지되고 있고 그리하여 여전히 소외론의 시대 비판적 정초, 즉 지

70] ebd, S.61.

금까지 사회 형태 속에 살던 개인들에게는 '자기 활동'의 가능성이 부정된다는 시대 비판적 정초로 남아 있다.

맑스를 독일 휴머니즘의 (위에서 언급된) 역사철학적 초안들로부터 분리시키는 간극은 이제 명백해졌다. 이 간극을 메꾸는 것은 유사한 시대 의식 및 경험적 발전의 목적론적 해석 시도 외에 특히 역사적 생기(生起)의 기간에 있는 모든 인간적 실존에 대한 의미 부여라는 과제이다. 개인의 초역사적 실존은 인간적 유(類)를 위한 자발적인 희생의 가능성 속에서 간취되는가? 즉 순수한 도덕적 충동의 무시간성과 무제약성은 그때그때의 역사적 상황의 구속성으로부터의 해방으로 이해되는가? 이러한 물음과 관련해서는 얼마간의 여지가 남아 있고 역사적 존재 속에서 공간이 주어지며, 역사적 전체 구조 속에서도 사라지지 않는 인간적 현존의 이념이 지켜진다.

그런데 이러한 전체 구조는 휴머니스트들에게 있어서 역사철학적 사유 일반의 동기와 통합될 수 없는 것으로 여겨지고 있다. 그러나 역사철학적 변신론(辯神論)의 휴머니즘 사상은 맑스의 사상에 적용될 수 있는 척도인가? 우리는 다음과 같이 되풀이해 볼 수 있다. 인간적 '역사'는 맑스에게 있어서 결코 독자적인 철학적 관심거리가 못 된다. 그의 종말론과 관련이 있고 또 이것이 출발점으로 삼고 있는 그의 시대 의식의 '바로-지금'(Gerade-Jetzt)은 인간의 '보편사'를 현재 위에 구축함으로써, 그의 천년왕국설적 확신과 부합되는 보편적 차원을 얻고 있다. 그러나 다른 한편 이러한 구축은 혁명이론의 합리적 논거이다. 즉 호모 파베르(공작인)는 증명의 기술자로서 자신을 드러내는 것이다.

역사철학적 구상과 필연적인 시대 비판적 가치 평가가 송두리째 변증법적 유물론의 경험론적 구상 속으로 들어오나, 거기에서는 다만 전제로서 암묵적으로 바탕에 깔려 있을 뿐이고, 혁명이론의 중요한 요소는 『독일 이데올로기』의 건축사다운 합리론적 시도 속에서야 비로소 결정화(結晶化)된다. 사회적 상태가 생산력의 최대로 가능한 이용과 증대에 적합하고 그리하여 지배의 해체가 진보에 이바지하는 방향으로 확실하게 이루어진다는 사실에 의미 있는 합목적성을 두고 있는 계급투쟁의 드라마—이 드라마에 책임이 있는 것은 명백히 이 드라마의 마지막 장, 즉 '인간의 대규모의 변혁'이라는 동기 설정이다. 그러나 보편적 해방과 임박한 혁명의 동일시는 맑스가 (의식적으로든 무의식적으로든) 질적 도약조차도 혁명적 행위 속에 집어넣어 해석하고 있다는 짐작을 이미 시사해 줄 수 있었다. 이것은 (정치적 실재론적 사유의 훗날의 조탁과정에 의해서도 조금도 침해받지 않고) 『독일 이데올로기』에 의해 증명되는 내용이다.

인간의 요구되는 대규모 변혁은 오직 '실천적 운동 속에서만, 즉 혁명 속에서만 이루어질' 수 있다. '보편적 자기화(동화)'에 필요한 에너지 혁명 속에서 그리고 혁명을 통해 산출될 것이고 새로운 질서의 창조자인 프롤레타리아는 지금까지의 사회 질서로부터 물려받아 남아 있는 모든 것을 '투쟁을 통해 제거할' 것이다.71]

이러한 믿음은 우리가 출발점으로 삼았던 진단, 즉 독일 현실의 운명이 독일 정신의 운명 속에서 실현될 것이라는 진단의 가장 중요한 확증이다. '제3의' 초월적 '계기'의 기회원인론(機會原因論, der Okkasionalismus, 레싱의 종교적 계시, 실러의 미학적 계시, 피히테와 헤

71] ebd,, S.58 u. 60.

겔의 세계정신의 계시)은 독일 역사철학에 끝까지 공통된 요소로 남아 있다. 그러나(현상이며 사건으로서의) 혁명 그 자체는 비혁명적 민중 속의 그 혁명적 사상가에게 있어 인간 본질의 발전사 속의 대립의 융합점(puctum flexus contrarii)이 된다.

독일에서의 정치적 혁명의 가망없음에 대한 인식이 보편적 혁명 확신만을 확증했을 뿐이고 일국(一國)의 상황에 대한 논파가 궁극적으로 일국의 국경과 속박의 돌파로 이끌어졌듯이, 혁명적인 도취적 행위(das revolutionare actus mysticus)의 변혁적 힘에 대한 이러한 믿음 속에서 일국적 문제의 다음과 같은 귀결이 또다시 나타난다. 모든 기대는 실현되지 못한 것과 단념된 것(das Nichterfüllte und das Versagte)에 집중되고 있다. 그리하여 여기에서 총체적 역사 개념의 비합리적 내용은 말하자면 현실의 형성(die konstruirte Realität) 속으로, 즉 '순간' 속으로, 소외와 실현의 교차점 속으로, 다시 말하면 대중의 봉기 가운데에서의 계시(啓示) 속으로 잠겨들고 있다.

청년기 저작의 해석서들

모스크바의 「맑스 엥겔스 연구소」에서 중요한 공간물을 발간한 이래(1927~1932) 청년 맑스의 저작과 원고들에 대한 철학적 발전사적인 전체적 해석이 다각적으로 요구되어 왔다. 그런데 지금까지 그러한 전체적 해석은 아직 나오지 않고 있다. 하지만 중요한 예비 연구가 몇 가지 나열될 수 있겠다.

H. **마르쿠제**는 그의 논문 「사적 유물론의 토대 수립을 위한 새로운 전거」(*Neue Quellen zur Grundlegung des historischen Materialismus*)에서 파리초고의 내용에 관한 최초의 개관(槪觀)을 제시하고 있다.(*Die Gesellschaft, Internatianale Revue für Sozialismus und Politik,* hrsg. von Rudolf Hilferding, Bd., 2, Berlin 1932). 마르쿠제는 이 개관 내용을 스스로 『이성과 혁명, 헤겔과 사회 이론의 흥기』(*Reason and Revolution, Hegel and the Rise of Social Theory,* London and New York 1941)에서의 상세한 해석을 통하여 보충했다. 마르쿠제는 특히 초기의 철학적 초안과 후기의 역사학적 경제학적 이론의 내적 관계를 밝혀내려고 노력하고 있다.

시드니 후크(Sidney Hook)는 그의 저서 『헤겔에서 맑스로, 칼 맑스의 사상적 발전에 관한 연구』(*From Hegel to Marx, Studies in the intellectual Development of Karl Marx,* London 1936)에서 특히 청년 맑스와 여타의 청년 헤겔주의자들의 관계를 취급하고 있

다. 그는 그의 논의를 두 편의 논전적(論戰的)인 주요 저작(『신성가족』, 『독일 이데올로기』)으로 뒷받침하고 있다.

K. 베커(Konrad Bekker)는 그의 바젤대학 박사학위 논문「맑스의 철학적 발전, 그의 헤겔과의 관계」(*Marx' philosophische Entwickelung, sein Verhältnis zu Hegel,* Zürich und New York 1940)의 제1부에서 청년기 저작의 인식론적 문제를 취급하고 있다. 시드니 후크처럼 아담스(H.P. Adams ; *Karl Marx in his earlier writings.* London 1940)도 무엇보다도 청년 맑스의 발전사에 관심을 보인다.

나의 이 책이 탈고된 뒤에 에리히 티에르(Erich Thier)의 파리초고에 대한 인간학적 해석이 [*Nationalökonomie und Philosophie,* (Köln und Berlin, 1950)라는 제목을 단 파리초고의 새로운 발간서의 서론격으로] 출간되었고, 맑스의 변증법적 범주론의 해석을 통하여 칼 맑스의 전저작의 통일성을 증명하려는 오토 모르프(Otto Morf)의 시론이 출판되었다(『칼 맑스의 경제 이론과 경제사의 관계』(*Das Verhältnis von Wirtschaftstheorie und Wirtschaftsgeschichte bei Karl Marx,* Bern 1951). 한 걸음 더 나아가 우리는 다음의 목록을 제시할 수 있다.

M. Adler, *Lehrbuch der materialistischen Geschichtsauffassung,* Bd., 2, 1. Teil, Berlin 1932.

S. Hook, *Towards the understanding of Karl Marx ; a revolutionary reinterpretation,* New York und London 1933

A. Cornu, *Karl Marx, L'homme et l'oeuvre ; de hégélianisme au matérialisme historique*, 1818~45, Paris 1934.

K, Lowith, *Von Hegel bis Nietzsche*, Zürich und New York 1940.

H. Barth, *Wahrheit und Ideologie*, Zürich 1945.

L. Sommerhansen, *L'humanisme agissant de Karl Marx*, Paris 1946.

G. Gurvitsch, *La Sociologie du Jeune Marx, in* ; *Cahiers Internationaux de Sociologie*, Vol. IV, 3 année(1948).

칼 맑스에 관한 전반적인 문헌은 간과될 수 없다(오토 모르프는 훌륭한 총괄서를 내놓고 있다).

우리는 특히 주목해야 할 책명을 몇 가지만 언급할 것이다.

Karl Marx als Denker und Revolutionär. Ein Sammelbuchhrsg. von G. Rjasanow Wein/Berlin 1928(전기적 흥미를 끄는 자료 첨부).

Hans Freyer, *Die Bewertung der Wirtschaft im philosophischen Denken des 19. Jahrhunderts*, Leipzig 1921.

Georg Lúkacs, *Geschichte und Klassenbewußtsein, Studien über marxistischer Dialektik*, Berlin 1923(루카치가 맑스의 후기 저작에서 밝혀낸 4개의 명제는 청년기 저작의 출간으로 입증되었다).

Edgar Salin, *Geschichte und Volkswirtschaftslehre*, Berlin und Tübingen 1951(여기에서는 칼 맑스가 어떻게 하여 19, 20세기의 극히 중요한 정신적, 정치적 세력가 중의 하나가 될 수 있었는가 라는 문제가 논의되고 있다. S.114ff.)

Friedrich Wolters, *Von der Herkunft und Bedeutung des Marxismus*, Gothein-Festschrift, München 1925.

역자 후기

지금까지 국내에 번역·출판된 이데올로기 비판서로서의 맑스 연구 서적은 그 깊이와 시각에 있어서 정통성과 개념 이해가 부족한 편협된 수준의 것들임을 부인할 수 없을 것이다. 이것은 역자들 자신의 세계관적 지식의 부족을 반영하는 텍스트 선택의 경솔성과 피상성에서 기인한 것이기도 하지만 무엇보다도 국내 출판 문화권의 공식 · 비공식적 한계를 감안한 자기 규제에서도 그 원인을 찾을 수 있을 것이다.

널리 알려진 몇몇 역서를 살펴보자. 포퍼(Popper)의 『열린 사회와 그 적들』은 저자 자신의 그릇된 원전 이해와 세계관적 편협성으로 왜곡될 대로 왜곡된 맑스 해석서로 악명 높은 것이다. 굳건한 체계적 구성 속에 들어 있는 어떤 개념들을 그 맥락을 무시한 채 '개 다리에다 소다리 붙이는' 식의 이런 해석은 저자의 scholarship에 문제가 있는 것으로 평가되고 있다. 터커(Tucker)의 『맑스의 철학과 신화』는 원전에 충실하게 비판을 가하려는 학자적 노력이 엿보이지만 독일 관념론적 전통에 대한 철학적 이해가 천박하고 따라서 전체적으로 피상적인 서술로 일관하는 문제투성이의 책이다. 이 책은 저자의 박사학위 논문이다. 그런데 학위 논문의 수준이 이 정도라면 이 책을 학위 논문으로 받아들인 그 대학의 철학 연구의 수준까지도 아울러 문제 삼을 수 있을 것이다. I. 벌린(Berlin)의

『칼 맑스』는 여러 사상적 전통을 폭넓게 섭렵한 박식한 책이지만, 그 논술의 정치성(精致性)에 문제가 있고 전통적 해석과는 거리가 멀다. 맥렐런(Mclellan)의 맑스 해석서는 깊이는 없으나 무난한 책이라고 볼 수 있고, 뒤프레(Dupré)의 해석서는 사상에 대한 상당한 참여 정신이 엿보이나 좀 주관적인 해석이며, 특히 초반 부분의 번역이 문제가 있다.

그렇다면 여기 번역된 책은 독자들에게 무엇을 줄 수 있는가? 포피츠의 이 책은 우선 그 해석의 독창성, 간결한 센텐스 속에 압축된 깊은 내용, 이해의 심원성 등을 들 수 있다. 문제점으로는 논술의 압축, 독창성, 심원성에 기인한 난해성을 들 수 있으며, 두세 군데의 맑스 비판이 헤겔 쪽에 치우친 점도 지적될 수 있겠다. 이 두 가지 문제점을 제외하면 정통성과 이해의 깊이에 있어서 지금까지 국내에 출판된 역서들을 압도할 수 있는 획기적인 책이라 할 수 있다. 이 저작은 독일 철학계에서도 난해한 책으로 손꼽히는 책이라고 한다. 그러나 독자 여러분의 독서에 끊임없는 정진을 요구할 만한 자격이 있는 청년 맑스 해석이라고 할 수 있겠다.

번역문의 투박성은 우선 역자의 책임이지만 다른 한편으로는 텍스트 자체의 난해성에서 기인하는 것으로 봐야 할 것이다. 세연(世淵) 형에게 감사한다.

1983년 가을에

황 태 연

알려드립니다

본사는 학문을 목적으로 하는 분들을 위하여, 그리고 남북 역사 교류와 언어교류를 위하여 2002년 이전 북한발행도서를 「남북교류협력주식회사」를 통하여 수입 영인하여 판매하고 있습니다.

도서목록은 아래와 같습니다.

도서명	도서 정가	
조선 속담성구사전	400,000원	
조선 속담사전(1)(2) 세트	500,000원	
조선 어학서시리즈 전35권 세트	849,000원	
조선 단대사 전23권 세트	589,000원	
조선 부문사 전37권 세트	1,020,000원	
조선 민속사전	200,000원	
조선의 약초와 성분 이용백과	120,000원	
상식 건강의료백과사전	80,000원	
조선민속자료집	120,000원	
조선의 민속전통 전7권 세트	490,000원	
북한 출판물 도서목록	15,000원	
식물분류명사전	500,000원	

중원문화 아카데미 新書

1 한국근대 사회와 사상
• 일본 교토대학교 연구소 엮음

2 걸어다니는 철학
• 황세연 저

3 반듀링론
• F.엥겔스/김민석 역

4 헤겔 법철학 입문
• 꼬우즈미 따다시 지음

5 이성과 혁명
• H.마르쿠제/김현일 외 역

6 정치경제학 교과서 I-1
• 짜골로프 외/윤소영 엮음

7 정치경제학 교과서 I-2
• 짜골로프 외/윤소영 엮음

8 정치경제학 교과서 I-3
• 짜골로프 외/윤소영 엮음

9 이탈리아 맑스주의
• K.프리스터/윤수종 옮김

10 걸어다니는 경제사
• 황세연 편저

11 자본론에 관한 서한집
• K.마르크스와 F.엥겔스 저

12 지배와 사보타지
• 안토니오 네그리/윤수종 옮김

13 과학기술사
• 석동호 편저

14 저개발과 의약품
• M. 뮐러/우연재 옮김

15 맑스주의의 세 갈래길
• W. 레온하르트/하기락 옮김

16 역사적 맑스주의
• R.알뛰세르/서관모 옮김

17 경제학의 선구자들
• 일본경제신문사/김종호 옮김

18 근현대 사회사상가 101
• 이마무라 히도시/안효상 옮김

19 맑스를 넘어선 맑스
• 안토니오 네그리/윤수종 옮김

20 교육과 의식화
• P.프레이리/채광석 역

21 정치경제학 교과서 II-1
• 짜골로프 외/윤소영 엮음

22 정치경제학 교과서 II-2
• 짜골로프 외/윤소영 엮음

23 소외된 인간
• H.포피츠/황태연 역

24 사회를 어떻게 볼 것인가?
• 황세연 편저

25 헤겔연구②
• 임석진 외저 (절판)

26 칸트 철학입문
• W.O.되에링/김용정 역

27 노동조합 입문
• 양원직 편저

28 마르크스에서 쏘비에트 이데올로기로
• I.페처/황태연 역

29 소유의 위기
• E.K.헌트/최완규 역

30 변증법의 현대적 전개①
• W.뢰트/임재진 역

31 변증법의 현대적 전개②
• W.뢰르/임재진 역

32 모순의 변증법
• G.슈틸러/김재용 역

33 헤겔연구③
• 임석진 외저 (절판)

34 국제무역론
• 久保新一/김선기 역

35 칸 트
• 코플스톤/임재진 역

36 자연과학의 철학적 기초
• H.라이헨바하/김회빈 옮김

37 철학 입문
• 황세연 편역

38 맑스주의의 역사 ①
• P. 브르니츠기/이성백 옮김

39 맑스주의의 역사 ②
• P. 브르니츠기/이성백 옮김

40 21세기와 자본론
• 황태연 저

41 정치경제학 비판을 위하여
• K.마르크스/김호균 역

42 4차 산업혁명과 미래사회변혁
• 황태연 저/허상수 엮음

43 혁명운동의 문제들
• S. P.노보셀로프/이창휘 옮김

44 마키아벨리의 고독
• 루이 알뛰세르/김민석 역

45 들뢰즈와 가타리
• 로널드 보그/이정우 옮김

46 과학적 사회주의
• G.그로서/송주명 옮김

47 맑스-레닌주의 철학의 본질
• F. V. 콘스탄티노프/김창선 역

48 정치경제학
• 짜골로프 외

중원문화 아카데미 新書

49 철학의 ABC
• A. 라키토프/김신현 옮김

50 소수자 운동의 새로운 전개
• 윤수종 외 지음

51 한눈에 들어오는 서양철학사
• 타케다 세이지/홍성태 옮김

52 마르크스즘과 유로코뮤니즘
• 산티아고 까리요/김유향 옮김

53 맑스주의와 프랑스인식론
• P. 토미니크 르쿠르/박기순 옮김

54 논리의 오류
• 에드워드 데이머/김회빈 역

55 우리말 바르게 말하기 큰 사전
• 최훌 지음

56 개발과 파괴의 사회학
• 홍성태 지음

57 인민의 벗이란 무엇인가
• V. 레닌/김우현 역

58 예술 · 정보 · 기호
• 가와노 히로시/신중권 역

59 담론의 질서
• 미셸 푸코 지음/이정우 해설

60 사회학의 명저 20
• 김진균 외 지음

61 세계 철학사(1)
• Akademiya Nauk SSSR 편

62 세계철학사(2)
• Akademiya Nauk SSSR 편

63 세계철학사(3)
• Akademiya Nauk SSSR 편

64 세계철학사(4)
• Akademiya Nauk SSSR 편

65 세계철학사(5)
• Akademiya Nauk SSSR 편

66 인격의 철학, 철학의 인격
• 김종엽 저

67 1987년 구로구청사건 백서
• 구로항쟁동지회

68 교육자의 길
• 이오덕 외 저

69 담론의 질서
• 미셸 푸코

70 박정희 시대-5.16은 쿠데타다
• 이상우 저

71 박정희 시대-민주화운동과 정치주역들
• 이상우 저

72 박정희 시대-5.16과 한미관계
• 이상우 저

73 박정희와 유신체제 반대운동
• 이상우 저

74 세계사 (제국주의 시대)
• 김택현 편

75 세계사 (제1차세계대전)
• 김택현 편

76 세계사 (제2차세계대전과 파시즘)
• 김강민 역

77 세계사 (현대)
• 조진원 편/이춘란 감수

78 근현대 형성과정의 재인식①
• 안종철 외 저

79 근현대 형성과정의 재인식②
• 정근식 외 저

80 시몬느 베이유 철학교실
• 앙느레느/황세연 역

81 소크라테스에서 미셸 푸코까지
• 기다 캔/김석민 역

82 상식 밖의 세계사
• 가바야마 고아치/박윤명 역

83 들뢰즈와 카타리
• 로널드 보그 저/이정우 옮김

84 새로운 예술을 찾아서
• 브레이트 저/김창주 역

85 역사 유물론의 궤적
• 페리 앤더슨/김필호 외 옮김

86 철학과 맑스주의
• 루이 알뛰세르/서관모 역

87 생산의 발전과 노동의 변화
• 마이클 피오르 외/강석재 외 역

88 항일과 혁명의 한길에서
• 김운선 지음

89 지배와 사보타지
• 안토니오 네그리/윤수종 역

90 헤겔철학 서설
• 오토 푀겔러/황태연 역

91 과학적 공산주의란 무엇인가
• 빅토르 아파나시예프/최경환 역

92 페레스트로이카 논쟁(서독)
• 에케르트 외/송주명 역

93 페레스트로이카 논쟁(동독)
• 모르겐슈테른 외/신현준 역

94 페레스트로이카 논쟁(프랑스)
• 프랑시스 코엥/신현준 역

95 페레스트로이카 논쟁(소련)
• 야코블레프 외/신현준 역

96 마르크스주의와 개인
• 아담 샤프/김영숙 역

중원문화 아카데미 新書

97 변증법이란 무엇인가
• 황세연 지음

98 지역 민주주의와 축제의 관계
• 정근식 외 저

99 왜 인간인가?
• 강대석 지음

100 왜 철학인가?
• 강대석 지음

101 왜 유물론인가?
• 강대석 저

102 경제학의 선구자들 20
• 일본경제신문사 엮음/김종호 역

103 남 영 동
• 김근태 저

104 다시하는 강의
• 이영희, 한완상 외 저

105 철학의 명저 20
• 한국철학사상연구회 엮음

106 민족문학의 길
• 구중서 저

107 맑스·프로이트·니체를 넘어서
• 서울사회과학연구소 저

108 일본적 생산방식과 작업장체제
• 서울노동정책연구소 저

109 근대성의 경계를 찾아서
• 서울사회과학연구소 지음

110 헤겔과 마르크스
• K.베커/황태연 역

111 헤 겔
• 나까야 쪼우/황세연 역

112 현대 사회사상의 궤적
• 비판사회학회 지음

113 역사가 말 못하는 것
• 민상기 지음

114 동성애 욕망
• 기 오껭겜 지음/윤수종 옮김

115 성(性) 혁명
• 빌헬름 라이히 지음/윤수종 옮김

116 성(性) 정치
• 빌헬름 라이히 지음/윤수종 옮김

117 성(性) 자유
• 다니엘 게링 지음/윤수종 옮김

118 분열과 혁명의 영토
• 신승철 지음

119 사랑과 욕망의 영토
• 신승철 지음

120 인동의 세월:1980~1985
• F. 가타리 지음/윤수종 옮김

121 이탈리아 맑스주의
• 프리스터 카린/윤수종 옮김

122 항일과 혁명의 한길에서
• 김운선 지음

123 인격의 철학, 철학의 인격
• 김종엽 지음

124 정보화시대의 철학
• 강대석 지음

125 니체의 고독
• 강대석 지음

126 사회학의 명저20
• 김진균외 지음

127 김종엽박사의 철학특강
• 김종엽 지음

128 동성애 욕망
• 기 오껭겜 지음

129 미군정기 억압기구
• 안진 지음

130 알뛰세르 : 이론의 우회
• 엘리어드 골리엣 지음

131 우주를 뒤흔든 7가지 과학혁명
• 나단 스필버그 지음/이충호 옮김

132 인민의 벗이란 무엇인가?
• 블라디미르 일리치 레닌 지음

133 상식 밖의 세계사
• 가바야마 고이치 지음

134 상식 밖의 발명사
• 히라다 유타카 지음

135 시네마1
• 질 들뢰즈 지음/주은우·정원 옮김

136 무신론자를 위한 철학
• 강대석 지음

137 21세기 인문학
• 조해경 지음

138 윤리학과 인간의 직업적 삶
• 박필배 지음

139 동학혁명의 지역적 전개와 사회변동
• 동학농민혁명기념사업회 엮음

140 당 내에 더 이상 지속되어선 안 될 것
• 루이 알뛰세르 지음

141 과학적 공산주의란 무엇인가
• 빅토르 아파나시예프 지음

142 푸 코
• 질 들뢰즈 지음/권영숙외 옮김

143 근대성의 경계를 찾아서
• 서울사회과학연구소 지음

144 헤겔철학 서설
• 오토 푀겔러 지음

중원문화 아카데미 新書

145 현대철학과 굴뚝청소 ①
• 고사카 슈헤이 지음

146 현대철학과 굴뚝청소 ②
• 고사카 슈헤이 지음

147 미학강의 (1)
• M.S.까간 지음

148 미학강의 (2)
• M.S.까간 지음

149 무신론자를 위한 철학
• 강대석 지음

150 언어와 이미지의 심리학자들
• 니콜라스 웨이드 지음/이상훈 이병택 옮김

151 일본의 양심이 본 한국병합
• 운노 후쿠쥬 지음/연정은 옮김

152 익산교육 100년
• 신규백 엮음

153 코로나19 이후의 미래
• 이경상 지음

154 역사 유물론의 궤적
• 페리 앤더슨 지음

155 우리말 바르게 말하기 작은 사전
• 최홀 지음

156 스텝식 논문 작성법
• 하나이 히토시외 지음/송주명 옮김

157 세계 오천년 역사이야기 (1)
• 진필상 지음

158 세계 오천년 역사이야기 (2)
• 진필상 지음

159 세계 오천년 역사이야기 (3)
• 진필상 지음

160 세계 오천년 역사이야기 (4)
• 진필상 지음

161 세계 오천년 역사이야기 (5)
• 진필상 지음

162 세계 오천년 역사이야기 (6)
• 진필상 지음

163 칸트철학입문
• W. O. 되에링 지음/김용정 옮김

164 남영동(보급판)
• 김근태 지음

165 서양철학사 입문
• 강대석 지음

166 철학사전
• 임석진외 지음

167 철학대사전
• 윤병태외 지음

168 세계철학사 전5권 세트
• 러시아과학아카데미 엮음

김종엽 저/420쪽/고급양장 신국판/
정가 28,000원

인격의 철학, 철학의 인격

한 철학자의 눈에 비친 인격에 대한 고찰!

저자는 여러 철학자들의 사유에 내재된 진정한 개성과 삶의 관점을 드러내 인격적 정체성이 무엇인지를 밝히고자 했다.

이 저서는 인격적 정체성을 사물과 구별되는 존재의 세계에서 설명하려는 실천적 과제를 안고 있습니다. 더불어 그것을 비판하는 논점과도 논쟁할 것입니다. 인격적 정체성을 정당화하려는 철학적 노력은 단순히 물리적 세계에 역행하는 무모한 시도가 아닙니다. 인격적 정체성에 대한 질문은 개별적 실존이 어떻게 변화무쌍한 삶의 실현과정에서 자기 자신과 동일함을 유지하며, 또한 동일함에 이를 수 있는지를 묻습니다.

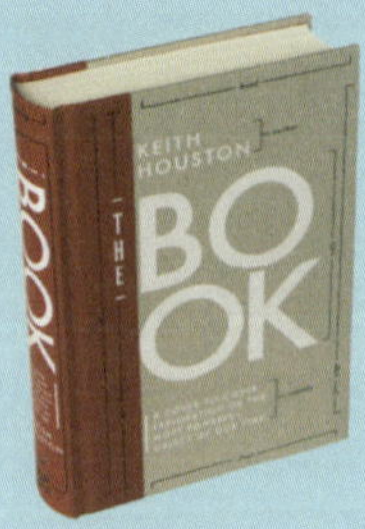
KEITH HOUSTON
THE
BOOK

JUNGWON-MUNHWA PUBLISHING CO.
SINCE 1978
도서출판 중원문화

도서출판 중원문화는 서울특별시 마포구에 소재한 인문·사회과학전문출판사입니다. 본사는 1978년 유신 군사 독재가 막바지로 치닫고 있던 때 '도서출판 새밭'이란 이름으로 유인호 선생께서 처음 창립하셨습니다. 당시 '도서출판 새밭'은 『사회를 어떻게 볼 것인가?』, 『교육과 의식화』(저자 파울로 프레이리), 오토 푀겔러의 『헤겔철학 서설』 등의 도서를 출판하였으나 신군부의 등장과 함께 1980년 일시 폐업하게 되었습니다.

이후 1982년 황세연 사장이 위 출판사를 인수하여 '중원문화'로 회사명을 바꾸고 재출발을 하였고, 1987년에는 『철학사전』 및 『세계철학사』 전5권 세트 등을 출판하며 출판사의 기틀을 탄탄하게 마련하였습니다. 하지만 노태우 정부시절인 1991년 1월 경 김근태 전(前) 장관의 고문 기록인 『남영동』을 출판함과 동시에 회사는 격렬한 노동운동을 겪게 되었고 결국 다시 폐업을 하는 단계에 이르렀습니다. 하지만 1990년대 말 금융위기를 맞으면서 도서출판 시대정신, 도서출판 새길 등과 합병을 통하여 도서출판 중원문화가 재탄생하게 되었습니다.

과거 80년대나 현재나 진보적 세계관을 지니고 있는 사람이라면 가장 갖고 싶은 책으로 선정된 바도 있는 『세계철학사』 전5권 세트는 「러시아연방사회과학연구소」에서 30여 년의 연구를 걸쳐 완성한 방대한 세계철학을 일목요연하게 실천적 입장에서 기술하고 있다는 점에서 익히 알려진 세계 유일의 '철학사' 책입니다. 책값이 만만치 않음에도 불구하고 지금도 계속 꾸준하게 판매되고 있는 것은 이 책의 가치를 많은 사람들이 익히 알고 있기 때문으로 보입니다. 『철학대사전』 역시 아직까지도 국내 '철학사전' 하나 제대로 갖추지 못하고 있는 우리의 실정에서 이러한 사전을 기획하여 만들어 낸다는 것은 쉬운 일이 아니었습니다. 하지만 우리의 현실 사회는 사회를 바꾸려고 하는 역동적 상황에 있고 그 역동적 실천에 이론적 정신적 지주가 아직도 필요한 시기이기에 2023년 『철학대사전』은 많은 제약조건에도 불구하고 세상에 나오게 되었습니다. 현재도 진보적 도서 출판을 고집하고 있으며 베스트셀러에는 연연하지 않는 정통 출판을 그 특징으로 하고 있고, 1990년대부터 『자랑스러운 폴란드의 딸 퀴리부인』과 『일기로 쓴 카렌의 고민』 등 청소년을 위한 도서도 출간하며 독자들에게 더 가까이 다가가기위해 노력하고 있습니다.